7

D wie Deutsch

Basis

Herausgegeben von
Nina Bähnk, Silke González León,
Bernd Hoffmann, Catherine Jaulgey

Erarbeitet von
Ulrich Deters, Axel Frieling, Sven Grünes, Regina Habedank,
Heike Huck, Lena Kesting, Annika Klag, Susan Kneipp,
Martina Kolbe-Schwettmann, Ina Kordts, Barbara Maria Krüss,
Susanne Lepke, Jennifer Piel, Stefanie von Rüden,
Matthias Scholz, Gesine Siebold, Hanne Strehl,
Siegfried Wengert, Beate Winkler-Pedernera

Unter Beratung von
Regina Habedank, Susan Kneipp

Cornelsen

D wie Deutsch

Basis 7

Redaktion: Astrid Graupe, Corinna Hilger, Anna-Lena Lillie, Susanne Weidmann, Sandra Wuttke-Baschek

Umschlaggestaltung: Rosendahl Berlin, Berlin
Layout: Klein & Halm Grafikdesign, Berlin
Grafik und technische Umsetzung: zweiband.media, Berlin

Begleitmaterialien für Schülerinnen und Schüler zu D wie Deutsch Klasse 7

Schulbuch 7 als E-Book	1100031220
Arbeitsheft Basis mit zusätzlicher Förderung 7	978-3-06-200026-3
Arbeitsheft Basis mit zusätzlicher Förderung 7 mit interaktiven Übungen	978-3-06-200048-5

www.cornelsen.de

Dieses Werk berücksichtigt die Regeln der reformierten Rechtschreibung und Zeichensetzung.
Bei den mit [R] gekennzeichneten Texten haben die Rechteinhaber einer Anpassung widersprochen.
Die mit [V] gekennzeichneten Texte sind aus didaktischen Gründen gekürzt und/oder vereinfacht.

1. Auflage, 1. Druck 2024

Alle Drucke dieser Auflage sind inhaltlich unverändert und können im Unterricht nebeneinander verwendet werden.

Druck: Mohn Media Mohndruck, Gütersloh

ISBN 978-3-06-061045-7

Inhaltsverzeichnis

-fahr-

Diese Schülerinnen und Schüler begleiten euch im Unterricht mit D wie Deutsch:

Anna | Naomi | Paul | Tarik | Sami

Das bedeuten die Farben:

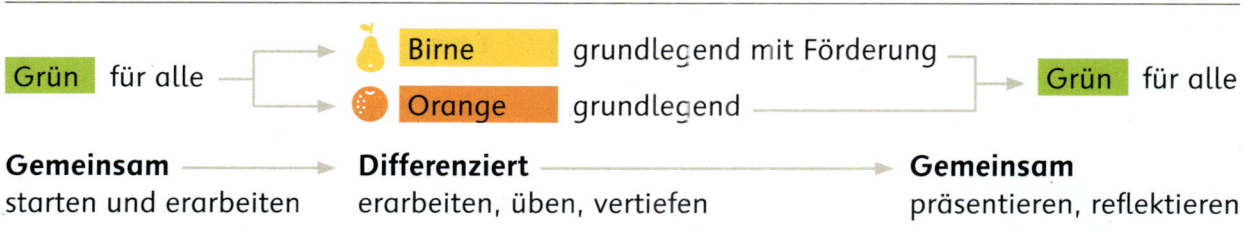

Grün für alle → Birne grundlegend mit Förderung / Orange grundlegend → Grün für alle

Gemeinsam starten und erarbeiten → **Differenziert** erarbeiten, üben, vertiefen → **Gemeinsam** präsentieren, reflektieren

Diese Zeichen stehen neben den Aufgaben.
Sie bedeuten:

- lesen
- schreiben
- Klassengespräch
- Partnerarbeit
- Gruppenarbeit
- Medienkompetenz

Die Strategien

Der **Lese-Profi** hilft beim Lesen.

Der **Schreib-Profi** hilft beim Schreiben von Texten.

1 Miteinander sprechen

Wir sprechen im Alltag in vielen verschiedenen Situationen miteinander.

Andi, Emma und ihre Freunde wollen sich verabreden.

1

Andi: Wollen wir uns heute treffen?
Ben: Klar, gerne! Wo?
Emma: Vielleicht könnten wir zu dir, Chris?
Chris: Nee, Leute, das wird leider nichts …

2

Andi: Wollen wir uns heute treffen? 14:35 Uhr
Ben: Wo? 14:36 Uhr
Emma: Bei dir, Chris? 14:37 Uhr
Ben: Chris??? 14:45 Uhr

1 a. Auf welchem Weg verabreden sich die Freunde in den Situationen 1 und 2?
b. Welche Gemeinsamkeiten erkennt ihr in beiden Gesprächssituationen? Worin unterscheiden sie sich?
c. In welchen Situationen nutzt ihr einen Chat, um Absprachen zu treffen?

Nele, Johann und Fabian unterhalten sich über die Mathe-Hausaufgaben. Fabian hat sie nicht verstanden. Nele meint:

Johann erklärt dir die Hausaufgaben bestimmt …

A *… Er weiß ja immer alles besser.*

B *… Ihm fällt Mathe leicht.*

C *… Er ist ein Streber.*

D *… Ich finde, dass er gut erklären kann.*

2 a. Welche Aussagen A – D findet ihr gelungen? Welche Aussagen könnten verletzen?
b. Woran könnte das liegen?

Lisa und Maria sind eigentlich beste Freundinnen ...

3a

3b

Maria: Das hast du mit Absicht gemacht! Mit dir bin ich fertig!
Lisa: Du bist doch das Problem! Du bist einfach nur gemein!

4a

4b

Paul: Fangen wir also an. Ich löse nicht euer Problem. Aber ich versuche euch zu helfen, es selbst zu lösen ... Was ist denn eigentlich passiert? Maria, willst du anfangen zu erzählen?
Maria: Okay. Lisa hat mein Lineal kaputt gemacht ...

3 a. Worum geht es in den Gesprächssituationen 3 und 4?
b. Worin unterscheiden sie sich?
c. In welcher Situation würdet ihr euch besser fühlen?

1 Miteinander sprechen

Auf den nächsten Seiten untersucht ihr verschiedene Gesprächssituationen und ihre Besonderheiten. Ihr erarbeitet, wie Gespräche gut gelingen können.

Die Hausaufgaben – miteinander sprechen

Fabian, Johann und Nele unterhalten sich auf dem Weg zur Schule über die Hausaufgaben.

Fabian: Habt ihr die Hausaufgaben in Mathe verstanden?

Johann: Klar, das war doch einfach!

Fabian: Einfach? Ich hab die Hausaufgaben nicht fertig.

Nele: Du hast schon wieder keine Hausaufgaben in Mathe? Das gibt Ärger! Na gut, du kannst bei mir abschreiben. Aber das kostet ein Brötchen am Schulkiosk.

Johann: Hey, Nele, du erpresst ihn ja!

Nele: Das war doch nur Spaß! Warum mischst du dich überhaupt ein, du Streber?

Johann: Nenn mich nicht immer Streber. Und überhaupt, so wie ich dich kenne, war das kein Spaß. Außerdem kann ich auch nichts dafür, dass mir Mathe leichtfällt …

Nele: Och, du Armer! *(an Fabian gerichtet)* Und was ist jetzt mit dir? Willst du abschreiben oder nicht?

Fabian: Nee, eigentlich wollte ich nur, dass mir jemand die Aufgaben erklärt, sonst geht der nächste Test wieder schief …

Nele: Johann erklärt sie dir gerne. Er weiß ja immer alles besser. Mich brauchst du jedenfalls nicht mehr zu fragen.

Fabian: Ich hab dich ja gar nicht gefragt! Immer mischst du dich ein! Du kannst doch genauso wenig Mathe wie ich. Du hast die Hausaufgaben bestimmt wieder mit deinem Nachhilfelehrer gemacht …

Johann: Was, du bekommst Nachhilfe? Seit wann?

Nele: Warum erzählst du das? Halt die Klappe, du …!

1 Worum geht es in dem Gespräch? Was möchte Fabian, was möchte Nele?

2 Wie verändert sich die Stimmung von Johann, Fabian und Nele im Verlauf des Gesprächs? Beschreibt.

3 Welche Gesprächsregeln werden nicht beachtet?

3 *andere ausreden lassen / den anderen zuhören / freundlich miteinander sprechen / andere Meinungen zulassen / niemanden beschimpfen …*

Eindeutig sagen, was wir meinen

Manchmal kann das, was wir sagen, unterschiedlich verstanden werden. Deshalb ist es hilfreich, eindeutig zu sagen, was wir meinen.

1 Untersucht den Beginn des Gesprächs von Zeile 1 bis 7.
Geht in drei Schritten vor: Think – Pair – Share.

a. Notiere zunächst für dich Stichworte zu folgenden Fragen. Think.
- Was meint Fabian in Zeile 1 bis 2 wirklich?
- Was meint er in Zeile 4 eigentlich?
- Was meint Nele in den Zeilen 5 bis 7?

b. Tauscht euch aus und formuliert eindeutig, was Fabian und Nele meinen. Schreibt Sätze auf. Pair.

c. Vergleicht eure Vorschläge in der Gruppe. Share.

2 Untersucht den Rest des Gesprächs.
Geht in drei Schritten vor: Think – Pair – Share.

a. Finde eine weitere Stelle, die man unterschiedlich verstehen kann. Think.

b. Tauscht euch über eure Ergebnisse aus. Pair.
- Erklärt euch gegenseitig, wie man die Stelle verstehen könnte.
- Formuliert sie so um, dass sie eindeutig ist.

c. Vergleicht eure Vorschläge in der Gruppe. Share.

Manchmal sagen wir Sätze, die verschieden gemeint sein können.

Es soll heute noch regnen.

Mir ist kalt.

Du bekommst Nachhilfe?

3 Was könnte alles mit den Sätzen gemeint sein?

a. Überlegt euch, in welchen Situationen die Sätze gesagt werden.

b. Schreibt auf, was gemeint sein könnte.

Was gesagt wird	*Was gemeint sein könnte*
Es soll heute noch regnen.	*Zieh deine Regenjacke an.*

4 Kennt ihr weitere Sätze, die nicht eindeutig sind?

a. Ergänzt die Tabelle.

b. Formuliert die Sätze so um, dass sie eindeutig sind.

5 Stellt eure Ergebnisse in der Klasse vor.

1 *Fabian: Ich möchte, dass … Nele: Ich möchte dir …, weil …*

2 *Nele will sagen, dass Johann kein Mitleid braucht, nur weil er in Mathe …*

Im Gespräch achtsam miteinander umgehen

Unsere Äußerungen können andere auch verwirren oder verletzen. Im Gespräch ist es daher wichtig, wie wir etwas formulieren.

Johann erklärt sie dir bestimmt. Er weiß ja immer alles besser.

Nele

1 a. Untersucht die Wirkung des Satzes. Was beabsichtigt Nele?
b. Was könnte Johann denken und fühlen?
c. Wie könnte Nele besser formulieren? Macht Vorschläge.

2 a. Im Gespräch auf Seite 12 werden in den Zeilen 5 und 11 bis 12 weitere Formulierungen verwendet, die problematisch sind. Findet die Textstellen.
b. Findet weitere problematische Textstellen ab Zeile 20.
c. Welche Wirkung haben die Äußerungen auf die Beteiligten und auf den weiteren Gesprächsverlauf? Klärt gemeinsam.
d. Vergleicht eure Ergebnisse.

Berechtigte Kritik äußern wir am besten in Ich-Botschaften.

Hey, Nele, du erpresst ihn ja!

Johann

3 a. Wie könnte der Satz auf Nele wirken?
b. Wie könnte Johann besser formulieren? Macht Vorschläge. Verwendet Ich-Botschaften.
c. Vergleicht eure Vorschläge.

Im Gespräch ist es auch wichtig, wie wir etwas betonen.

Willst du abschreiben oder nicht?

Willst du abschreiben oder nicht?

4 a. Sprecht die Frage mit unterschiedlicher Betonung.
b. Beschreibt, wie ihr gesprochen habt.

5 a. Findet im Gespräch auf Seite 12 weitere Sätze, die durch unterschiedliche Betonung eine andere Wirkung bekommen.
b. Betont die Sätze unterschiedlich und vergleicht die Wirkung.

2 c. *Der Angesprochene fühlt sich abgewertet, weil …*
… verteidigt sich gegen den Vorwurf … und reagiert heftig mit …
… fühlt sich angegriffen, weil er/sie beschuldigt wird …

3 b. *Ich habe den Eindruck, dass … / Auf mich wirkst du … / Ich finde …*

Ein gelingendes Gespräch im Rollenspiel erproben

Wie sollten Nele, Fabian und Johann miteinander sprechen, damit der Streit endet oder ganz vermieden wird? Das könnt ihr in einem Rollenspiel ausprobieren.

1 Bereitet das Rollenspiel vor.
a. Bildet Vierergruppen.
b. Entscheidet, ob ihr
- das Gespräch fortsetzt und zu einem guten Ende führt,
- das Gespräch ab Zeile 14 neu gestaltet oder
- das Gespräch ganz neu erarbeitet.

c. Legt für Nele, Johann und Fabian Rollenkarten an.
- Notiert Stichworte, was sie denken und fühlen.
- Ergänzt Stichworte, was sie sagen und wünschen.

Tipp: Ihr könnt auch Hinweise zu passender Mimik und Gestik ergänzen.

d. Verteilt die Rollen.

▶ Rollenkarten anlegen, S. 161

2 Führt das Rollenspiel durch.
- Probiert unterschiedliche Betonungen aus.
- Die Beobachterin / Der Beobachter gibt Tipps.

3 Wertet eure Rollenspiele gemeinsam aus.
- Was hat gut geklappt? Was möchtet ihr besser machen?
- Wie habt ihr euch in den Rollen gefühlt?

Regeln helfen, gut miteinander zu sprechen und achtsam miteinander umzugehen.

4 Wie sollte man miteinander sprechen, um zu vermeiden, dass der andere sich schlecht fühlt?
Formuliert gemeinsam Regeln.
Tipp: Ihr könnt mit den Regeln ein Plakat gestalten.
Ihr könnt die Regeln auch mit dem PC schreiben und gestalten.

▶ Ein Plakat gestalten, S. 111

1 c. *Fabian: Möchte die Aufgaben erklärt bekommen. …*
Nele: Macht sich Sorgen um Fabian, …

Das zerbrochene Lineal – Streit schlichten

Maria und Lisa hatten einen heftigen Streit. Seither reden sie nicht mehr miteinander. Jetzt holen sie sich Hilfe bei Paul, dem Streitschlichter an ihrer Schule. Er erklärt den Mädchen die Regeln für das Gespräch. Die beiden stimmen zu. Paul leitet das Gespräch.

Paul: Fangen wir also an. Ich löse nicht euer Problem. Aber ich versuche, euch zu helfen, es selbst zu lösen. Wichtig ist erst einmal, dass ihr euch zuhört. Ihr sollt die Sicht der anderen kennenlernen. Also, was ist denn eigentlich passiert? Maria, willst du anfangen zu erzählen?

Maria: Okay. Lisa hat mein Lineal kaputt gemacht …

Lisa: Maria ist gleich auf mich losgegangen und wollte mich schlagen.

Paul: Bitte, Lisa, lass Maria zu Ende erzählen. Du kommst gleich dran.

Maria: Es war dir egal, weil es mir gehört. Deswegen hast du nicht aufgepasst.

Paul: Maria, bitte erzähle nur, was passiert ist.

Maria: Lisa hat mein Lineal einfach genommen, ohne zu fragen. Dann hat sie es kaputt gemacht.

Lisa: Quatsch, das war schon kaputt …

Paul: Lisa, Maria, achtet auf unsere Regeln!

Maria: Na gut, das Lineal ist kaputtgegangen. Ich weiß nicht, ob es Absicht war. Lisa war dann auch noch sauer auf mich und hat geschrien, ich sei gemein. Es hat ihr überhaupt nicht leidgetan …

1 Worum geht es in dem Streit zwischen Lisa und Maria?

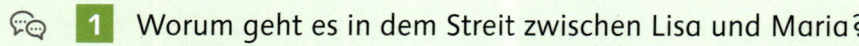

Für die Streitschlichtung gelten verbindliche Gesprächsregeln.

2 a. Lest die Gesprächsregeln.
b. Welche Gesprächsregeln werden nicht beachtet? Nennt entsprechende Textstellen.

Gesprächsregeln für die Streitschlichtung

1 Wir behandeln das Gespräch vertraulich.
2 Wir lassen uns ausreden.
3 Wir beschimpfen und beleidigen uns nicht.
4 Wir greifen uns nicht an.

Die Rolle des Streitschlichters

So geht das Gespräch weiter.

Paul: Okay, du glaubst also, es hat Lisa nicht leidgetan, dass sie dein Lineal zerbrochen hat. Richtig?

Maria: Ja! Oder was meinst du?

Paul: Was ich meine, ist egal. Lisa, jetzt kannst du erzählen.

Lisa: Ich brauchte nur kurz ein Lineal. Aber es hatte schon einen Riss. Sonst wäre es auch nicht kaputtgegangen. Maria hat mich gleich angeschrien und wollte sogar auf mich losgehen. Aber ich konnte gar nichts dafür.

Paul: Du hast dich also ungerecht behandelt gefühlt? Kann man das so sagen?

Lisa: Na klar!

Paul: Und wie ging es dann weiter? Was hast du danach gefühlt?

Lisa: Ich war verletzt, weil sie nicht mehr mit mir reden wollte. Wegen einem Lineal so ein Theater!

Maria: Ach, weißt du, ich fand dich aber auch ungerecht. Ich muss doch alles von meinem Taschengeld bezahlen.

Lisa: Aber musstest du gleich auf mich losgehen?

Maria: Nein, ich weiß auch nicht. Irgendwie lief alles schief an diesem Morgen. Und dann die Sache mit dem Lineal. Ich war eigentlich schon vorher sauer. Ich wollte dir nicht wehtun.

Lisa: Und ich wollte nicht dein Lineal zerbrechen …

1 **a.** Wie begründen Maria und Lisa ihr Verhalten?
b. Welche Gefühle benennen Maria und Lisa?

Bei der Streitschlichtung übernimmt der Streitschlichter eine besondere Rolle.

2 Findet für die folgenden Sätze Beispiele in diesem Teil des Gesprächs.

1 *Der Streitschlichter ist neutral. Er bewertet oder urteilt nicht.*
2 *Er hört aktiv zu. Das heißt, er wiederholt und fasst zusammen.*
3 *Er achtet darauf, dass alle Beteiligten aus ihrer Sicht erzählen können.*

3 **a.** Stellt eure Ergebnisse in der Klasse vor und ergänzt sie, falls nötig.
b. Was bewirkt der Streitschlichter, wenn er Lisas und Marias Sicht in seinen Worten wiederholt? Sprecht darüber.

Und so endet das Gespräch:

Paul: Was müsste geschehen, damit es euch besser geht?
Lisa: Ich möchte, dass wir uns wieder vertragen. Und ich möchte, dass Maria mich nicht gleich anschreit, wenn sie wütend ist.
Maria: Lisa soll mich zuerst fragen, bevor sie meine Sachen nimmt.
Lisa: Okay, das ist kein Problem!
Maria: Ich würde mich auch gerne wieder mit Lisa vertragen.
Paul: Welche Lösungen schlagt ihr vor?
Lisa: Ich habe das Lineal kaputt gemacht. Ich schlage vor, dass wir zusammen ein neues aussuchen gehen. Ich bezahle es.
Maria: Das wäre gut. Inzwischen tut es mir wirklich leid, dass ich so ausgeflippt bin. Das war nicht richtig von mir und soll nicht mehr vorkommen.
Paul: Ich halte fest: Es tut euch beiden leid und ihr habt euch entschuldigt. Lisa besorgt mit Maria zusammen ein neues Lineal und bezahlt es. Ich schreibe das jetzt auf und ihr könnt unterschreiben.

4 Untersucht den letzten Teil des Gesprächs.
a. Was wünscht sich Maria? Und was wünscht sich Lisa?
b. Zu welcher Lösung kommen die beiden?

Eine Streitschlichtung verläuft meist in fünf Phasen.

5 Ordnet die Phasen 2 bis 4 dem Gespräch auf den Seiten 16 bis 18 zu.

Die fünf Phasen der Streitschlichtung

1. **Die Begrüßung:** Der Streitschlichter / Die Streitschlichterin sichert Vertraulichkeit zu und erklärt die Regeln.
2. **Die Standpunkte:** Die Streitenden berichten aus ihrer jeweiligen Sicht. Sie sprechen mit dem Streitschlichter. Der Streitschlichter fasst zusammen.
3. **Die Erklärungen:** Der Streitschlichter versucht, die Gründe für den Streit und die Gefühle zu erfahren. Die Streitenden äußern ihre Wünsche und Erwartungen. Sie sollen miteinander ins Gespräch kommen.
4. **Die Lösung:** Gemeinsam mit dem Streitschlichter erarbeiten die Streitenden eine Lösung, mit der alle einverstanden sind.
5. **Die Vereinbarung:** Gemeinsam formulieren der Streitschlichter und die Streitenden eine Vereinbarung. Sie wird von den Streitenden unterschrieben.

Einen Streit schlichten im Rollenspiel

Emil und Karim tauschen ihre Erlebnisse gerne per Handy in ihrer Clique aus. Aber seit dem folgenden Schriftwechsel ist das vorbei. Seither lassen sie keine Gelegenheit mehr aus, um sich gegenseitig zu beleidigen.

Karim: Schaut mal. Emil hat das Auto seiner Mutter „ausprobiert“.

Max: LOL

Emil: Lösch das sofort.

Karim: Reg dich nicht auf, ist lustig.

Emil: Und wenn meine Mutter das sieht?

Karim: War doch ohne Motor, Pech mit der Handbremse. Stell dich nicht so an.

Emil: Ich stell mich an??? Aber keiner soll wissen, dass du mit Pia geknutscht hast.

Noura: Wie bitte?

Karim: Idiot! Du hast es versprochen …

1 Was hat den Streit ausgelöst?

Ihr könnt in einem Rollenspiel ausprobieren, den Streit zu schlichten.

2 Bereitet das Rollenspiel vor.
- **a.** Bildet Vierergruppen.
- **b.** Beantwortet die folgenden Fragen in Stichworten.
  - Was könnten Emil und Karim im Verlauf des Chats gedacht und gefühlt haben?
  - Was müsste geschehen, damit beide nicht mehr wütend aufeinander sind?
- **c.** Verteilt die Rollen: Emil, Karim, Streitschlichter/-in, Beobachter/-in.

3 Führt das Rollenspiel durch.
- Beachtet die Regeln der Streitschlichtung.
- Die Beobachterin / Der Beobachter gibt Tipps.

4 Wertet eure Rollenspiele gemeinsam aus.
- Was hat gut geklappt? Was möchtet ihr besser machen?
- Wie habt ihr euch in den Rollen gefühlt?
- Was war für die Streitschlichter besonders schwierig?
- Was ist den Beobachtern besonders aufgefallen?

Der Klassenchat – sich digital austauschen

In den Sommerferien schreiben die Schülerinnen und Schüler im Klassenchat.

Andi: Hey, was macht ihr gerade? 14:32 Uhr

Ben: Ich chille am Pool. 14:32 Uhr

Chris: Cool, ich bin shoppen. 14:33 Uhr

Daniel:  *14:33 Uhr*

Emma: Am See: *14:33 Uhr*

Finn: Sitze vor dem Fernseher *14:33 Uhr*

Ben: Nice, was ist mit Mo? 14:35 Uhr

Andi: Der muss bestimmt auf seine kleine Schwester aufpassen und mit Puppen spielen *14:35 Uhr*

Finn: Auf jeden. *14:36 Uhr*

1 a. Worüber unterhalten sich die Schülerinnen und Schüler?
b. Wer spricht mit wem?
c. Wo sind die einzelnen Schülerinnen und Schüler?

2 Welche Möglichkeiten nutzen die Schülerinnen und Schüler, um sich etwas mitzuteilen? Benennt diese Möglichkeiten.

3 Erzählt von euren eigenen Chaterfahrungen.
– Mit wem chattet ihr? Zu welchen Themen?
– Von welchen Orten aus chattet ihr?
– Welche Möglichkeiten nutzt ihr, um euch etwas mitzuteilen? Wofür verwendet ihr was?

Überall und immer erreichbar

In einem Chat wird oft erwartet, dass man sofort antwortet.

1 Mo hat im Chat auf Seite 20 nicht direkt geantwortet.
- **a** Welche Gründe könnte es dafür geben? Notiert Stichworte.
- **b.** Besprecht, welche Folgen das hat:
  - Wie reagiert der Klassenchat darauf, dass Mo nicht antwortet?
  - Wie könnte sich Mo fühlen, nachdem er die Nachrichten gelesen hat?

2
- **a.** Kennt ihr eine ähnliche Situation? Erzählt davon.
- **b.** Wann antwortet ihr nicht sofort auf Nachrichten? Welche Gründe gibt es dafür? Tauscht euch darüber aus.

Oft nutzen wir unser Smartphone mehrmals am Tag.

3 Führt eine Umfrage in eurer Klasse durch.
- **a.** Denkt über euren gestrigen Tag nach und beantwortet die Fragen:
  - Wo habt ihr euer Smartphone genutzt?
  - Wie lange und wie oft habt ihr euer Smartphone genutzt?
- **b.** Stellt die Ergebnisse in einem Diagramm, einer Tabelle oder einem Text dar.

Wenn man rund um die Uhr erreichbar sein möchte, ist das mit Stress verbunden. Deswegen ist es okay, nicht ständig erreichbar zu sein.

4 Wie schafft ihr es, Pausen einzulegen? Sammelt Vorschläge in einem Placemat.
- **a.** Jeder schreibt maximal fünf Vorschläge auf.
- **b.** Einigt euch in der Gruppe auf fünf Vorschläge und tragt sie in der Mitte ein.

▶ Das Placemat, S. 251

5 Stellt euer Placemat in der Klasse vor und sammelt die besten Vorschläge.
Tipp: Ihr könnt damit anschließend ein Plakat gestalten.

▶ Ein Plakat gestalten, S. 111

Chancen nutzen, Gefahren erkennen

Die Digitalität* nimmt Einfluss darauf, wie wir miteinander sprechen.

1 Lest den Text in Vierergruppen.

▶ Das Gruppenlesen, S. 252

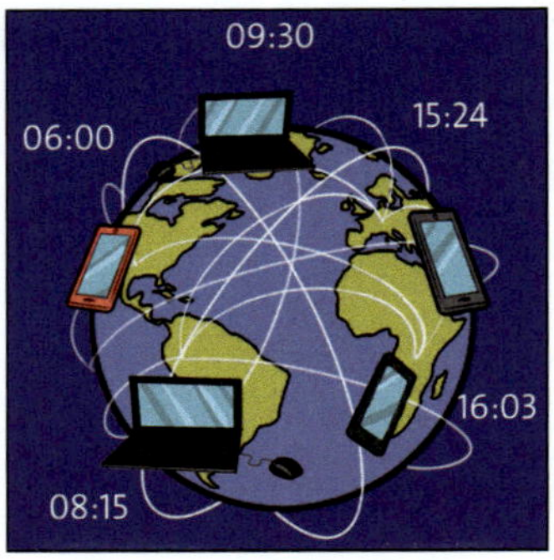

Überall, jederzeit und schnell erreichbar

Die zunehmende **Digitalisierung verändert** unser Leben. Einige Menschen sagen, wir **reden** dadurch **weniger**, **oberflächlicher** und **nebensächlicher** miteinander. Andere wiederum betonen den **Vorteil**, dass wir uns **von jedem Ort** aus, **überallhin** und **mit mehreren Personen gleichzeitig** austauschen können.

Die Sprache ist und bleibt dabei das wichtigste Mittel. Vor einigen Jahrzehnten war **das Telefon** das Medium, um ortsunabhängig und persönlich miteinander zu sprechen. Heute ist es **das Smartphone**. **Damals** konnte man ausschließlich **direkt** miteinander **sprechen**. **Heute** können wir **auch indirekt** miteinander sprechen über Texte, Bilder, Videos und Sprachnachrichten. Die Digitalisierung beeinflusst daher, wie wir Sprache nutzen. Unsere Verständigung ist abwechslungsreicher geworden.

Ein Gespräch am Telefon geht schnell. Bei einer **Textnachricht** müssen wir manchmal **länger** auf eine Antwort **warten**. Eine Textnachricht kann möglicherweise **anders verstanden** werden, als sie vom Sender gemeint war. In einer **Sprachnachricht** oder telefonisch können wir **mithilfe der Tonlage** das Gesagte **unterstützen**. Beim persönlichen Gespräch hilft außerdem die Körpersprache, das Gesagte zu verstehen.

Heute können wir im **Chat** mehrere Personen gleichzeitig ansprechen. Oft antworten wir sehr **schnell** und **nebenbei**. Wir sollten jedoch sehr genau überlegen, was wir sagen und verbreiten. Denn das **Internet vergisst nicht**.

**Die Digitalität: Der Begriff meint die Vernetzung von „digitaler“ und „analoger“ Welt.*

2 Wie hat sich unsere Verständigung in der digitalen Welt verändert?
- **a.** Jeder in der Gruppe untersucht einen Abschnitt genau und macht sich Notizen.
- **b.** Informiert euch gegenseitig über eure Ergebnisse.
- **c.** Sammelt zu jedem Abschnitt Beispiele.

Ein Telefongespräch und ein Chat – wie unterscheiden sie sich?

3 Vergleicht ein Gespräch am Telefon mit einem Austausch im Chat.
- **a.** Welche Vorteile werden jeweils im Text genannt? Schreibt auf.
- **b.** Welche weiteren Vorteile fallen euch ein? Ergänzt eure Notizen.

Textnachricht im Chat: …
Sprachnachricht im Chat: …
direktes Gespräch am Telefon: …

4
- **a.** Wobei kommt es eher zu Missverständnissen? Begründet eure Meinung.
- **b.** In welchen Situationen würdet ihr ein persönliches Gespräch immer vorziehen? Nennt Beispiele.

5 Stellt eure Ergebnisse in der Klasse vor und besprecht sie.

Im Chat antworten wir oft schnell und manchmal ohne zu wissen, welche und wie viele Personen die Antwort lesen.

6
- **a.** Warum müssen wir sehr genau überlegen, was wir im Chat sagen und verbreiten? Begründet eure Meinung.
- **b.** Was sollte man im Chat über sich / über andere besser nicht sagen oder schreiben? Nennt Beispiele.
- **c.** Worauf müsst ihr achten, wenn ihr fremde Inhalte wie Filme oder Bilder teilt? Schreibt Stichworte auf.

7
- **a.** Stellt eure Ergebnisse aus Aufgabe 6 vor.
- **b.** Formuliert Empfehlungen, wie ihr euch im Chat verhalten solltet. Erstellt eine Liste.
  Tipp: Haltet euer Ergebnis in einer digitalen Pinnwand fest.

6 *private Informationen schützen, eigene und fremde Daten schützen, Empfehlungen für das Verhalten im Netz beachten (Netiquette), Urheberrecht und Persönlichkeitsrecht kennen und beachten*

2 Das meine ich! – *schriftlich argumentieren*

Menschen und Tiere haben ein besonderes Verhältnis. Sie leben seit Tausenden Jahren zusammen auf der Erde. Manchmal setzen Menschen Tiere für ihren Nutzen ein. Nicht immer klappt das gut.

Ich kann im Zoo Tiere beobachten und viel lernen.

Ich gehe gerne in den Zirkus, aber eine Vorstellung mit Wildtieren gefällt mir nicht so gut.

Ob die Tiere gut versorgt sind?

1 Was zeigen die Fotos?

2 a. Welche Meinungen drücken die Aussagen in den Sprechblasen aus?
b. Welche Meinung habt ihr?

Zeitungstexte informieren zu verschiedenen Themen.
Wir können uns zu diesen Themen eine Meinung bilden und aus den Texten Gründe dafür und dagegen ableiten.

Wildtiere im Zirkus

Wildtiere in Zirkussen müssen so gehalten werden, dass es ihnen gut geht. Dafür gibt es Regelungen. Und Tierärzte sind verpflichtet, das zu kontrollieren. Dennoch kritisieren Gegner, dass eine artgerechte Haltung von Wildtieren im Zirkus nicht möglich sei. Zu kleine Käfige und zu wenig Auslauf sind einige Gründe, die sie nennen …

Zoos leisten sehr viel

Zoos sind wichtig für Tiere und auch für Menschen. Sie sorgen für den Erhalt vieler bedrohter Arten. Sie züchten vom Aussterben bedrohte Tiere und wildern sie aus. Przewalski-Pferde, Addax-Antilopen und Wisente beispielsweise konnten in Zoos nachgezüchtet und dann ausgewildert werden. Zoos sind auch Wissensspeicher. 600 Millionen Menschen werden jährlich in Zoos mit den Themen Arten- und Naturschutz erreicht. Tierschützer dagegen bezeichnen die Gefangenschaft der Tiere als Quälerei. Da Wildtiere eigentlich auf ein Leben in Freiheit ausgerichtet sind, verkümmern die Tiere schnell in Gefangenschaft, was sich in immer gleichen Bewegungsabläufen zeigen kann, etwa das Schwenken mit dem Kopf …

3 a. Zu welchen Themen informieren die Zeitungstexte?
b. Welche Gründe dafür und dagegen könnt ihr den Zeitungstexten entnehmen?
c. Welche weiteren Gründe dafür oder dagegen fallen euch zu den Themen ein?

2 Das meine ich! – *schriftlich argumentieren*

In diesem Kapitel informiert ihr euch zu verschiedenen Themen und bezieht eine Position. Ihr begründet eure Meinung schriftlich und überzeugt durch starke Argumente.

Tiere im Zoo – Argumente erkennen und gewichten

Viele Menschen besuchen gern Zoos. Andere finden, es sollte keine Zoos geben.

1 Welche Meinung habt ihr über Zoos?

a. Positioniert euch auf einer gedachten Linie:
- Wer Zoos gut findet, stellt sich auf der gedachten Linie links auf.
- Wer Zoos nicht so gut findet, stellt sich auf der gedachten Linie rechts auf.
- Verteilt euch entlang der Linie entsprechend eurer Meinung.

b. Sprecht mit euren Nachbarn, warum ihr euch dort positioniert habt.

2 Teilt die Klasse auf: Lest Text A auf Seite 26 oder Text B auf Seite 27.

A Dag Encke, Direktor vom Tiergarten Nürnberg, hat eine klare Meinung zu Zoos.

Zoos sind Wissensspeicher *(Dag Encke)*

▶ Das Partnerlesen, S. 251

„Neulich fand bei uns **im Zoo** wieder das ‚Blaue Klassenzimmer' statt – Schulklassen haben dann **Biologie-Unterricht** direkt in unserer Wasserwelt, nur einen Sprung von Delfinen und Seekühen entfernt. Danach bekommen wir stets Briefe von den **Schülern**, die **von den Tieren schwärmen** und schwören, weniger Plastik zu nutzen, da es in die Weltmeere gelangt und dort von den Delfinen geschluckt wird.

Mir zeigt das, warum **Zoos heute so wichtig** sind. Erstens: Wir sind ein **Fenster in die belebte Natur**. Wo anders kann man so viele **Tiere kennen, verstehen und schützen lernen**? Und an keinem anderen Ort erreichen wir so viele Menschen mit dem Thema Arten- und Naturschutz, pro Jahr sind es weltweit rund 600 Millionen.

Zweitens: Zoos sind **Wissensspeicher**. Ein großer Teil dessen, was man heute über Wildtiere weiß, ihre Krankheiten und wie man die behandelt, weiß man aus Zoos.

Drittens: Zoos können nicht alle **bedrohten Arten retten**. Aber wir haben in den vergangenen Jahren einige Arten, von denen es nur noch wenige Tiere gab, **nachzüchten** und dann sogar wieder **auswildern** können: die Przewalski-Pferde in der Mongolei, Addax-Antilopen in Nordafrika oder jüngst Wisente hier bei uns.

ein Wisent

Ja, Zootiere haben nicht so viel Platz wie in freier Wildbahn. Aber die Natur ist auch kein Paradies, wie viele immer darstellen. Beim Gepard etwa haben viele nur die Bilder seiner Super-Sprints in ewig weiter Landschaft vor Augen. Dabei ist das für die Tiere kein Spaß, sondern purer Stress. […]" V

B **Torsten Schmidt vom Bund gegen Missbrauch der Tiere sieht die Haltung von Wildtieren im Zoo kritisch.**

Giraffen gehören nicht hinter Gitter

(Torsten Schmidt)

▶ Das Partnerlesen, S. 251

„Ich besuche Zoos regelmäßig und habe dabei immer gemischte Gefühle. Viele Tierarten faszinieren mich dort, einerseits. Andererseits ärgere ich mich, weil Zoos so vieles besser machen könnten und sollten.

Zoos sind Wirtschaftsunternehmen, sie **müssen Besucher anlocken**, um zu überleben. Darum zeigen viele Zoos Tierarten, die exotisch und kickend sind: **große Säugetiere** wie Delfine, Menschenaffen, Giraffen oder Eisbären. Doch gerade sie **gehören nicht hinter Gitter**, weil man ihnen dort **nicht gerecht** werden kann. Delfine leben in den Meeren in Gruppen von bis zu 40 Tieren zusammen. In Zoos schwimmen häufig nicht mehr als sechs Tiere in einem **winzigen Becken**. Eisbären werden im Zoo auf einer Fläche gehalten, die **millionenfach kleiner** ist als ihr Jagdgebiet in freier Wildbahn. Die meisten gefangenen Eisbären zeigen Verhaltensstörungen. Sie leiden.

Sicher: Zoos haben rund ein Dutzend Arten vor **dem Aussterben bewahrt**. Verglichen damit, dass jeden Tag etwa 100 Arten aussterben, ist dieser **Beitrag** allerdings **bescheiden**. Und kaum ein Zoo kümmert sich um **die extrem bedrohten**, aber scheinbar unattraktiven Amphibien wie **Lurche**. Die **hätten Hilfe** weitaus **nötiger** als so manche im Zoo gehaltene Säugetierart.
Was sollten **Zoos also besser** machen?
Sich **auf wenige Arten beschränken**, die angemessen gehalten werden können. […]" V

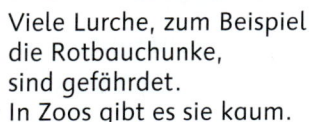

Viele Lurche, zum Beispiel die Rotbauchunke, sind gefährdet. In Zoos gibt es sie kaum.

Zu einem Thema kann man unterschiedliche Positionen vertreten.

3 Ihr habt Text A oder Text B gelesen.
- a. Welche Meinung hat der Autor über Zoos? Schreibt auf.
- b. Formuliert mithilfe der blau gedruckten Textstellen drei Argumente und schreibt sie untereinander auf.
- c. Findet Beispiele im Text, mit denen der Autor seine Meinung veranschaulicht. Schreibt sie in die leeren Zeilen.

4
- a. Findet Partner, die den anderen Text gelesen haben. Bildet eine Vierergruppe.
- b. Informiert euch gegenseitig. Stellt eure Ergebnisse der Aufgabe 3 vor.

Ihr könnt aus den folgenden Diagrammen weitere Argumente ableiten.

1 Anzahl der vom Aussterben bedrohten[1] Wirbeltierarten weltweit

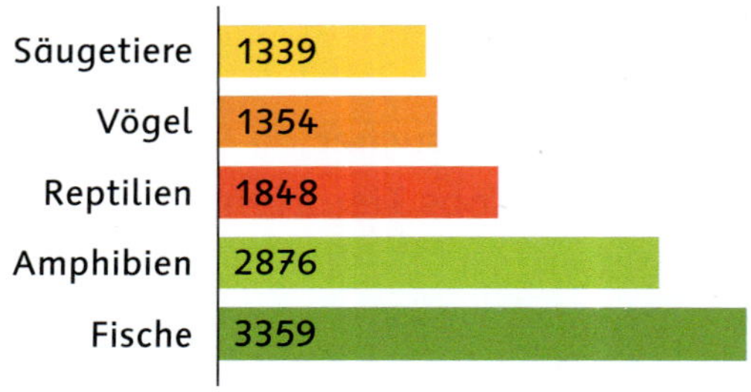

[1] Zahlen nach der Roten Liste 2023. Dort als kritisch gefährdet, gefährdet oder anfällig eingestufte Arten.
Daten nach: IUCN Red List version 2023-1

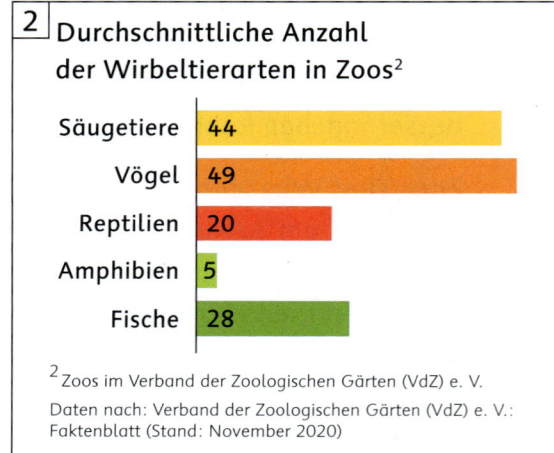

2 Durchschnittliche Anzahl der Wirbeltierarten in Zoos[2]

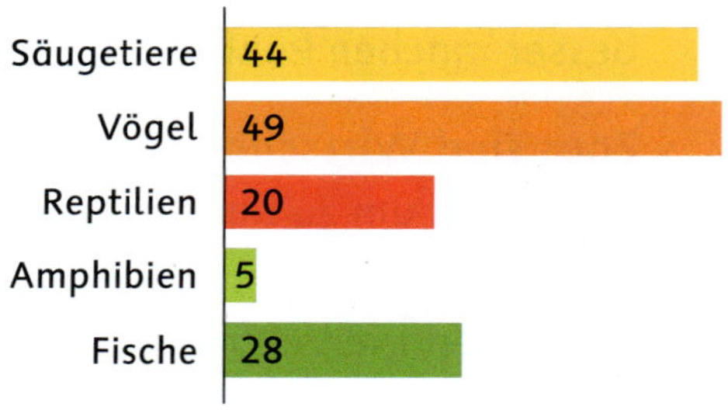

[2] Zoos im Verband der Zoologischen Gärten (VdZ) e. V.
Daten nach: Verband der Zoologischen Gärten (VdZ) e. V.: Faktenblatt (Stand: November 2020)

5 Lest die Grafiken mit dem Lese-Profi.
- a. Worüber informieren die Grafiken?
  - Wofür stehen die einzelnen Balken?
  - Welche Zahlenwerte sind die höchsten, welche die niedrigsten?
- b. Welche Argumente für oder gegen Zoos könnt ihr ableiten?

▶ Der Lese-Profi für Grafiken, S. 94

Ihr habt Argumente für und gegen Zoos kennengelernt.

6 Welche Meinung habt ihr jetzt über Zoos?
Positioniert euch erneut auf einer Linie. Diskutiert.

Argumente sind besonders wirksam, wenn ihr sie nach ihrer Wichtigkeit ordnet und mit Beispielen veranschaulicht. Ihr bildet eine Argumentationskette:

Meinung → 1. Argument (weniger wichtig) → 1. Beispiel → 2. Argument (wichtig) → 2. Beispiel → 3. Argument (am wichtigsten) → 3. Beispiel

Schriftlich argumentieren – einen Text überarbeiten

Tarik hat sich eine Meinung über Zoos gebildet und möchte andere davon überzeugen. Er entwirft einen Forumsbeitrag.

Ich mag den Tierpark Hagenbeck in Hamburg. Das ist ein großer, naturnaher Park. Dort gibt es 1800 verschiedene Tierarten und auch viele Bäume, Spielflächen und Wiesen. Zoos leisten sehr, sehr viel für den Schutz der Natur und der Tiere und sind wichtig für Menschen. Das ist meine Meinung, denn ohne Zoos würde es viele Tiere gar nicht mehr geben. Eisbären und Robben vertilgen viel Fisch. Ich glaube, am liebsten Hering. Im Meer müssten sie lange suchen, denn es gibt immer weniger Fische. Die Robben und Seebären im Tiergarten sind meine Lieblingstiere. Ich kann sie gut beobachten und lerne dabei viel. Sie sind putzig und geben manchmal dem Tierpfleger ein Küsschen. Ohne Zoos gäbe es keine Wisente hier bei uns. Zoos züchten Tiere, die bedroht sind, und wildern sie dann wieder aus. Zoos müssen erhalten bleiben.

1 Welche Meinung hat Tarik?

Tariks Beitrag ist noch nicht sehr überzeugend. Ihr überarbeitet den Entwurf.

2 **a.** Notiert Tariks Argumente.
b. Ergänzt passende Beispiele und schreibt sie dazu.

► Argumentationskette, S. 28

3 Welche drei Argumente findet ihr besonders stark und überzeugend? Wählt aus und nummeriert von weniger wichtig bis am wichtigsten.

1. Argument (weniger wichtig)
2. Argument (wichtig)
3. Argument (am wichtigsten)

4 Überarbeitet Tariks Forumsbeitrag. Haltet euch an den vorgegebenen Aufbau der Argumentationskette. Schreibt ihn neu auf.

4 ***So könnt ihr die Argumente einleiten:***
Zunächst … Erstens … Eine wichtige Rolle spielt … Ein weiteres Argument ist … Außerdem … Darüber hinaus … Schließlich … Am wichtigsten aber ist, dass …

So könnt ihr die Beispiele einleiten:
Beispielsweise … Dies zeigt das Beispiel … Dies belegt …

So könnt ihr die Sätze verknüpfen:
daher … deshalb … denn … weil … sodass … infolgedessen … demzufolge …

Geparden im Zoo – die eigene Meinung begründen

Ihr schreibt einen Forumsbeitrag zur Frage: Gehören Geparden in einen Zoo?

Geparden sind stark **vom Aussterben bedroht**. Schon heute gibt es nur noch wenige Tiere in freier Wildbahn. Das **liegt auch am Rückgang** einer anderen Tierart: **der Gazelle**. Die Gazelle ist das **wichtigste Beutetier für Geparden**.

Der Gepard

Schulterhöhe: bis 80 cm (Löwe bis 110 cm)

Nahrung: Gazellen, Antilopen, Hasen
Jagd stressig, Beute muss schnell gegessen werden, kann nicht gegen andere Raubkatzen verteidigt werden

Lebensraum: Steppe, Savanne
wird vom Menschen immer stärker eingegrenzt, daher bedrohte Tierart

Vorkommen: Afrika, Vorderasien
in Afrika gefährdet, in Asien vom Aussterben bedroht

Besonderheit: das schnellste Landtier

1 a. Seht euch die Fotos an und lest die Texte.
b. Gehören Geparden in einen Zoo? Sammelt Argumente dafür und dagegen.
c. Bildet euch eine Meinung und entscheidet gemeinsam, ob ihr einen Forumsbeitrag dafür oder dagegen schreibt.

2 a. Welche drei Argumente findet ihr besonders wichtig und überzeugend? Wählt aus und ordnet sie von nicht so wichtig bis am wichtigsten.
b. Mit welchen Beispielen könnt ihr eure Argumente veranschaulichen? Ergänzt.

3 Schreibt nun einen Forumsbeitrag. Verwendet euer Ergebnis von Aufgabe 2.
Gehören Geparden in einen Zoo? Wir finden die Frage spannend und meinen, dass …

4 Überarbeitet eure Texte in einer Schreibkonferenz.

▶ Die Schreibkonferenz, S. 252

Schriftlich argumentieren, einen Brief schreiben

Wenn ich andere von meiner Meinung überzeugen will, begründe ich sie mit Argumenten und veranschauliche sie durch Beispiele. Mögliche Gegenargumente kann ich entkräften.

Wann dürfen Hähne krähen?

Diese Frage treibt zwei Nachbarn um: Dem einen gehört ein lautstarker Hahn – der andere fühlt sich davon gestört. Ich bin der Meinung, dass ein Hahn auch frühmorgens krähen darf.	Meinung
Für jeden Menschen bedeutet es etwas anderes, was frühmorgens heißt.	1. Argument (weniger wichtig)
Wer nachts arbeitet, bewertet „früh" vielleicht anders als ich.	Beispiel
Außerdem gehört das Krähen zum typischen Verhalten eines Hahnes.	2. Argument (wichtig)
So wie die Henne zum Beispiel Eier legt, können wir einem Hahn das Krähen nicht abgewöhnen.	Beispiel
Möglicherweise wenden Kritiker ein, dass man den Hahn auch an einem anderen Ort halten könnte. Ich aber finde, dass dies ein Eingriff in das Recht des Besitzers ist.	Gegenargument und Entkräftung
Am wichtigsten aber ist, dass ein Hahn nicht stundenlang kräht. Es geht um einen Zeitraum von ein paar Minuten.	3. Argument (am wichtigsten)
Dafür kann man sich zum Beispiel Ohrenstöpsel besorgen.	Beispiel
Ich bin daher davon überzeugt, dass ein Hahn krähen darf – egal zu welcher Uhrzeit.	

Wenn ich einen Brief schreibe, beachte ich die Form eines Briefes.

Berlin, den 12.06.2023 — der Ort, das Datum

die Anrede — *Sehr geehrte Zeitungsredaktion,*

gestern las ich in Ihrer Zeitung den Artikel zur Frage, wann Hähne krähen dürfen. Gerne möchte ich zu dem Thema meine Meinung äußern. Ich finde, dass …

der Gruß — *Mit freundlichen Grüßen*

der Name/die Unterschrift — *Stefan Meier*

Wildtiere im Zirkus – Argumente erkennen und ordnen

Wildtiere wie Tiger oder Zebras führen manchmal im Zirkus Kunststücke vor. Nicht alle finden das gut. Sie möchten lieber Akrobaten und Clowns sehen.

1 Die beiden Fotos zeigen zwei Zirkus-Vorstellungen. Welche würdest du spontan lieber besuchen? Begründe.

Ich würde lieber …, weil …

2 Lies den Zeitungsartikel.

Wird das Wildtierverbot im Zirkus aufgehoben?

Der Stadtrat hat beschlossen, dass in einem Zirkus keine Wildtiere* gezeigt werden dürfen. Dieses Verbot soll auch für den kommenden Weihnachtszirkus gelten. Wildtiere dürfen im Zirkus nicht mehr auftreten und Kunststücke vorführen. Am Samstag besuchten einige Stadträte den Zirkus und informierten sich über die Tierhaltung. Nun kommen einige Stadträte ins Nachdenken.

*Wildtiere sind wild lebende Tiere, die nicht Heim- oder Haustiere sind und an Menschen nicht gewöhnt sind.

3 **a.** Was hat der Stadtrat beschlossen? Beantworte in einem Satz.
b. Was sind Wildtiere? Erkläre.
c. Welche Wildtiere kennst du aus dem Zirkus? Zähle sie auf.

Zu dem Thema Wildtiere im Zirkus wurde eine Umfrage durchgeführt:

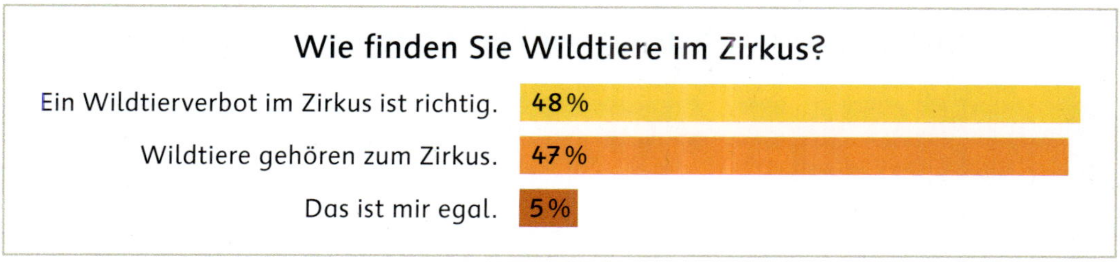
Wie finden Sie Wildtiere im Zirkus?
Ein Wildtierverbot im Zirkus ist richtig.
48 %
Wildtiere gehören zum Zirkus.
47 %
Das ist mir egal.
5 %

4 Was zeigt das Balkendiagramm?

Ich sehe, dass …

▶ Der Lese-Profi für Grafiken, S. 94

5 Welche Meinung hast du zu Wildtieren im Zirkus?

Ich bin für/gegen …
Ich meine, dass …

Im Forum der Schülerzeitung werden zu dem Thema viele Beiträge gepostet. Die Meinungen sind unterschiedlich.

1

Elefanten, Löwen, Tiger: Wir finden, **Wildtiere** gehören zu einem Zirkus. Wildtiere **begeistern die Zuschauer**, vor allem auch Kinder. Durch Wildtiere wird **das Zirkus-Programm vielfältiger**. Im Zirkus **erleben wir Wildtiere anders** als im Zoo. Die Zuschauer **lernen** die Tiere **näher kennen**: beim Auftritt in der Manege und bei der Tierschau. Sie sehen, **wie lernfähig Wildtiere** sind. Nicht allen Wildtieren im Zirkus geht es schlecht. Viele **achten auf die artgerechte Haltung** mit genug Auslauf und passendem Futter.

6 Welche Meinung vertritt der Verfasser des Beitrags? Schreibe auf.

Der Verfasser des ersten Beitrags vertritt die Meinung, dass …

7 Welche Argumente findest du in Beitrag 1?

a. Lege eine Tabelle an.

b. Ordne die Argumente in der richtigen Spalte ein.

Argumente für Wildtiere im Zirkus	*Argumente gegen Wildtiere im Zirkus*
Wildtiere begeistern die Zuschauer	…

Argumente gewichten, die eigene Meinung begründen

In dem folgenden Forumsbeitrag wird eine andere Meinung vertreten.

2

In Zirkussen werden **viele Wildtiere falsch gehalten**: Sie haben **zu wenig Platz** und sind immer **im Käfig**. Sie bekommen oft auch **nicht das passende Futter**. Wildtiere im Zirkus haben **viel Stress**. Daher **sterben** sie oft **früher** als in der freien Natur.

Wildtiere führen im Zirkus **gefährliche Kunststücke** vor. Löwen sollen zum Beispiel durch einen Feuerring springen, dabei fürchten sie Feuer. **Wildtiere leiden** also, um die Zuschauer zu belustigen. Das finden wir nicht gut.

Zirkus ist auch toll, wenn nur Menschen auftreten. Es gibt viele Beispiele, wie abwechslungsreich **Vorstellungen mit Akrobaten, Clowns und Zauberern** sind. Da werden **keine Tiere gequält**.

1 Welche Meinung vertritt der Verfasser dieses Beitrags? Schreibe auf.

Der Verfasser des zweiten Beitrags findet, dass …

2 Welche Argumente findest du in Beitrag 2? Ordne sie in deine Tabelle ein.

Du hast Argumente für und gegen Wildtiere im Zirkus kennengelernt.

3 a. Sieh dir noch einmal die Argumente in deiner Tabelle an.
b. Welche Meinung hast du jetzt zu dem Thema? Schreibe auf.

Der Stadtrat überlegt, ein Wildtierverbot im Zirkus zu beschließen. Um den Stadtrat von deiner Meinung zu überzeugen, benötigst du starke Argumente für einen Brief.

Schritt 1: Planen

4 Welche Argumente findest du besonders wichtig und überzeugend?
a. Wähle drei Argumente aus.
b. Nummeriere sie.

Schriftlich argumentieren – einen Brief schreiben

Du kannst an den Stadtrat einen Brief schreiben.

Schritt 2: Schreiben

1 Schreibe einen Brief an den Stadtrat. Beachte dabei die Form eines Briefes.
- Schreibe den Anfang des Briefes ab. Ergänze Ort und Datum.
- Schreibe zunächst deine Meinung.
- Begründe deine Meinung. Verwende dazu deine Argumente von Aufgabe 4.
- Schreibe den Schluss des Briefes ab. Ergänze Name und Unterschrift.

, den

Sehr geehrter Stadtrat,

die Entscheidung steht bevor, ob Wildtiere im Zirkus unserer Stadt auftreten dürfen.
Ich bin der Meinung, dass …
Ein Grund ist, dass …
Außerdem …
Am wichtigsten aber ist …

Es würde mich freuen, wenn Sie sich meinen Argumenten anschließen könnten und diese bei der Abstimmung mit berücksichtigen.

Freundliche Grüße

Für/Gegen Wildtiere im Zirkus spricht, dass …
Wildtiere im Zirkus zu zeigen, bedeutet …

2 Tauscht eure Briefe aus und gebt euch gegenseitig ein Feedback. Die folgenden Fragen helfen euch:
- Ist die äußere Form des Briefes eingehalten?
- Ist die Meinung klar formuliert?
- Sind die Argumente überzeugend?
- Ist die Reihenfolge der Argumente sinnvoll?
- Sind alle Sätze vollständig?
- Sind alle Wörter richtig geschrieben?

Schritt 3: Überarbeiten

▶ Der Rechtschreib-Check, S. 230

3 a. Überarbeite deinen Brief mithilfe des Feedbacks.
b. Schreibe den Brief gut lesbar in Handschrift auf oder mit dem PC.

Henne und Ei – Argumente erkennen und ordnen

Wie sollen Hühner leben? Und welchen Preis wollen wir für Hühnereier zahlen? Mit diesen Fragen beschäftigst du dich auf den folgenden Seiten. Du bildest dir eine Meinung und begründest sie mit Argumenten.

1 a. Sieh dir die Fotos an und lies die Lexikoneinträge.
b. Welches Foto zeigt welche Hühnerhaltung? Schreibe auf.

1

2

In der **ökologischen Haltung** leben rechnerisch **sechs Hennen auf einem Quadratmeter** Stall. Es gibt Nester und Sitzstangen. Die Hühner können **jederzeit nach draußen**. Im **Außengelände** hat **jedes Huhn** rechnerisch **vier Quadratmeter** Auslauf.

Hühner in **Bodenhaltung** leben in einem **geschlossenen Stall**. Sie können sich darin aber **frei bewegen**. Es gibt Sitzstangen, Nester zum Eierlegen und an einigen Stellen Streu zum Scharren. **Neun Hühner** dürfen **auf einem Quadratmeter** Fläche leben.

In der Zeitung werden zwei Überschriften abgedruckt.

1 **Bodenhaltung ist Tierquälerei**
Sollte solch eine Hühnerhaltung verboten werden?

2 **Bodenhaltung garantiert günstige Preise**
Wer für Eier nicht viel Geld ausgeben möchte,
muss die moderne Tierhaltung in Kauf nehmen.

2 a. Welche unterschiedlichen Meinungen drücken die Überschriften aus? Formuliere Sätze.
b. Was ist deine Meinung? Schreibe auf.

2 a. *Überschrift* 1 *drückt aus, dass … / In Überschrift* 2 *wird deutlich, dass …*
b. *Ich finde … Ich bin der Meinung, dass …*

Der folgende Zeitungsartikel informiert über zwei Arten der Hühnerhaltung.

Der Dienstag, Lokales, Seite 3 17.03.2023

Bodenhaltung oder ökologische Haltung – so leben Hühner beim Bauern

In der **Bodenhaltung** leben **bis zu 6000 Hühner** in einem Stall. Kritiker prangern an, dass die Hühner **typischen Verhaltensweisen** wie Picken und Scharren **nur eingeschränkt nachgehen** können. Sie haben **keine Beschäftigung**, was zu Federpicken und gar Kannibalismus[1] führen kann.

Weil die Hühner so dicht beieinanderleben, ist auch das **Erkrankungsrisiko höher**. Gegen Krankheiten werden oft **Antibiotika**[2] verabreicht, was im schlimmsten Fall **zu Resistenzen[3] führen kann**. Etwa 64 % aller Eier in Deutschland werden in Bodenhaltung produziert. Dafür **kostet ein Ei** nur etwa **15 Cent**. Eier aus ökologischer Haltung können hingegen mehr als doppelt so teuer sein.

In der **ökologischen Haltung** dürfen **maximal 3000 Hühner** pro Stall gehalten werden. Sie können **jederzeit nach draußen**. Durch den Auslauf können sie sich so verhalten, wie Hühner es von Natur aus tun: Sie **scharren und picken** in der Erde und bekommen **ökologisches Futter**. Natürlich werden auch diese Hühner krank – das **Erkrankungsrisiko** ist jedoch **geringer** und der Antibiotikaeinsatz ist strenger geregelt.

[1] der Kannibalismus: hier: Hühner picken oder ziehen an der Haut anderer Hühner
[2] das Antibiotikum, die Antibiotika: ein Wirkstoff gegen krankheitserregende Bakterien
[3] die Resistenz: Wird ein Antibiotikum zu häufig verwendet, können die Bakterien sich daran gewöhnen. Der Wirkstoff hilft dann nicht mehr.

3 Welche Gründe sprechen gegen die Bodenhaltung von Hühnern? Lege eine Tabelle an und trage die fünf im Text genannten Argumente ein. Tipp: Du kannst eigene Argumente ergänzen, zum Beispiel mithilfe der Materialien von Seite 36.

Argumente gegen Bodenhaltung	*Argumente für Bodenhaltung*
6000 Hühner in einem Stall	…

Die Zeitung druckt zu dem Thema auch einen Kommentar ab.

Frühstückseier und glückliche Hühner? *(von Silke Tobaben)*

Es klingt einfach: Die ökologische Freilandhaltung ist besser für das Tier. Aber auch 3000 Hühner in einem Stall sind eine große Anzahl und tragen dazu bei, dass Tiere unter Stress geraten. Und von der Idylle auf der Eierpackung ist auch das Leben dieser Hühner weit entfernt.

Aus meiner Sicht gibt es gute Gründe, die für die Bodenhaltung von Hühnern sprechen. Landwirte müssen von ihrer Arbeit leben können. Und das geht nicht, wenn man beispielsweise nur zehn Hühner hält. Also müssen die Ställe groß sein. Ein weiteres Argument ist, dass ein moderner Stall mit Hühnern in Bodenhaltung viel Platz spart. Schließlich wird es immer teurer, Land zu kaufen oder zu pachten. Sicherlich werden manche einwenden, dass ein moderner Stall trotzdem eine künstliche Umgebung ist. Dem möchte ich entgegnen, dass es auch in der Bodenhaltung Nester und Bereiche mit Streu zum Scharren gibt. Am wichtigsten aber ist: Zahlreiche Hühner in Freilandhaltung nutzen gar nicht den Auslauf. Studien belegen, dass die meisten Hühner im Stall bleiben – und damit leben wie Hühner in Bodenhaltung.

4 Welche Gründe für die Bodenhaltung von Hühnern werden in dem Kommentar genannt? Ergänze sie in deiner Tabelle von Seite 37.

Auch aus dem folgenden Liniendiagramm kannst du ein Argument ableiten.

5 **a.** Lies das Liniendiagramm.
b. Beantworte die folgenden Fragen.
- Worüber informiert das Diagramm?
- Wofür stehen die Linien?
- Was sagen dir die Zahlen neben den Linien?
- Was fällt dir beim Vergleich der Linien auf?

6 Formuliere anhand des Diagramms ein weiteres Argument, das für die Bodenhaltung spricht.

Durchschnittliche Preise für zehn Eier in Deutschland 2014–2017

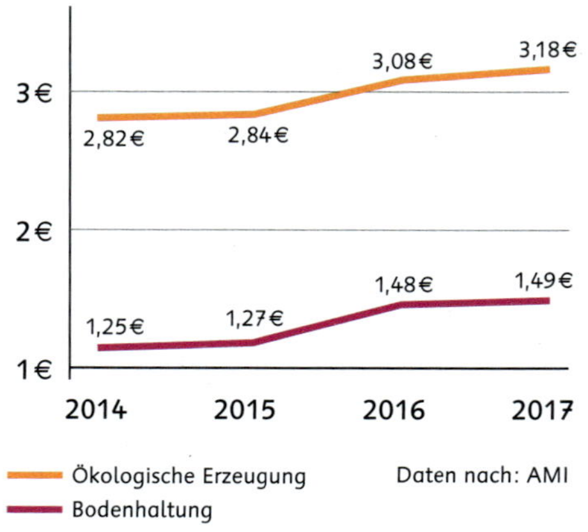

Argumente gewichten, die eigene Meinung begründen

Du hast Argumente für und gegen Eier aus Bodenhaltung kennengelernt. Du nimmst nun zu dem Thema Stellung und schreibst einen Leserbrief*. Der Schreib-Profi hilft dir dabei.

Schritt 1: Planen

1 **a.** Sieh dir noch einmal die Argumente dafür und dagegen an.
b. Welche Meinung hast du jetzt zu dem Thema? Schreibe auf.

2 **a.** Welche Argumente stützen deine Meinung? Markiere die Spalte in deiner Tabelle.
b. Welche drei Argumente davon findest du besonders wichtig und überzeugend? Nummeriere.

1. Argument (weniger wichtig)
2. Argument (wichtig)
3. Argument (am wichtigsten)

Du kannst deine Argumente mit Beispielen veranschaulichen. Dann werden sie besonders überzeugend.

3 Veranschauliche deine drei wichtigsten Argumente mit Beispielen. Schreibe die Beispiele auf.
Tipp: Du findest auch Beispiele in den Texten auf den Seiten 37 und 38.

Nicht alle teilen deine Meinung. Sie nennen Gegenargumente. Du möchtest sie überzeugen. Dazu musst du die Gegenargumente entkräften.

4 **a.** Wähle ein Argument der Gegenseite aus.
b. Überlege, was du darauf erwidern könntest.

Ein mögliches Gegenargument ist, dass …
Ich aber denke, dass …

c. Schreibe das Gegenargument und deine Erwiderung auf.

Gegenargument und Entkräftung

**Leserbriefe geben die Meinung von Zeitungslesern wieder. Die Zeitung druckt einige ab.*

1 **b.** *Ich bin für … Ich bin dafür, dass … Ich meine, dass … Ich bin der Meinung, dass …*

3 ***So kannst du Beispiele einleiten:***
Zum Beispiel … Beispielsweise … Das zeigt zum Beispiel … Wie das Beispiel zeigt …

4 ***So kannst du Gegenargumente einleiten und sie entkräften:***
Ein möglicher Einwand ist … Ich verstehe die Bedenken, dass …
Ich aber denke, dass … Dem möchte ich entgegnen, dass …

Schriftlich argumentieren – einen Leserbrief schreiben

Du möchtest deine Meinung veröffentlichen und andere in einem Leserbrief überzeugen.

Schritt 2: Schreiben

1 Schreibe deinen Leserbrief an die Regionalzeitung.
Verwende deine Ergebnisse von Seite 39, Aufgaben 1 bis 4.
Beachte die Form eines Briefes.

▶ Einen Brief schreiben, S. 31

- Schreibe den Anfang des Briefes ab und formuliere deine Meinung.

Liebe Redaktion der Regionalzeitung,
gestern las ich in Ihrer Zeitung, dass …
Ich finde …

- Begründe deine Meinung.
- Veranschauliche die Argumente mit passenden Beispielen.
- Nenne ein Gegenargument und entkräfte es.
- Schreibe einen Schlusssatz. Bekräftige darin nochmals deine Meinung.

Aus diesen Gründen bin ich der Meinung, dass …

- Ergänze eine passende Grußformel, Name und Unterschrift.

Nach dem Schreiben überprüft ihr eure Leserbriefe.

Schritt 3: Überarbeiten

2 Tauscht eure Leserbriefe aus und gebt euch gegenseitig ein Feedback. Die folgenden Fragen helfen euch:
- Ist die Meinung klar formuliert?
- Sind die Argumente überzeugend?
- Ist die Reihenfolge der Argumente sinnvoll?
- Sind die Argumente durch passende Beispiele veranschaulicht?
- Ist ein Gegenargument genannt und überzeugend entkräftet?
- Ist der Brief angemessen und gut formuliert?
- Sind alle Wörter richtig geschrieben?

▶ Der Rechtschreib-Check, S. 230

3 **a.** Überarbeite deinen Leserbrief mithilfe des Feedbacks.
b. Schreibe den Leserbrief gut lesbar in Handschrift auf oder mit dem PC.

1 ***So kannst du die Sätze verknüpfen:***
dass, weil, denn, beispielsweise, deshalb, aber, obwohl, deswegen
Grußformeln sind zum Beispiel:
Mit freundlichen Grüßen, Freundliche Grüße, Viele Grüße …

Üben: Einen Leserbrief überarbeiten

Auch Natalie hat sich eine Meinung gebildet und möchte einen Leserbrief an die Regionalzeitung schreiben. Hier siehst du ihren ersten Entwurf.

Sehr geehrte Redaktion,
also, ich find's unmöglich, Tiere so zu halten.
Die ökologische Haltung ist meiner Meinung nach das einzig Richtige.
Da haben die Hühner mehr Platz, drinnen und draußen.
Außerdem können sie tun, was Hühner normalerweise tun.
Ja, so ein Ei von einem Huhn ist dann teurer. Aber …
Mein wichtigstes Argument aber ist, dass weniger Medikamente verabreicht werden.
Ich will nur Eier aus ökologischer Haltung. Das fühlt sich einfach besser an.

1 Welche Meinung vertritt Natalie?
Natalie meint, dass …

Natalie möchte in dem Entwurf noch Beispiele ergänzen und das Gegenargument entkräften. Außerdem sollte sie manche Stellen noch sachlich formulieren.

2 Welche drei Argumente nennt Natalie? Schreibe sie auf.
Lasse nach jedem Argument eine Zeile frei.

3 Mit welchen Beispielen kann Natalie ihre Argumente veranschaulichen?
Ordne zu. Schreibe in die freien Zeilen.

Typische Verhaltensweisen sind zum Beispiel Picken und Scharren. |
So hat jedes Huhn beispielsweise im Außengelände vier Quadratmeter Auslauf für sich. |
Wenn ein Huhn erkrankt, wird beispielsweise nur das kranke Huhn behandelt. |

4 Wie kann Natalie das gewählte Gegenargument entkräften? Schreibe auf.
Ja, so ein Ei von einem Huhn ist dann teurer. Aber …

Du kannst den Leserbrief für Natalie überarbeiten.

5 Schreibe mithilfe deiner Ergebnisse von den Aufgaben 2 bis 4 den Leserbrief neu auf. Schreibe sachlich.

6 Überprüfe deinen Leserbrief anhand der Fragen von Aufgabe 2 auf Seite 40.

Briefe und Beiträge präsentieren

Ihr habt euch zu verschiedenen Themen informiert und Position bezogen. Eure Meinung habt ihr in Briefen und Forumsbeiträgen schriftlich begründet.

In einem Galeriegang informiert ihr euch gegenseitig.

▶ Der Galeriegang, S. 250

1 a. Bildet Gruppen von zwei bis vier Schülerinnen und Schülern, die zu demselben Thema einen Beitrag geschrieben haben.

Wildtiere im Zirkus **Henne und Ei**

b. Lest euch gegenseitig eure Beiträge und Briefe vor.
c. Gebt euch gegenseitig ein Feedback.

Ich finde an deinem Beitrag … besonders gelungen.
Mir gefällt an dem Brief gut, dass …
Mich überzeugt …, weil …

2 Gestaltet mit euren Arbeitsergebnissen ein Plakat.

▶ Ein Plakat gestalten, S. 111

- Nehmt einen großen Papierbogen.
- Schreibt euer Thema als Überschrift auf.
- Legt eure Beiträge und Briefe probeweise auf den Papierbogen.
  Tipp: Wenn ihr unterschiedliche Meinungen vertretet, dann ordnet die Beiträge nach pro und kontra.
- Klebt die Beiträge und Briefe auf den Papierbogen.
- Hängt den Papierbogen auf.

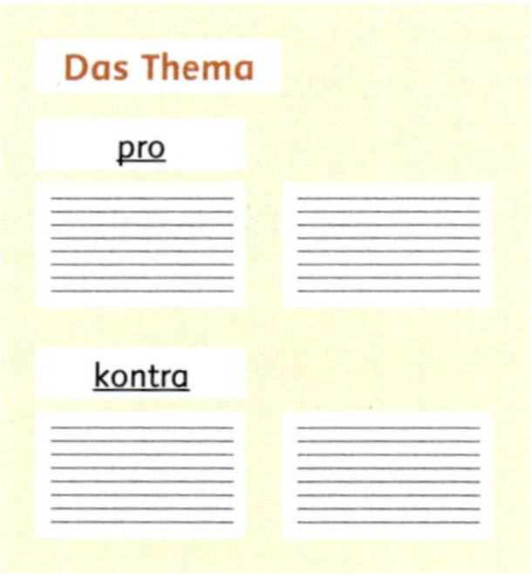

3 a. Geht als Gruppe von Plakat zu Plakat.
b. Als Experten stellt ihr euer Plakat vor, das ihr mitgestaltet habt, und beantwortet Fragen.

Schriftlich argumentieren – worauf kommt es an?

Ihr habt beim Argumentieren Verschiedenes beachtet.

1 Erstellt ein Placemat zum Thema Schriftlich argumentieren. ▶ Das Placemat, S. 251
Zeichnet das Placemat und schreibt das Thema in die Mitte.

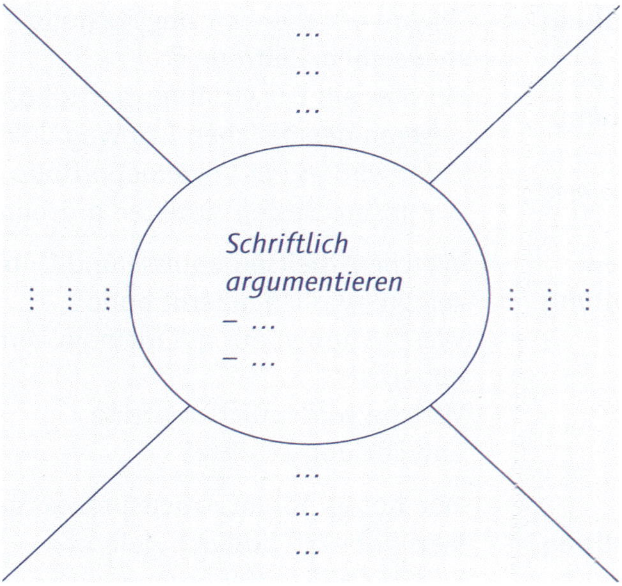

2 Was ist wichtig, wenn ihr schriftlich argumentiert?
Jeder von euch trägt seine Überlegungen in ein Außenfeld ein.

3 **a.** Vergleicht und besprecht eure Stichworte in den Außenfeldern.
b. Einigt euch darauf, was ihr in das mittlere Feld eintragt.

4 Stellt euer Placemat in der Klasse vor.
Tipp: Ihr könnt es anschließend in der Klasse aufhängen.

Du denkst über deine eigene Arbeit nach.

5 **a.** Sieh dir noch einmal euer Placemat an.
b. Was ist dir schon gut gelungen? Schreibe auf.
c. Worauf möchtest du künftig besonders achten? Setze dir Ziele.

2 *die eigene Meinung klar formulieren, die Meinung mit Argumenten begründen, überzeugende Argumente auswählen und ordnen, die Argumente durch Beispiele veranschaulichen, sprachlich angemessen formulieren, Sätze verknüpfen ...*

Ein Portfolio anlegen

In einem Portfolio kann ich – allein oder in der Gruppe – Arbeitsergebnisse und interessante Unterlagen sammeln, ordnen und selbst bewerten (zum Beispiel aus einem Projekt). Die Anleitung hilft mir, ein Portfolio anzulegen.

Vor Beginn der Arbeit an dem Thema / der Aufgabenstellung Wir verständigen uns über das Thema / die Aufgabenstellung. Wir legen die Rahmenbedingungen des Portfolios fest.	– Zu welcher Aufgabenstellung / welchem Thema erstellen wir das Portfolio? – In welchem Zeitraum? – Wird es ein Entwicklungsportfolio, das unseren persönlichen Lernweg dokumentiert? Oder wird es ein Vorzeigeportfolio, in dem wir unsere besten Arbeiten präsentieren?
Während der Arbeit an dem Thema / der Aufgabenstellung Ich sammle Materialien für das Portfolio und kommentiere sie.	– Welche Arbeitsergebnisse und Unterlagen zeigen, was ich gelernt habe? – Welche haben mir auf meinem Lernweg geholfen? – Welche verdeutlichen meine Entwicklungsschritte?
Nach der Arbeit an dem Thema / der Aufgabenstellung Ich sichte die gesammelten Materialien und bewerte sie mithilfe von Leitfragen.	– Wie hat es mir im Arbeitsprozess geholfen? – Was habe ich dadurch gelernt? – Welche Hilfsmittel brauchte ich? – Welche Zusammenhänge sind mir aufgefallen? – Welche Schwierigkeiten hatte ich? Wie habe ich sie überwunden? – Worauf will ich künftig achten?
Ich wähle Materialien aus und ordne sie.	– Was war die Aufgabenstellung? Was haben wir alles gemacht? – Welche Arbeitsergebnisse und Unterlagen zeigen meine Entwicklungsschritte und meinen Lernweg? – Was ist mein Endergebnis? – Was sind meine Ziele für die weitere Arbeit? – Wie ordne ich meine Arbeiten in der Mappe?
Zum Schluss: Das Portfolio gestalten Ich gestalte eine Portfolio-Mappe.	– Wie gestalte ich das Deckblatt? – Wie präsentiere ich die Materialien in der Mappe? – Wie gestalte ich ein passendes und übersichtliches Inhaltsverzeichnis?

Material sammeln und kommentieren

Die Schülerinnen und Schüler arbeiten jeder für sich an Entwicklungsportfolios zum Thema Schriftlich argumentieren. Während der Arbeit am Thema sammelt Paul verschiedene Materialien und kommentiert sie.

Argumente dafür	*Argumente dagegen*
natürlicher Lebensraum eingegrenzt	*zu wenig Fläche im Käfig*
Rückgang der Beutetiere	*Klima nicht angemessen*
vom Aussterben bedroht	*…*

③ Zoos sind Fenster in die Natur
① Zoos sind Wissensspeicher
② Zoos retten bedrohte Tierarten

Geparden ①
Gepharden gehören in den Zoo. Sie sind vom Aussterben bedroht. Sie finden immer weniger Beutetiere. Die Anzahl der Gazellen geht zurück.

① Du könntest die Sätze mit einer Konjunktion (weil, denn) verbinden. Dann wird derZusammenhang deutlicher.

Zoo
Eintrittskarte

1 a. Welche Materialien hat Paul gesammelt? Macht euch Notizen.
b. Warum hat Paul diese Materialien gesammelt? Ordnet seine Kommentare zu.

Ich habe im Zoo Geparde besucht. Das hat meine Meinung bekräftigt.
In einer Schreibkonferenz habe ich Rückmeldung zu meinem Text erhalten.
Das Ordnen in einer Tabelle hat mir geholfen, meine Meinung zu bilden.
Das fiel mir schwer: Argumente gewichten.
Das Überprüfen mit einer Checkliste ist wichtig!

Paul sammelt für sein Portfolio ganz unterschiedliche Materialien: Arbeitsergebnisse, Rückmeldungen und weitere Unterlagen. Er ist noch nicht sicher, ob sie alle in sein Portfolio kommen – aber die Auswahl folgt erst später.

2 a. Welche Anregungen von Paul möchtest du übernehmen? Mache dir Notizen, welche Materialien du in deinem Portfolio sammeln möchtest.
b. Lege deine Materialien kommentiert in einem Ordner oder einer Schachtel ab.

Material bewerten

Nach der Arbeit am Thema sichtet Paul seine Materialien und Arbeitsergebnisse. Er bewertet sie mithilfe von Fragen und Klebezetteln.

Was habe ich gelernt?

Was ist mir gut gelungen?

Welche Schwierigkeiten hatte ich? Wie habe ich sie überwunden?

Wie bin ich vorgegangen?

Welche Hilfen habe ich genutzt?

Welche Ziele setze ich mir?

1 **a.** Welche Fragen helfen Paul beim Sichten und Bewerten? Lest die Sprechblasen.

b. Wie beantwortet Paul die Fragen für ausgewählte Materialien? Ordnet die Fragen den Klebezetteln zu.

Das Partnerlesen hat mir geholfen, den Inhalt des Textes zu verstehen. Manche schwierige Wörter haben wir nachgeschlagen.

In der Schreibkonferenz bekam ich den Hinweis, Sätze durch Konjunktionen zu verknüpfen. Darauf habe ich beim Überarbeiten geachtet.

Es fiel mit schwer, die Argumente nach Wichtigkeit zu ordnen. Deshalb habe ich sie einzeln auf Karten geschrieben und mehrmals neu geordnet, bis ich überzeugt war.

Ich habe die Rechtschreibkorrektur mit dem PC ausgeführt. Dann war mein Text fehlerfrei!

Ich hatte meinen Text gut geplant. Das hat mir beim Schreiben des Textes geholfen.

Nächstes Mal will ich mithilfe der Argumentationskette prüfen, ob mein Text vollständig ist.

Paul beurteilt, ob ihm das Material in seinem Lernprozess geholfen hat. Dazu gehören auch mögliche Probleme, die einen Entwicklungsschritt zeigen.

2 Welche Anmerkungen von Paul könnten dir beim Bewerten deiner eigenen Arbeitsergebnisse und Unterlagen helfen? Mache dir Notizen.

Material auswählen, das Portfolio gestalten

Paul möchte in seinem Portfolio die Materialien zeigen, die seinen Lernprozess verdeutlichen. Er wählt aus.

Wie hat das Material mir im Arbeitsprozess geholfen?

Argumente dafür	*Argumente dagegen*
natürlicher Lebensraum eingegrenzt	*zu wenig Fläche im Käfig*
Rückgang der Beutetiere	*Klima nicht angemessen*
vom Aussterben bedroht	*…*

Die Argumente in einer Tabelle zu ordnen, half mir, meine eigene Meinung zu bilden.

Ich habe im Zoo Geparde besucht. Das hat meine Meinung bekräftigt.

1 a. Wobei haben die Materialien Paul auf seinem Lernweg geholfen? Benennt.
b. Welches Material würdet ihr an Pauls Stelle in das Portfolio aufnehmen? Begründet, warum ihr nur ein Material oder beide auswählen würdet.

2 Nach welchen Kriterien wollt ihr eure Materialien für das Portfolio auswählen? Formuliert Fragen oder Hinweise, die euch bei der Auswahl helfen können.

Paul ordnet seine Arbeitsergebnisse und Unterlagen für das Portfolio. Zum Schluss gestaltet er ein Deckblatt und Inhaltsverzeichnis für die Mappe.

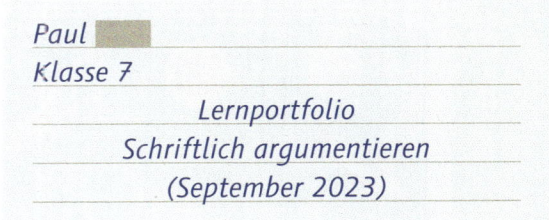

Inhaltsverzeichnis

Meine Aufgabenstellung …… Seite 1
Mein Lernweg ……………… Seite 2
Mein Endergebnis …………… Seite 7

Paul
Klasse 7
Lernportfolio
Schriftlich argumentieren
(September 2023)

3 a. Lies das Inhaltsverzeichnis und das Deckblatt.
- Wie ordnet Paul das Material in der Mappe?
- Welche Angaben schreibt er auf das Deckblatt?

b. Möchtest du das Inhaltsverzeichnis und Deckblatt von Paul übernehmen? Notiere dir Anregungen und Hinweise für dein eigenes Portfolio.

3 Schritt für Schritt – *Vorgänge sachlich beschreiben*

In unserem Alltag begegnen uns oft Anleitungen: für Spiele und Rezepte oder zum Basteln. Sie helfen uns dabei, einen Vorgang auszuführen.

A

B

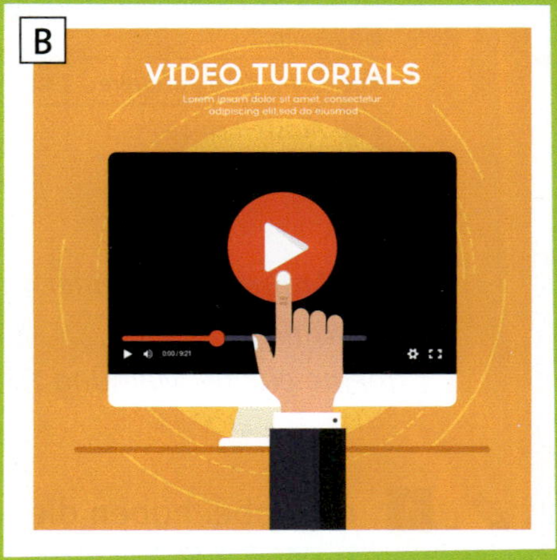

Was muss ich als Nächstes tun?

Wie funktioniert das Spiel?

C

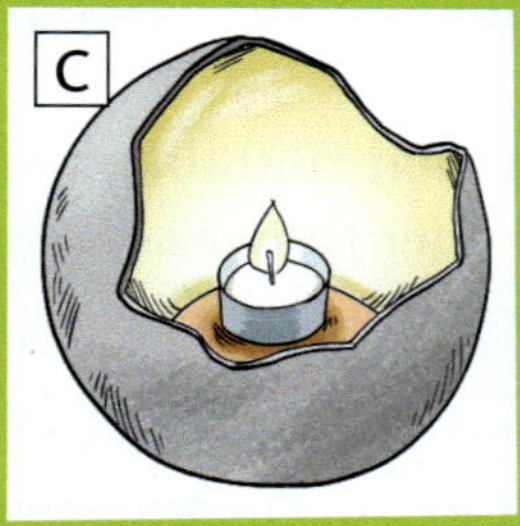

D

Welches Material benötigt man?

E

1 a. Welche Anleitungen kennt ihr aus eurem Alltag?
b. Wozu sind Anleitungen wichtig?

2 a. In welchen Situationen findet ihr eine Anleitung hilfreich?
b. Auf welche Probleme oder Schwierigkeiten seid ihr gestoßen, als ihr nach einer Anleitung handeln wolltet?

Der folgende Text ist eine Anleitung für ein Mal-Experiment. Ihr benötigt dafür ein Blatt Papier und einen Stift.

3 Lest die Anleitung und malt zeitgleich.

Zuerst zeichnet man einen Kreis. Er soll etwa 3 cm groß sein. Darunter fügt man einen etwas größeren Kreis an. Dieser soll den anderen Kreis berühren. Anschließend malt man in diesen Kreis drei Punkte, die untereinanderliegen. Nun skizziert man am Rand des oberen Kreises eine Linie. Auf dieser Linie ergänzt man ein kleines Quadrat. Zum Schluss werden in den oberen Kreis zwei nebeneinanderliegende Punkte gezeichnet.

4 Vergleicht eure Zeichnungen:
- Welche Gemeinsamkeiten und welche Unterschiede entdeckt ihr?
- Welche Gründe könnte es dafür geben?
- Worauf müsst ihr beim Beschreiben achten?

Die Schule von Naomi, Paul und den anderen möchte einen Basar veranstalten. Die Schülerinnen und Schüler wollen selbst gemachte Produkte verkaufen. Auf den folgenden Seiten lernt ihr sie kennen und beschreibt die Herstellung.

3 Schritt für Schritt – *Vorgänge sachlich beschreiben*

In diesem Kapitel beschreibt ihr Vorgänge sachlich und genau. Der Schreib-Profi hilft euch dabei.

Ein Windlicht aus Beton – den Vorgang beschreiben

Anna und Tarik haben für den Basar Windlichter aus Beton hergestellt. Für die Basarbesucher möchten sie die Bastelanleitung schreiben. Vor dem Schreiben planen sie ihren Text.

Schritt 1: Planen

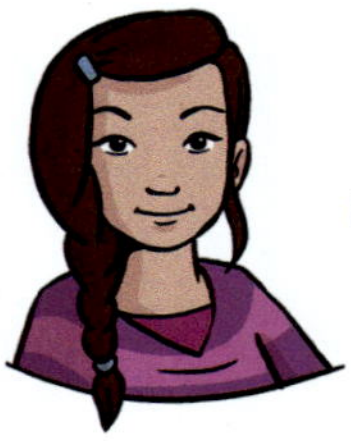

Wir müssen die Arbeitsschritte in der richtigen Reihenfolge beschreiben.

Ja, und wir müssen die einzelnen Schritte genau beschreiben.

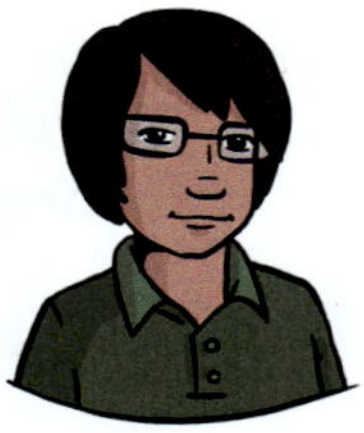

1 **a.** Für wen wollen Anna und Tarik die Arbeitsschritte beschreiben?
b. Warum ist es wichtig, in der richtigen Reihenfolge und genau zu beschreiben?
Tipp: Denkt auch an euer Mal-Experiment von Seite 49.

Anna und Tarik haben die wichtigsten Arbeitsschritte fotografiert. Aber die Fotos sind durcheinandergeraten …

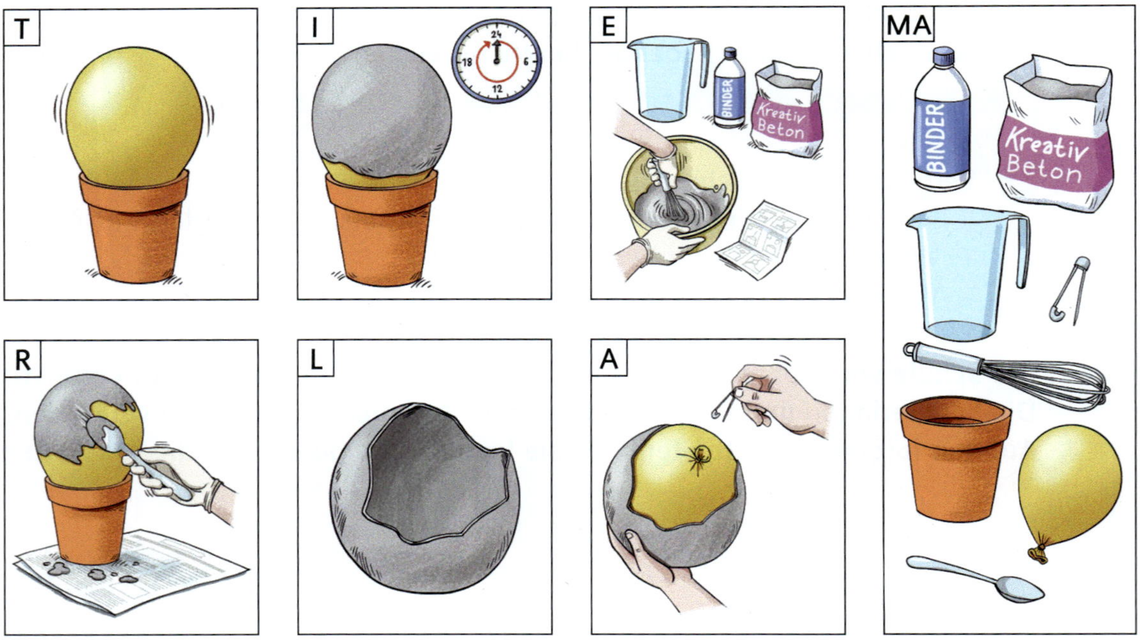

2 **a.** Seht euch die Bilder an.
b. Ordnet die Bilder in die richtige Reihenfolge, sodass sie ein Lösungswort ergeben. Schreibt die Buchstaben untereinander auf.

der Kreativbeton, der Binder, etwas Wasser, ein Plastiklöffel, ein Luftballon, ein Blumentopf aus Ton, eine Sicherheitsnadel, ein Schneebesen

Die einzelnen Arbeitsschritte muss man genau beschreiben. Ihre Reihenfolge kann man durch Zeitadverbien verdeutlichen.

3 **a.** Beschreibt die Arbeitsschritte genau und in der richtigen Reihenfolge. Schreibt treffende Wörter und Wortgruppen auf.

aufpusten | auftragen | besorgen | bereitstellen | entfernen | trocknen lassen | klumpenfrei anrühren | sorgfältig spachteln | vorsichtig hineinstechen | …

b. Schreibt zu jedem Arbeitsschritt passende Zeitadverbien.

MA *das Material bereitstellen, zuerst*

Anna beschreibt mündlich, was sie getan haben. Tarik schreibt erste Notizen auf.

*Wir haben das Pulver genommen und zermatscht.
Ich fand das mit den Fingern ekelig.
Deshalb habe ich was zum Rühren genommen …*

A
Zuerst rührt man das Betonpulver mit etwas Wasser an. Damit keine Klumpen entstehen, verwendet man dafür einen Schneebesen …

B
Rühre als Erstes das Betonpulver … an. Verwende dafür …

4 Vergleicht Annas Aussage und Tariks Sätze.
- Welche Beschreibung ist für euch verständlicher? Begründet.
- Welche Sätze sind sachlich formuliert?
- Worin unterscheiden sich Tariks Sätze A und B? Welche Verbformen fordern stärker auf?

Die Anleitung soll sachlich und für andere verständlich sein. Man schreibt sie oft in der man-Form oder im Imperativ (Befehlsform).

▶ Wissen kompakt, S. 53

Ihr könnt nun für Anna und Tarik mithilfe der Bilder und eurer Arbeitsergebnisse die Bastelanleitung schreiben.

Schritt 2: Schreiben

5 Schreibt zuerst eine Einleitung. Sie beantwortet folgende Fragen: Welche Materialien benötigt man? Welche Werkzeuge benötigt man?

3 *zuerst, dann, anschließend, danach, nachdem, während …*

5 *Für das Windlicht benötigt man: Kreativbeton, … / Stelle das Material bereit: …*

6 Schreibt nun den Hauptteil. Verwendet eure Ergebnisse aus den Aufgaben 2–3.
- Beschreibt die Arbeitsschritte genau und in der richtigen Reihenfolge.
- Beschreibt sachlich und knapp.
- Schreibt im Präsens und in der man-Form oder im Imperativ (Befehlsform).

7 Schreibt einen Schluss. Im Schluss könnt ihr folgende Fragen beantworten:
- Wofür verwendet man das Produkt?
- Welche besonderen Tipps gibt es?

Tipp: Ihr könnt aus den Bildern zwei auswählen und Sätze dazu formulieren.

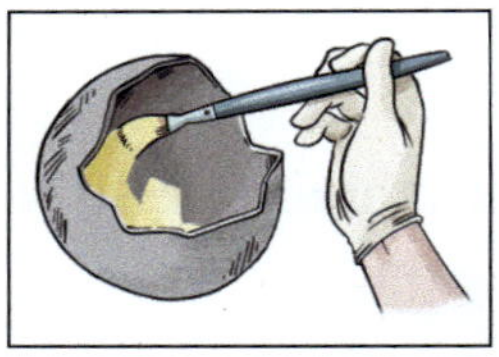

8 Überlegt euch eine treffende Überschrift für euren Text.

Wenn ihr einen Vorgang beschreibt, müsst ihr verschiedene Kriterien beachten.

9 Formuliert eine Checkliste: Einen Vorgang beschreiben.
Tipp: Orientiert euch dabei an den Übungen auf den Seiten 50–52.

Checkliste: Einen Vorgang beschreiben	**Ja**	**Noch nicht**
Deine Anleitung hat eine informierende Überschrift.		
Die Einleitung informiert über – …		
…		

In einer Schreibkonferenz könnt ihr eure Texte gemeinsam in der Gruppe überarbeiten.

Schritt 3: Überarbeiten

10 Führt eine Schreibkonferenz durch.
Tipp: Orientiert euch dabei an den Kriterien aus eurer Checkliste.

▶ Die Schreibkonferenz, S. 252

11 a. Überarbeitet eure Anleitung mithilfe des Feedbacks.
b. Schreibt die überarbeitete Anleitung gut lesbar in Handschrift auf oder mit dem PC.

6 *Verbformen im Imperativ: puste auf, trage auf, stelle bereit, lasse trocknen, rühre an, steche hinein …*

8 *Wie man ein Windlicht aus Beton herstellt / Die Herstellung eines Windlichts …*

Einen Vorgang beschreiben

Ich beschreibe die einzelnen Arbeitsschritte in der richtigen Reihenfolge, sachlich und genau. Ich schreibe im Präsens und oft in der man-Form oder im Imperativ.

Wie man einen Wortfächer bastelt

Man benötigt:
mehrere Papierstreifen (etwa 12 cm lang und 3 cm breit), eine Musterbeutelklammer, ein Lineal, einen Stift, eine Schere, einen Locher

Zuerst zeichnet man mit dem Lineal und dem Stift die Maße auf das Papier. Nun schneidet man die Papierstreifen entlang der Linien aus. Danach legt man alle Papierstreifen passgenau übereinander, sodass man sie mit einem Locher lochen kann. Zum Schluss befestigt man sie mithilfe der Musterbeutelklammer miteinander.

Um die Haltbarkeit des Wortfächers zu erhöhen, kann man stabileres Papier verwenden.

die Überschrift

die Einleitung
die Materialien
das Werkzeug

der Hauptteil
die einzelnen Arbeitsschritte in der richtigen Reihenfolge

der Schluss
das Ergebnis
weitere Tipps

Merke

Mit dem **Imperativ** (Befehlsform) können wir **auffordern**, **bitten** oder **befehlen**. Er kann im Singular (Einzahl) oder im Plural (Mehrzahl) stehen. Manchmal ändert sich im Singular der Stammvokal.

schreiben → Schreib(e)! – Schreibt!   geben → Gib! – Gebt!

Diese Wörter und Wortgruppen kann ich verwenden:

Zeitadverbien für die Reihenfolge der Arbeitsschritte
zuerst | später | inzwischen | danach | schließlich | jetzt | nun | unterdessen | …

Konjunktionen für die Begründung der einzelnen Arbeitsschritte
denn | weil | da | darum | wegen | deswegen | aufgrund | sodass | damit | um zu | …

treffende Verben, Adjektive und Fachbegriffe
abmessen | anrühren | befestigen | einfetten | fixieren | hineinstechen | spachteln | …
klumpenfrei | passgenau | sorgfältig | scharf | staubfrei | trocken | flach | fingerbreit | …
der Kreativbeton | das Drahtgitter | die Musterbeutelklammer | der Schraubstock | …

Rührkuchen im Glas – den Vorgang beschreiben

Naomi möchte auf dem Basar Kuchen im Glas verkaufen. Das Rezept mit den Zutaten und der genauen Anleitung soll auf der Schulhomepage veröffentlicht werden. Dafür hat Naomi Fotos der Arbeitsschritte gemacht.

1 Sieh dir die Bilder an.

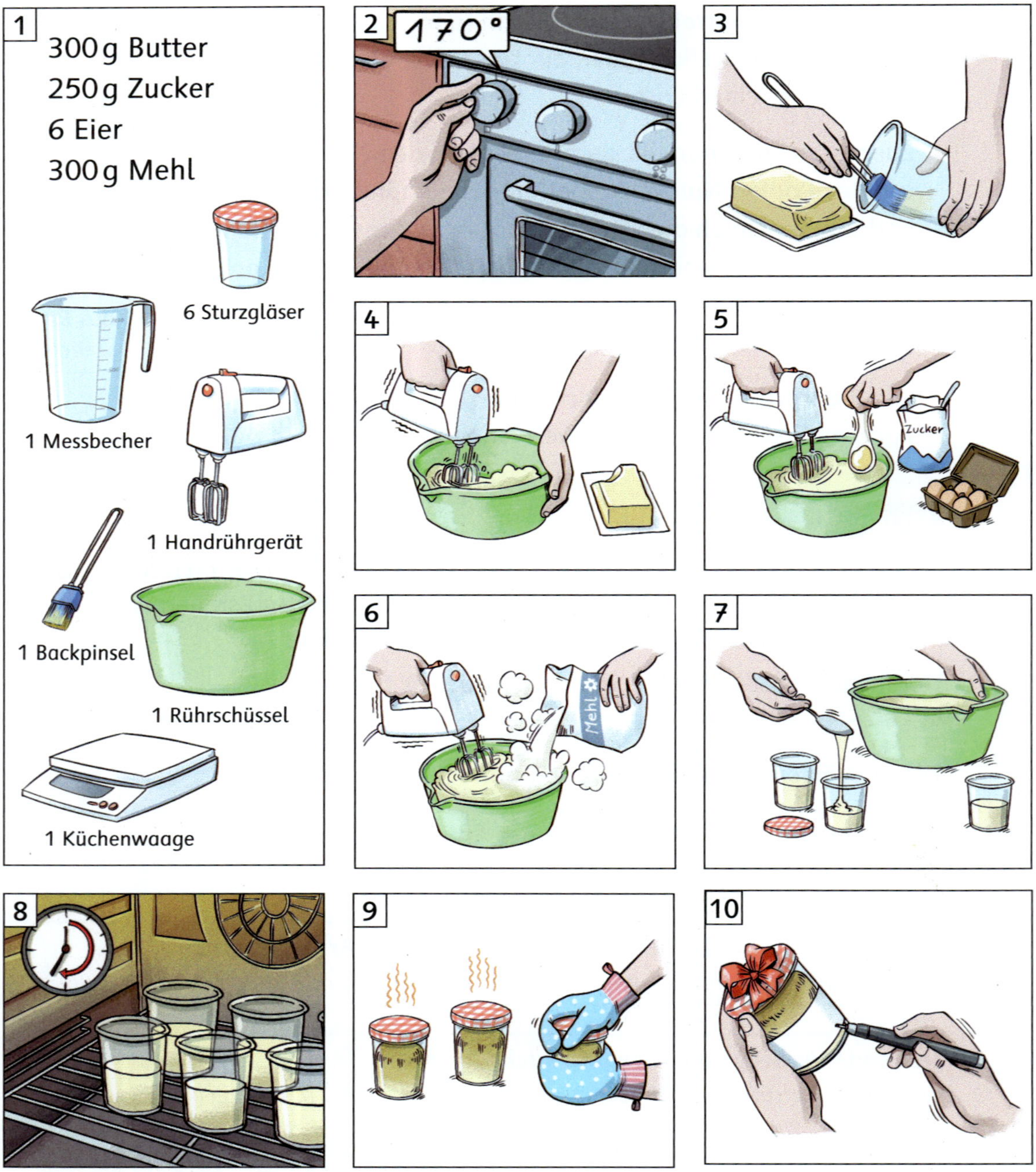

Du kannst die Herstellung des Kuchens Schritt für Schritt beschreiben. Dabei hilft dir der Schreib-Profi.

Naomi hat alle Arbeitsschritte notiert. Aber die Reihenfolge stimmt noch nicht.

Schritt 1: Planen

50–60 Minuten backen
den Backofen auf 170° vorheizen
die Gläser verschließen, anschließend auskühlen lassen
das Mehl dazugeben und verrühren
die Zutaten und Küchengeräte bereitstellen
die Eier und den Zucker unterrühren
die Sturzgläser einfetten
die Gläser bis zur Hälfte mit Teig befüllen
die Butter schaumig rühren
die Gläser beschriften und dekorieren

2 Schreibe die Arbeitsschritte in der richtigen Reihenfolge auf.
Tipp: Orientiere dich an den Bildern auf Seite 54.

1. die Zutaten und Küchengeräte bereitstellen
2. …

3 Welche Schritte sind nur für die Herstellung des Teiges wichtig? Markiere.

Die Reihenfolge kann man durch Zeitadverbien verdeutlichen.

4 Sammle Zeitadverbien.
Tipp: Du kannst sie auch direkt zu den einzelnen Arbeitsschritten schreiben.

▶ Wissen kompakt, S. 53

zuerst, …

5 Schreibe die Verben aus Aufgabe 2 im Präsens und in der man-Form oder im Imperativ (Befehlsform) auf.

man stellt bereit, …

man heizt vor,
man rührt unter,
man gibt dazu,
…
stelle bereit, heize vor,
rühre unter, gib dazu,
…

Du beschreibst die Herstellung von Kuchen in gefetteten Sturzgläsern.

Schritt 2: Schreiben

6 a. Lies die folgende Liste der Küchengeräte von Naomi.
Welche zwei werden nicht benötigt?

Man benötigt:
6 saubere Sturzgläser, 1 Rührschüssel,
1 Kuchenform, 1 Backpinsel, 1 Handrührgerät (Mixer),
1 Messbecher, Backpapier, 1 Küchenwaage

b. Schreibe nur die benötigten Küchengeräte auf.

7 Schreibe mithilfe der Bilder von Seite 54 eine Zutatenliste.

Zutaten für 6 Kuchen:
300 g Mehl, …

8 Beschreibe nun Schritt für Schritt, wie der Kuchen im Glas hergestellt wird. Verwende deine Ergebnisse der Aufgaben 2–5.
- Beschreibe die Arbeitsschritte in der richtigen Reihenfolge.
- Verdeutliche die Reihenfolge durch Zeitadverbien.
- Schreibe im Präsens und in der man-Form oder im Imperativ (Befehlsform).

9 Gib zum Schluss besondere Tipps. Wähle aus und formuliere Sätze.

im verschlossenen Glas 6 Monate haltbar | im Teig Geschmackszutaten wie Schokotropfen, gehackte Mandeln oder Zitronenaroma ergänzen | Guten Appetit!

10 Finde eine passende Überschrift.

Kuchen im Glas,
So stellt man … her

Du kannst deinen Text überarbeiten.

Schritt 3: Überarbeiten

11 Überprüfe deinen Text mithilfe eurer Checkliste: Einen Vorgang beschreiben.

MK

12 a. Überarbeite.
b. Schreibe den überarbeiteten Text gut lesbar in Handschrift auf oder mit dem PC.

Üben: Sachlich, knapp und genau beschreiben

**Eine Anleitung soll sachlich und knapp sein.
Du kannst es an dem folgenden Beispiel üben.**

Als Erstes muss man den Teig zubereiten. Dafür holt man eine Schüssel aus dem Schrank und schüttet die ganzen Zutaten hinein. Jetzt braucht man einen Mixer. Damit rührt man einen wunderschönen Teig zusammen. Achtung, es kann spritzen. Die kastenförmige Backform muss man auch noch kräftig einfetten, damit der Kuchen nach dem Backen zu stürzen ist. Am besten mit einem Backpinsel. Ist der Backofen schon vorgeheizt (200 Grad)? Wenn der Teig fertig ist und auch die Backform eingefettet ist, verteilt man den Teig gleichmäßig in die Backform. Jetzt kann man den Kuchen in den Backofen stellen. Er braucht etwa 40 bis 50 Minuten. Man muss beim Rausholen aufpassen, heiß!!!!

1 Was kannst du weglassen? Was kannst du ersetzen oder knapper formulieren? Schreibe die Sätze neu auf.

Die Zubereitung des Teiges:
Als Erstes gibt man alle Zutaten in eine Schüssel und verrührt sie …

**Die einzelnen Arbeitsschritte muss man genau beschreiben.
Dabei helfen treffende Verben.**

Aus Mehl, Butter, Zucker und Ei mit den Händen einen geschmeidigen Teig _____. Den Teig mit einem Nudelholz _____ und anschließend die Plätzchen _____.

Die Springform vor dem Einfüllen des Teiges gut mit Butter _____. Nach dem Backen den Kuchen _____ lassen und vor dem Servieren mit Puderzucker _____.

Die Sahne mit dem Mixer _____ und auf dem Tortenboden gleichmäßig _____. Die Torte abschließend mit den Kirschen und den Schokostreuseln _____.

2 Ergänze in den Sätzen treffende Verben.

ausrollen | ausstechen | kneten | abkühlen | bestäuben | einfetten | verzieren | schlagen | verteilen

Schmuck aus altem Silberbesteck – den Vorgang beschreiben

Anna möchte für den Basar selbst gemachten Schmuck aus altem Silberbesteck herstellen. Sie hat im Internet einen kurzen Film dazu gesehen und stellt ihre Idee den anderen aus der Klasse vor.

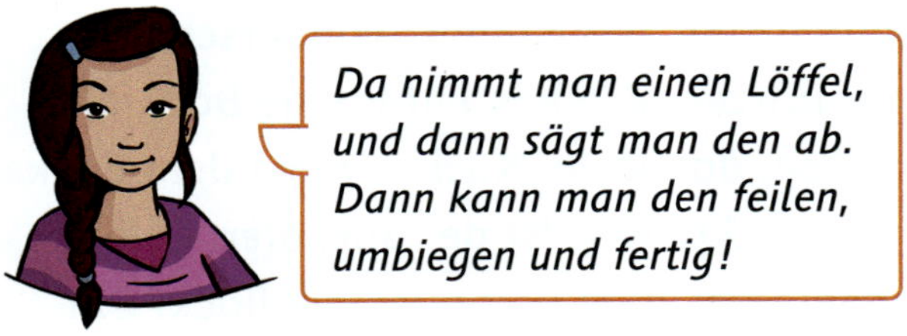
Da nimmt man einen Löffel, und dann sägt man den ab. Dann kann man den feilen, umbiegen und fertig!

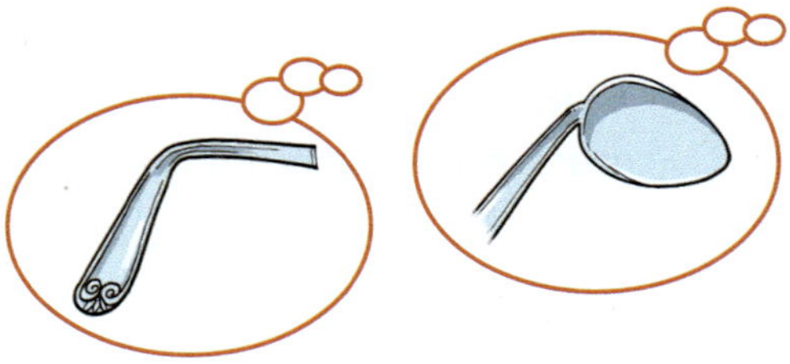

Anna kann sich den Vorgang gut vorstellen. Aber die anderen Schülerinnen und Schüler verstehen nicht genau, was sie meint.

1 a. Warum verstehen die anderen Anna nicht? Begründe.
b. Was könnte den anderen helfen, sich den Vorgang besser vorzustellen? Schreibe auf. Verwende dazu die Checkliste: Einen Vorgang beschreiben.

Anna lässt sich nicht entmutigen. Sie plant die Herstellung des Schmucks.

Du schreibst für Anna die Anleitung – Schritt für Schritt. Dabei hilft dir der Schreib-Profi.

Schritt 1: Planen

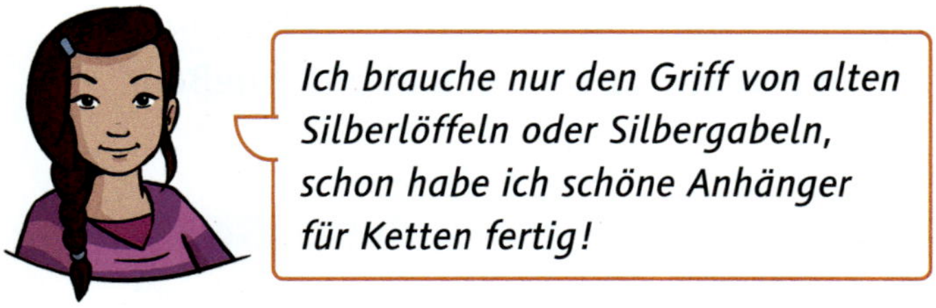
Ich brauche nur den Griff von alten Silberlöffeln oder Silbergabeln, schon habe ich schöne Anhänger für Ketten fertig!

2 a. Was möchte Anna herstellen?
b. Welches Material benötigt sie dafür genau?

3 Welches Werkzeug sollte Anna bereitlegen?
Tipp: Die Bilder auf Seite 59 helfen dir dabei.

Anna sieht sich noch einmal den Vorgang im Internet an.

die Schutzbacken anbringen

den Löffel einklemmen

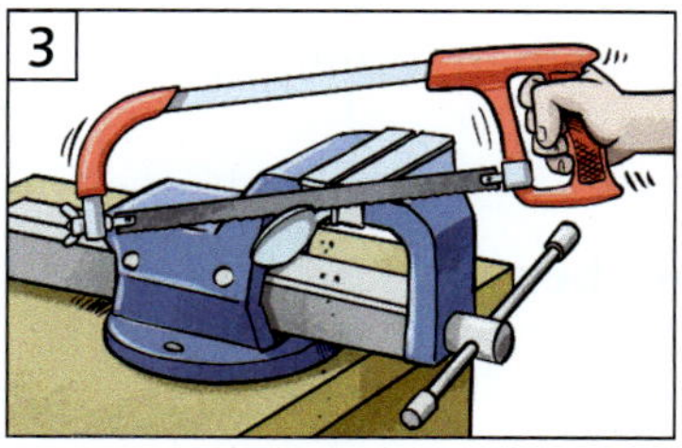

den Löffelkopf absägen

den Löffelstiel feilen

das Stielende biegen

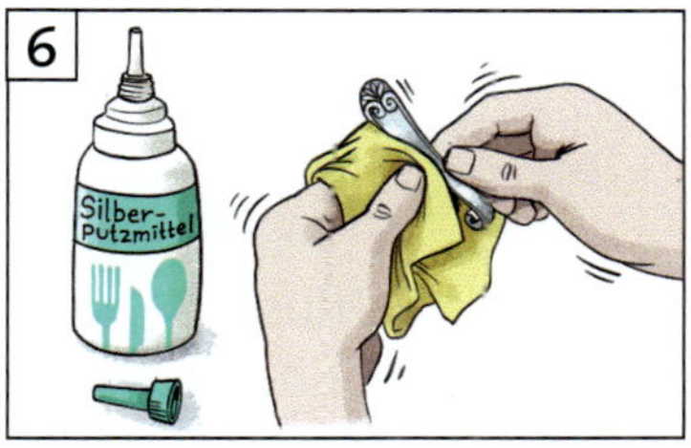

das Silber putzen

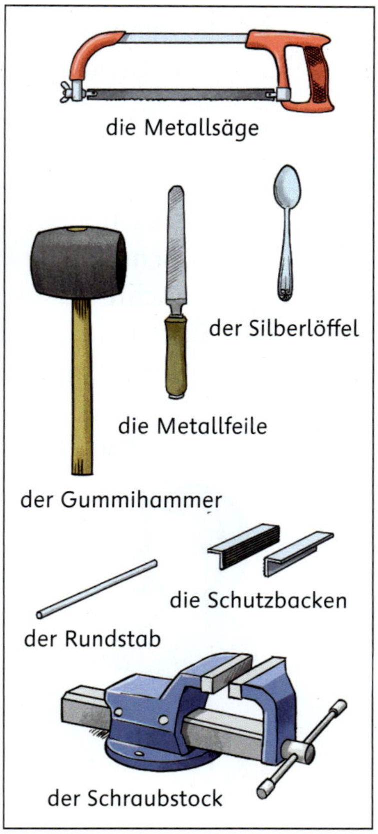

4 Was muss man nacheinander tun?

a. Bilde man-Formen oder den Imperativ und schreibe passende Wortgruppen auf.

b. Ergänze passende Zeitadverbien, um die Reihenfolge zu verdeutlichen.

Anna bekommt von ihrem Techniklehrer viele Tipps.

Nimm am besten einen Gummihammer, keinen Hammer aus Metall.
Säge das Besteck nicht mit einer Holzsäge, weil sonst die Säge kaputtgeht.
Arbeite am Schraubstock mit Schutzbacken, damit das Besteck keine Kratzer bekommt.
Forme die Öse über einen Rundstab, sodass die Öse gleichmäßig rund wird.
Putze das Silber, sodass es schön glänzt.
Feile die gesägte Stelle ab, damit man sich nicht an einer scharfen Kante verletzt.

5 Welcher Tipp passt zu welchem Schritt? Ergänze dein Ergebnis aus Aufgabe 4. Formuliere in der man-Form oder schreibe im Imperativ.

4 **a.** *1. man bringt die Schutzbacken an dem Schraubstock an / bringe die Schutzbacken … an*
b. *zuerst, dann, danach, anschließend, als Nächstes, nun, schließlich …*

Du schreibst nun die Anleitung für den Basar.

Schritt 2: Schreiben

6 Schreibe in der Einleitung, welches Material und welches Werkzeug man benötigt. Verwende deine Ergebnisse aus den Aufgaben 2 und 3.

7 Schreibe nun den Hauptteil. Verwende dein Ergebnis aus den Aufgaben 4 und 5.
- Beschreibe die Arbeitsschritte genau und in der richtigen Reihenfolge.
- Beschreibe sachlich und knapp.
- Schreibe im Präsens und in der man-Form oder im Imperativ.
- Achte auf unterschiedliche Satzanfänge.

MK Tipp: Du kannst deinen Text auch mit dem PC schreiben, damit du ihn leichter überarbeiten kannst.

Anna möchte zum Schluss noch einen Tipp aufschreiben.

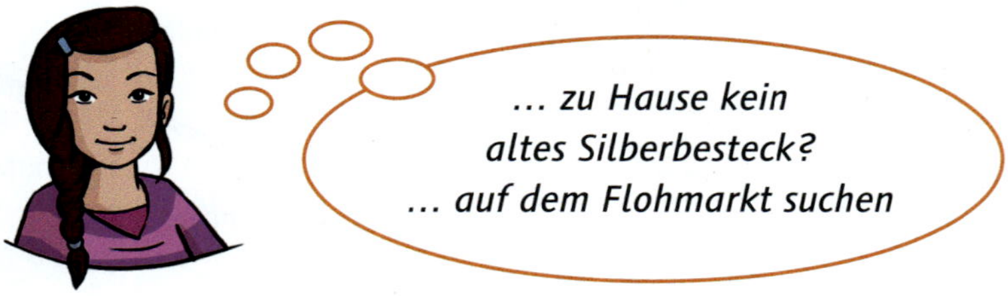

... zu Hause kein
altes Silberbesteck?
... auf dem Flohmarkt suchen

8 Formuliere den Tipp für den Schluss.
Schreibe ihn als Satz und verwende die man-Form.

9 Finde eine passende Überschrift.

Du hast für Anna die Herstellung des Schmucks beschrieben.

Schritt 3: Überarbeiten

10 **a.** Überprüfe deinen Text mithilfe eurer Checkliste: Einen Vorgang beschreiben.
b. Überprüfe deine Rechtschreibung:
- Nutze den Rechtschreib-Check.
- Oder arbeite mit dem Rechtschreibprogramm des Computers.

▶ Der Rechtschreib-Check, S. 230

▶ Die Rechtschreibprüfung mit dem PC, S. 235

MK **11** Überarbeite deinen Text.

7 *man sägt ... ab, man bringt ... an, man klemmt ... ein / säge ... ab, bringe ... an, klemme ... ein / zuerst, zuletzt, danach, am Ende ...*

9 *So stellt man Schmuck aus altem Silberbesteck her / Die Herstellung von Schmuck aus ... / Wie man Schmuck aus ... herstellt*

Vertiefen: Ein Kerzenhalter aus altem Silberbesteck

Ben hat eine Anleitung für einen besonderen Kerzenhalter gefunden. Er hat jeden Arbeitsschritt im Kopf und möchte den Vorgang beschreiben.

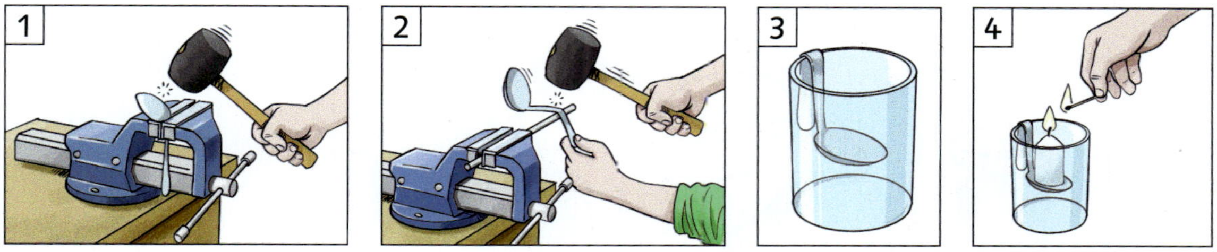

1 **a.** Was möchte Ben herstellen? Benenne den Gegenstand.
b. Welche Materialien benötigt man dafür? Schreibe auf.

Schritt 1: Planen

2 Welche Werkzeuge benötigt man? Wähle die richtigen aus.

der Gummihammer | die Metallsäge | die Zange | der Meißel | die Metallfeile | der Rundstab | der Schraubstock

3 Für den Vorgang benötigt man einen Gummihammer. Warum?

Man nimmt einen Gummihammer, …

… um das Silberbesteck nicht zu zerkratzen.
… damit es nicht wehtut, wenn man sich auf die Finger haut.

4 Schreibe für den Basar die Anleitung für den Kerzenhalter.

Schritt 2: Schreiben

- Denke an Einleitung, Hauptteil und Schluss.
- Beachte die Kriterien in eurer Checkliste: Einen Vorgang beschreiben.
- Finde eine passende Überschrift.

MK Tipps:
- Du kannst deinen Text auch mit dem PC schreiben, damit du ihn leichter überarbeiten kannst.
- Du kannst auch ein Bild des Kerzenhalters neben deine Anleitung zeichnen.

MK **5** **a.** Überprüfe deinen Text mithilfe der Checkliste.
b. Überarbeite. Schreibe den überarbeiteten Text gut lesbar in Handschrift auf oder mit dem PC.

Schritt 3: Überarbeiten

Anleitungen gemeinsam überprüfen und präsentieren

Anna, Tarik und die anderen haben für den Schulbasar verschiedene Gegenstände hergestellt. Ihr habt dazu Anleitungen geschrieben.

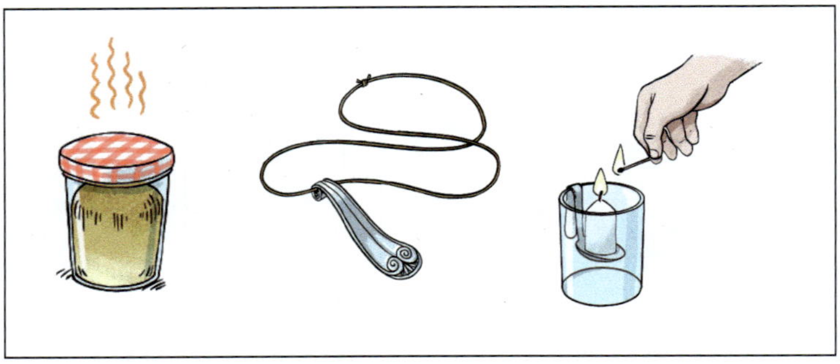

1 a. Bildet Gruppen von zwei bis vier Schülerinnen und Schülern, die zu demselben Gegenstand eine Anleitung geschrieben haben.
b. Stellt euch gegenseitig eure Anleitungen vor.

2 Besprecht, was euch besonders gut gefällt.
- Welche Einleitung findet ihr besonders gelungen?
- In welchem Text sind die einzelnen Arbeitsschritte besonders genau und verständlich beschrieben?
- Welche Tipps im Schluss findet ihr besonders hilfreich?

3 Wählt die beste Anleitung aus oder stellt aus den gelungensten Teilen eine neue Anleitung zusammen.
Tipp: Ihr könnt die Anleitung auch in einer Schreibkonferenz gemeinsam überarbeiten.

▶ Eine Schreibkonferenz durchführen, S. 252

Jeder von euch ist nun Experte für die Herstellung eines Gegenstandes und kann dies den anderen vorstellen.

4 Präsentiert die beste Anleitung eurer Klasse.
Tipp: Ihr könnt ein Video über die Herstellung eures Gegenstandes/Kuchens erstellen und der Klasse zeigen.

Was ist gelungen? – Die Arbeit auswerten

Ihr habt Anleitungen für verschiedene Gegenstände kennengelernt. Auch Naomi, Paul und die anderen haben die Herstellung der Gegenstände genau beschrieben. Sie sprechen über ihre Arbeit.

1 Lest die Aussagen in den Sprechblasen.

Die Schritte zu ordnen und in der richtigen Reihenfolge aufzuschreiben, fand ich leicht.

Ich fand es schwierig, genau zu beschreiben. Für mich waren die Schritte klar. Aber verstehen das auch andere?

Mir fiel es schwer, sachlich zu beschreiben. Das habe ich aber beim Überprüfen gemerkt und meinen Text überarbeitet.

Mir ist der Schluss gut gelungen. Ich hatte viele Tipps, die ich dort aufschreiben konnte.

2 Was fiel Anna, Naomi, Paul und Tarik leicht? Was fanden sie schwierig?

Mithilfe eines Dreischritt-Interviews denkt ihr über eure eigene Arbeit nach.

3 **a.** Bildet Dreiergruppen für ein Dreischritt-Interview.
b. Legt fest, wer zuerst interviewt [A], antwortet [B] und notiert [C].
c. Führt das Interview durch. Stellt euch gegenseitig die Fragen und beantwortet sie:
– Was ist dir schon gut gelungen?
– Was fandest du schwierig?
– Worauf möchtest du künftig besonders achten?
d. Führt die Schritte 2 und 3 des Dreischritt-Interviews durch.

▶ Das Dreischritt-Interview, S. 173

3 **d.** *Schritt 2:* [B] *interviewt* [C] *und* [A] *notiert.*
Schritt 3: [C] *interviewt* [A] *und* [B] *notiert.*

4 Eine Klassenfahrt mit Folgen – *sachlich berichten*

Tarik, Anna, Paul und Naomi sind mit ihrer Klasse auf Klassenfahrt. Gemeinsam sammeln sie viele positive Erfahrungen, aber es passieren auch einige unangenehme Ereignisse.

1 a. Welche Situationen erkennt ihr auf den Bildern?
b. Was könnte jeweils geschehen sein?

Über einige Ereignisse auf der Klassenfahrt sollen einzelne Schülerinnen und Schüler anschließend genau berichten.

A *Wir müssen den Vorfall der Unfallversicherung der Schule melden.*

B *Vielleicht kann die Haftpflichtversicherung deiner Eltern für den Schaden aufkommen.*

2 **a.** Welche Sprechblase passt zu welchem Bild?
b. Wen könnte ein Bericht zu Bild 2 interessieren?

3 Zu welchem Bild gehört welcher Ausschnitt aus einem Bericht?

A Am 7. Juni unternahm ich mit meiner Klasse 7b der Schwarzwald-Schule einen Lauf durch den Wald in Hörnin. Gegen 15:00 Uhr stürzte ich über eine Baumwurzel.

B Der Blumenkübel zerbrach und die Jugendherberge Hörnin musste einen neuen kaufen. Meine Mitschüler Paul, Jan und Mila waren Zeugen.

C Gegen 8:15 Uhr ging ein Jugendlicher zielstrebig zu unseren Rucksäcken. Bevor ich reagieren konnte, hatte er einen Rucksack gegriffen und war davongelaufen.

4 **a.** Über welches Ereignis habt ihr selbst schon einmal berichtet?
b. Worauf kommt es beim Berichten an?

4 Eine Klassenfahrt mit Folgen – *sachlich berichten*

In diesem Kapitel berichtet ihr sachlich über Unfälle, Diebstähle und Sachbeschädigungen. Außerdem füllt ihr Formulare aus.

Der Unfall im Kletterpark – sachlich berichten

Die Klasse 7b besucht einen Kletterpark. Dabei hat Daniel einen Unfall.

Schwarzwald-Schule, Klasse 7 b
Tagesprogramm: 6. Juni

- 9:00 Uhr: Abreise zum Kletterpark Fichtenwald in Hörnin
- 9:45 Uhr: Ausgabe und Anlegen der Kletterausrüstung
- 10:00 Uhr: Einweisung in die Sicherheitsvorschriften
- 10:30 – 12:30 Uhr: Zeit zum Klettern
- 12:30 Uhr: Abgabe der Kletterausrüstung

Wenn ihr an einer Station umsteigt, hakt ihr zunächst einen Karabinerhaken aus und in das nächste Führungsseil ein. Erst danach hakt ihr den zweiten Haken aus und in das neue Seil ein. Diese Regel gilt immer!

Dieser Aufwand ist völlig überflüssig!

Joana: Hallo Daniel, hab gehört, du bist im Krankenhaus in Hörnin. Wie geht's?

Daniel: Geht so … mein rechtes Bein ist gebrochen und wurde geschient. Außerdem hab ich eine leichte Gehirnerschütterung. Ich soll noch zwei Tage zur Beobachtung hierbleiben. Aber ich hatte echt Glück. Frau Held hat meinen Sturz gesehen und Erste Hilfe geleistet. Sie hat dann auch den Rettungsdienst gerufen.

1 Was erfahrt ihr über Daniels Unfall?
a. Seht euch die Bilder auf Seite 66 an und lest die Texte.
b. Klärt gemeinsam, was im Kletterpark passiert ist.

Nach dem Unfall ruft die Klassenlehrerin Frau Held Daniels Mutter an.

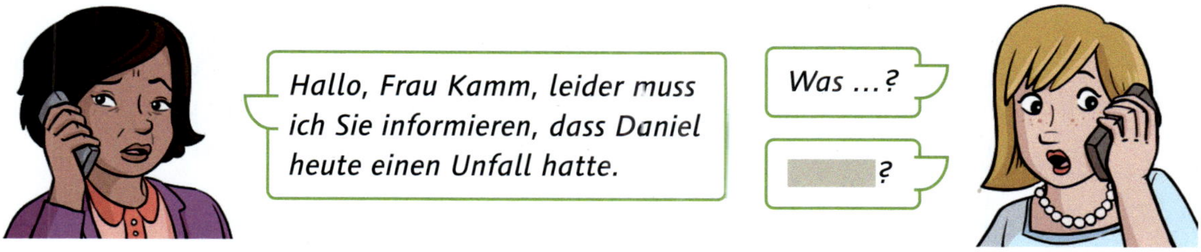

2 Welche Fragen zum Unfall könnte Daniels Mutter stellen? Sammelt W-Fragen in einem Cluster.

Der Unfall passierte im Rahmen eines Schulausflugs und muss der Unfallversicherung der Schule gemeldet werden. Diese benötigt Informationen über den genauen Unfallhergang. Ihr berichtet für Daniel, wie es zu dem Unfall kam.

3 Was passierte? Beantwortet die W-Fragen aus Aufgabe 2 in Stichworten.

Schritt 1: Planen

4 Findet euch mit einem anderen Tandem zusammen.
a. Vergleicht eure Stichworte auf Vollständigkeit.
b. Ergänzt sie, falls nötig.

Wenn ihr über Vergangenes schriftlich berichtet, verwendet ihr das Präteritum. In der Einleitung berichtet ihr knapp, worum es geht.

Schritt 2: Schreiben

die Einleitung
- Was?
- Wer?
- Wann?
- Wo?

5 Welche Informationen fehlen Daniel für seine Einleitung? Schreibt die Sätze auf und ergänzt die fehlenden Angaben. Tipp: Lasst über der Einleitung etwas Platz für eine Überschrift.

Mit meiner Klasse 7b der Schwarzwald-Schule und unserer Klassenlehrerin ___ unternahm ich ___ einen Ausflug zum ___. Beim Klettern ___ ich gegen 11:00 Uhr von einer Plattform.

2 *Wann …? Wo …? Wie …? In welcher Reihenfolge …? Warum …? Wer beobachtete …?*

5 *stürzte, Frau Held, am 6. Juni, Kletterpark Fichtenwald in Hörnin*

der Hauptteil
- Wie?
- In welcher Reihenfolge?
- Warum?

Im Hauptteil berichtet ihr genauer über das Ereignis.

Daniel hat einen Entwurf geschrieben und bittet Anna, den Entwurf zu prüfen.

A *Nach dem Frühstück um 8:15 Uhr füllten alle ihre Rucksäcke mit Proviant. Ich stecke mir vorsichtshalber drei Brote und eine große Flasche Wasser ein. Um 9:00 Uhr brachen wir gemeinsam zum Kletterpark auf. Der Weg dauerte nur 15 Minuten. Gegen 9:15 Uhr kamen wir beim Kletterpark an.*

B *Wir konnten die Kletterausrüstung anlegen. Es fand die Einweisung des Trainers statt. Ich war abgelenkt und hörte nicht richtig zu. Ich kletterte trotzdem mit der Klasse los.*

C *Das Klettern hat echt Spaß gemacht, war aber auch extrem anstrengend. Nach einer gefühlten Ewigkeit gegen 11:00 Uhr löste ich schon total erschöpft beim Umsteigen von einem Parcours[1] zum anderen auf einer Plattform völlig leichtsinnig beide Karabinerhaken aus dem Führungsseil. Ich schimpfte noch über die blöden Karabinerhaken. Eigentlich sollte zur Sicherheit immer ein Karabinerhaken in einem Seil eingehakt sein, aber das erschien mir überflüssig und ich wollte auf diese Weise etwas Zeit sparen. Gleich darauf stolperte ich blöderweise und rutschte von der Plattform ab. Ich fiel drei Meter tief.*

[1] ein Parcours: eine Strecke mit vorbereiteten Hindernissen

Ein Bericht soll nur wichtige Informationen enthalten.

6 a. Welche Informationen in Abschnitt A sind für die Unfallversicherung wichtig? Wählt aus.
b. Schreibt den Abschnitt neu auf. Lasst unwichtige Informationen weg.

Die zeitlichen Angaben in einem Bericht müssen möglichst genau sein.

7 Wie kann Daniel den Zeitpunkt und die Reihenfolge des Geschehens in Abschnitt B noch genauer berichten? Schreibt den Abschnitt neu auf.

um 10:30 Uhr | um 10:00 Uhr | währenddessen | um 9:45 Uhr

6 a. *Wichtige Angaben sind z. B. die Zeitangaben der Ereignisse.*

Ein Bericht soll sachlich sein und darf keine persönlichen Meinungsäußerungen enthalten.

8 Zwei Sätze in Abschnitt C würde Anna weglassen und hat sie bereits unterstrichen.
a. Warum hat Anna diese Sätze unterstrichen? Begründet.
b. Findet weitere unsachliche Wörter oder Wortgruppen.
c. Schreibt den Abschnitt neu auf. Formuliert die Sätze so um, dass sie sachlich sind.

Im Schluss stellt ihr die Folgen des Ereignisses dar und schreibt, wer das Ereignis beobachtet hat.

der Schluss
- Welche Folgen?
- Wer war Zeuge?

9 Schreibt den Schluss mithilfe eurer Stichworte von Seite 85. Schreibt im Präteritum.

Beim Aufprall … Meine Klassenlehrerin Frau Held …
Der Rettungsdienst …

Eure Ergebnisse zu den Aufgaben 5 bis 9 ergeben zusammen den vollständigen Unfallbericht.

10 Findet eine passende Überschrift für den Unfallbericht. Sie sollte kurz und aussagekräftig sein.

Abschließend überarbeitet ihr eure Unfallberichte.

Schritt 3: Überarbeiten

11 a. Bildet Vierergruppen.
b. Tauscht eure Berichte aus und überprüft sie:
- Enthält der Bericht nur wichtige Informationen?
- Verdeutlichen die zeitlichen Angaben die richtige Reihenfolge?
- Ist der Bericht an allen Stellen sachlich?
- Stehen alle Verben im Präteritum?

c. Gebt euch gegenseitig ein Feedback.
Tipp: Ihr könnt eure Texte auch in einer Schreibkonferenz überarbeiten.

▶ Die Schreibkonferenz, S. 252

12 a. Überarbeitet euren Text mithilfe des Feedbacks.
b. Schreibt den überarbeiteten Unfallbericht auf.
Schreibt gut lesbar mit der Hand oder mit dem PC.

9 *brachte ins Krankenhaus, brach das Bein, erlitt eine Gehirnerschütterung, informierte den Rettungsdienst, leistete Erste Hilfe, beobachtete den Unfall, schiente das Bein, blieb zur Beobachtung*

Ein Formular erstellen und ausfüllen

Manchmal muss man zu einem Ereignis auch ein Formular ausfüllen.
Das folgende Formular ist ein Muster.
Wählt eine der Aufgaben 1 1 oder 1 2 aus.

1 1 Übertrage das leere Formular handschriftlich auf ein DIN-A4-Blatt.
Tipp: Bitte deine Lehrkraft anschließend, das leere Formular einmal zu kopieren. Du brauchst es zu einem späteren Zeitpunkt erneut.

MK **1 2** Erstellt das Formular mit dem PC. Verwendet ein Textverarbeitungsprogramm.
Tipp: Druckt das Formular anschließend für jeden von euch zweimal aus. Ihr braucht es zu einem späteren Zeitpunkt erneut.

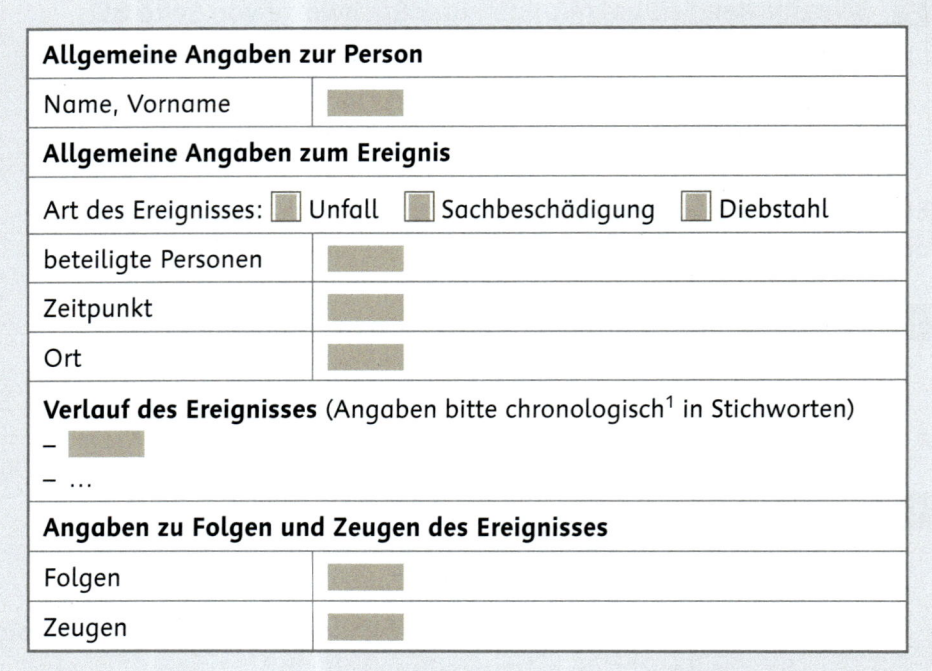

Allgemeine Angaben zur Person	
Name, Vorname	
Allgemeine Angaben zum Ereignis	
Art des Ereignisses: ☐ Unfall ☐ Sachbeschädigung ☐ Diebstahl	
beteiligte Personen	
Zeitpunkt	
Ort	
Verlauf des Ereignisses (Angaben bitte chronologisch[1] in Stichworten) – – …	
Angaben zu Folgen und Zeugen des Ereignisses	
Folgen	
Zeugen	

[1]chronologisch: in der richtigen zeitlichen Reihenfolge

2 Welche Angaben müsste Daniel in das Formular eintragen?
Geht in drei Schritten vor: Think – Pair – Share.

a. Trage die Informationen zu Daniels Unfall in das Formular ein. Think.
b. Vergleicht eure Formulare und ergänzt fehlende Informationen. Pair.
c. Besprecht eure Ergebnisse in der Klasse. Share.

3 Warum kann es für eine Versicherung oder für die Polizei sinnvoll sein, ein Formular anzubieten? Nennt mögliche Gründe.

3 *nur wichtige Informationen, alle Angaben enthalten …*

Sachlich berichten

Ich kann knapp und genau über ein vergangenes Ereignis berichten.

Arbeitstechnik

Sachlich berichten
Ich kann über ein besonderes Ereignis wie einen Unfall, einen Diebstahl oder eine Sachbeschädigung sachlich berichten.
Ich gliedere meinen Bericht in Einleitung, Hauptteil und Schluss und beantworte **knapp** und **genau** die **W-Fragen**:
- **Einleitung: Was** geschah? **Wer** war beteiligt? **Wann** fand das Ereignis statt? **Wo** geschah es?
- **Hauptteil: Wie** passierte es? **In welcher Reihenfolge** passierte es? **Warum** passierte es?
- **Schluss: Welche Folgen** hatte das Ereignis? Wer war **Zeuge**?

Ich berichte nur die **wichtigen Dinge** und schreibe **sachlich**.
Ich halte die **Reihenfolge** der Ereignisse ein und mache möglichst **genaue Angaben**.
Ich schreibe **im Präteritum**.

Unfallbericht von Tarik E. → **die Überschrift**

Am 7. Juni unternahm ich mit meiner Klasse 7b der Schwarzwald-Schule und meinem Sportlehrer Herrn Schnell einen Lauf durch den Wald neben der Jugendherberge in Hörnin. Gegen 15:00 Uhr stürzte ich über eine Baumwurzel.

die Einleitung
- das Ereignis
- die beteiligten Personen
- das Datum und die Uhrzeit
- der Ort

Für den Lauf trafen wir uns nach der Mittagsruhe um 14:30 Uhr am Gartentor der Jugendherberge. Zuerst erklärte uns Herr Schnell die Laufstrecke und die Regeln. Er bat uns, auf Baumwurzeln zu achten, damit sich niemand verletzt. Dann startete unser Waldlauf. Obwohl ich vorsichtig war, stolperte ich gleich zu Beginn über eine Wurzel und fiel zu Boden.

der Hauptteil
- die Umstände
- der Verlauf
- die Gründe

Beim Sturz brach ich mir den linken Arm und beschädigte meine Brille. Unser Sportlehrer Herr Schnell sah den Unfall. Er leistete sofort Erste Hilfe und informierte danach den Rettungsdienst. Der Rettungsdienst brachte mich dann ins Hörniner Krankenhaus. Dort untersuchte eine Ärztin meinen linken Arm und legte einen Gipsverband an. Anschließend konnte ich wieder zu meiner Klasse in die Jugendherberge zurück.

der Schluss
- die Folgen
- die Zeugen

Der beschädigte Lautsprecher – über eine Sachbeschädigung berichten

Am letzten Abend der Klassenfahrt feiert Pauls Klasse. Alle tanzen und die Stimmung ist super. Da passiert es …

1

2

Warum musstest du mich auch schubsen?
Es war doch nur Spaß. Ich konnte doch nicht wissen, dass du dein Glas auf der Box abgestellt hast.

3

1 Was passierte bei der Abschlussfeier?

a. Sieh dir die Bilder an und lies die Sprechblasen.

b. Notiere deine Vermutung in Stichworten.

Zu Hause erzählt Paul seinen Eltern, was passiert ist.

Die Feier hat um 19:00 Uhr begonnen. Es hat für alle verschiedene Snacks gegeben. Gegen 19:30 Uhr habe ich mir ein Glas Limonade eingeschenkt. Anschließend bin ich zu Max und Tarik auf die Tanzfläche gegangen. Die kleinen Tische waren schon alle voller Gläser und Teller und ich habe mein Glas auf einen der Lautsprecher gestellt. Max, Tarik und ich haben uns am Rand der Tanzfläche dann etwas geschubst. Aus Versehen habe ich das Glas umgestoßen. Die ganze Limonade ist in den Lautsprecher geflossen und er hat nicht mehr funktioniert. Wie dumm von mir! Der Herbergsleiter war sauer und ich habe den Rest des Abends ein schlechtes Gewissen gehabt.

2 Was ist nacheinander passiert? Ergänze deine Stichworte aus Aufgabe 1.

Pauls Eltern möchten den Schaden ihrer Versicherung melden. Diese benötigt Informationen, wie genau der Lautsprecher kaputtging.

Mithilfe des Schreib-Profis kannst du für Paul über den Vorfall berichten.

Schritt 1: Vor dem Schreiben

Wenn du berichtest, nennst du nur wichtige Informationen und schreibst sachlich.

3 Nicht alle Sätze in Pauls Erzählung enthalten wichtige Informationen.
a. Welche Sätze enthalten wichtige Informationen? Prüfe.
b. Schreibe diese Sätze sachlich auf.
Lass nach jeder Zeile eine Zeile frei.

Die Feier hat um 19:00 Uhr begonnen.
Gegen 19:30 Uhr …

Paul erzählt im Perfekt (hat begonnen).
Wenn du über etwas Vergangenes berichtest, schreibst du im Präteritum (begann).

4 a. Markiere in deinen Sätzen aus Aufgabe 3 die Verbformen im Perfekt.
b. Setze die Verben ins Präteritum und schreibe sie über deine Sätze aus Aufgabe 3.
Tipp: Am Rand findest du die Vergangenheitsformen der unregelmäßigen und zusammengesetzten Verben.

begann
Die Feier hat um 19:00 Uhr begonnen.

schenkte … ein,
stieß … um,
begann, floss, gab …

Schritt 2: Beim Schreiben

Ein Bericht besteht aus einer Einleitung, einem Hauptteil und einem Schluss.

5 Ergänze die fehlenden Angaben in der Einleitung.

Ich, Paul S., war ___ auf Klassenfahrt in Hörnin.
Wir feierten am ___ eine Abschlussfeier ___.
Beim Toben ___ ich einen Lautsprecher.

beschädigte | im Aufenthaltsraum der Jugendherberge | 10. Juni | mit meiner Klasse 7b der Schwarzwald-Schule

die Einleitung
- Wer?
- Wo?
- Wann?
- Was?

6 Schreibe nun den Hauptteil.
Berichte in der Ich-Form (du bist Paul).
- Berichte nur Wichtiges und formuliere sachlich.
- Berichte genau und in der richtigen Reihenfolge.
- Berichte auch, warum es zu dem Vorfall kam.
- Schreibe im Präteritum.

Tipp: Du kannst deine Sätze aus den Aufgaben 3 und 4 verwenden.

der Hauptteil
- Wie?
- In welcher Reihenfolge?
- Warum?

7 Schreibe den Schluss.
Tipp: Du kannst eigene Sätze aufschreiben oder die folgende Satzschalttafel verwenden.

der Schluss
- Welche Folgen?
- Wer war Zeuge?

Der teure Lautsprecher	funktionierte anschließend nicht mehr.
	ging dabei kaputt.

Der Herbergsleiter	musste einen neuen Lautsprecher	kaufen.
Die Jugendherberge		anschaffen.

Meine Freunde	waren dabei	und	beobachteten	den Vorfall.
Tarik und Max	standen daneben		sahen	

Zu einem vollständigen Bericht gehört eine Überschrift.

8 a. Wähle eine Überschrift oder überlege dir selbst eine passende Überschrift.
b. Schreibe sie über deinen Bericht.

Bericht für die Versicherung von Paul S. | *Der beschädigte Lautsprecher*

Zum Schluss überarbeitest du deinen Bericht mit einer Partnerin / einem Partner.

Schritt 3: Nach dem Schreiben

9 a. Überprüft gegenseitig eure Berichte:
- Könnt ihr alle Wörter und Sätze lesen und verstehen?
- Werden alle W-Fragen beantwortet?
- Ist die Reihenfolge richtig?
- Werden nur wichtige Informationen genannt?
- Ist alles sachlich formuliert?
- Stehen alle Verben im Präteritum?

b. Gebt euch gegenseitig ein Feedback.

MK **10** a. Überarbeite deinen Bericht mithilfe des Feedbacks.
b. Schreibe den Bericht gut lesbar mit der Hand auf oder mit dem PC.

Üben: Genaue Angaben machen

Naomi und Natalie teilen sich auf der Klassenfahrt ein Etagenbett.
Ihre Mitschülerin Yasmin schläft auch mit im Zimmer.
An einem Morgen erschrickt Natalie, als sie ihr Handy sieht.

Oh nein, was ist mit meinem Handy passiert?

8. Juni

Tarik: Was ist denn los bei euch? 7:15

Yasmin: Das Display von Natalies Handy ist zerbrochen … 7:15

Tarik: Wie ist das passiert? 7:15

Yasmin: Das Handy muss heute Nacht aus Naomis Bett gefallen sein. Ich bin kurz nach 1:00 Uhr aufgewacht, weil etwas zu Boden gefallen ist, aber es war stockdunkel im Zimmer. 7:17

Tarik: Warum lag Natalies Handy bei Naomi im Bett? 7:18

Yasmin: Natalie und Naomi haben dort gestern Abend noch Fotos angesehen. Natalie muss das Handy in Naomis Bett vergessen haben. 7:18

1 Was ist mit Natalies Handy passiert?
a. Sieh dir das Bild an und lies den Chat.
b. Schreibe einen Satz auf.

Naomi hofft, dass die Versicherung ihrer Eltern die Reparatur bezahlt. Sie möchte berichten, wie es zu dem Schaden kam.

2 Lies Naomis unvollständigen Entwurf.

Bericht von Naomi K.
Ich war mit meiner Klasse 7b der Schwarzwald-Schule auf Klassenfahrt .
Dort beschädigte ich versehentlich das Handy meiner Freundin Natalie.
Natalie und ich teilten uns ein Zimmer und wir schliefen in
einem Etagenbett. Abends sahen Natalie und ich uns noch Fotos auf
ihrem Handy an. Wir vergaßen das Handy und gingen schlafen.
Im Schlaf muss ich es aus dem Bett gestoßen haben, ohne es zu bemerken.
Natalie sah das Handy mit zerbrochenem Display liegen.
Das Display funktionierte nicht mehr und musste ausgetauscht werden.
Meine Mitschülerin Yasmin war Zeugin. Sie hörte in dieser Nacht
etwas herunterfallen.

Einige wichtige Angaben in Naomis Bericht fehlen noch.

3 Schreibe Naomis Bericht neu auf.
Ergänze Angaben zum Ort und Angaben zur Zeit.

Angaben zum Ort
auf dem Fußboden | in Hörnin | in der Jugendherberge | oben in meinem Bett

Angaben zur Zeit
am nächsten Morgen gegen 7:00 Uhr | dann | kurz nach 1:00 Uhr | in der Nacht zum 8. Juni

Bericht von Naomi K.
Ich war mit meiner Klasse 7b der Schwarzwald-Schule auf Klassenfahrt in Hörnin.
Dort beschädigte ich in der Nacht zum 8. Juni …

4 **a.** Bitte jemanden aus der Klasse um ein Feedback.
b. Überarbeite deinen Bericht mithilfe des Feedbacks.

Der gestohlene Rucksack – über einen Diebstahl berichten

Während der Klassenfahrt besucht die Klasse 7b den Freizeitpark in Hörnin. Dort wird Karim bestohlen.

Karim: Herr Schnell, Sie müssen mir bitte helfen. Jemand hat meinen Rucksack mit meinem Portemonnaie und meinen neuen Kopfhörern gestohlen.

Herr Schnell: Moment, ganz langsam: Wann wurde dein Rucksack gestohlen?

Karim: Gerade eben, während ich in der Wasserbahn Big River war.

Herr Schnell: Wo hast du deinen Rucksack zuletzt gesehen?

Karim: Er hat auf der Bank gegenüber von der Wasserbahn gelegen.

Herr Schnell: Wieso hat der Rucksack dort gelegen? Berichte bitte von Anfang an.

Karim: Ich wollte mit der Wasserbahn fahren. Damit meine Wertsachen nicht nass werden, habe ich meinen Rucksack auf die Bank gelegt.

Herr Schnell: Wieso bist du dir so sicher, dass der Rucksack gestohlen wurde? Hat jemand den Diebstahl beobachtet?

Karim: Tarik hat auf der Bank gesessen und sollte auf unsere Sachen aufpassen. Er war kurz abgelenkt, aber er hat noch gesehen, wie ein Mann mit meinem Rucksack weggerannt ist.

Der Sportlehrer Herr Schnell befragt daraufhin Tarik. Dieser erzählt:

Karim wollte gegen 12:15 Uhr mit Naomi zur Wasserbahn und hat seinen Rucksack neben mir abgelegt. Während die beiden mit der Wasserbahn gefahren sind, habe ich Musik gehört und mir Fotos auf dem Handy angesehen. Als ich gegen 12:30 Uhr hochgeschaut habe, habe ich nur noch gesehen, wie ein Mann weggerannt ist. Erst da habe ich bemerkt, dass er Karims Rucksack in der Hand hielt. Ich wollte hinterherlaufen, aber da ist der Mann schon um die Ecke verschwunden gewesen. Sein Gesicht konnte ich nicht erkennen.

1 Wie passierte der Diebstahl? Ordne die Bilder auf Seite 78 in der richtigen Reihenfolge.

Herr Schnell möchte Anzeige bei der Polizei erstatten. Diese benötigt genaue Informationen zum Vorfall.

Du kannst für Karim über den Diebstahl berichten.

2 Welche Informationen sind wichtig?

Schritt 1: Planen

a. Lege Karteikarten zu den W-Fragen an.
b. Notiere Stichworte auf jeder Karteikarte.

Was?
...

Wer war Zeuge?
...

Welche Folgen?
...

Wie?
In welcher Reihenfolge?
...

Wer?
...

Warum?
...

...

...

Mithilfe deiner Karteikarten schreibst du den Bericht für Karim.

Schritt 2: Schreiben

In der Einleitung beantwortest du die W-Fragen:
Wer? Wann? Wo? Was?

3 a. Lege die entsprechenden Karteikarten bereit.
b. Schreibe die Einleitung mithilfe deiner Stichworte.
Mache genaue Angaben.

Im Hauptteil beantwortest du die W-Fragen:
Wie? In welcher Reihenfolge? Warum?

4 Karim hat für den Hauptteil erste Sätze aufgeschrieben.
Leider sind sie durcheinandergeraten.
a. Lies die Sätze von Karim.
b. Was geschah nacheinander? Ordne die Sätze mithilfe deiner Karteikarten.

Gegen 12:15 Uhr wollte ich mit der großen Wasserbahn Big River fahren.

Ich fuhr mit der Wasserbahn.

Mein Freund Tarik sollte auf meine Sachen aufpassen.

Tarik war abgelenkt.

Damit meine Wertsachen nicht nass werden, legte ich meinen Rucksack auf die Bank neben meinen Freund Tarik.

...

5 a. Schreibe Karims Sätze neu auf. Verdeutliche die Reihenfolge.

zuerst | danach | anschließend | zum Schluss | schließlich | währenddessen | einen Augenblick später | in diesem Moment | während | einen kurzen Moment später

b. Was passierte danach? Ergänze fehlende Informationen mithilfe deiner Karteikarten. Verdeutliche ebenfalls die Reihenfolge.

3 **b.** *Am ... besuchte ich mit meiner Klasse 7b der Schwarzwald-Schule ...*

5 *Gegen 12:15 Uhr wollte ich mit der großen Wasserbahn Big River fahren.*
Damit ...

Im Schluss beantwortest du die W-Fragen:
Welche Folgen? Wer war Zeuge?

6 Karim hat einen Entwurf für den Schluss geschrieben. Er hat allerdings das Perfekt verwendet.
a. Setze die Verben ins Präteritum.
b. Schreibe den Schluss neu auf.
Tipp: Du kannst in einem Wörterbuch nachschlagen, wenn du die Vergangenheitsform eines Verbs nicht kennst.

▶ Im Wörterbuch nachschlagen, S. 234

Achtung: Fehler!

Tarik hat den Diebstahl gesehen. Er hat beobachtet, wie der Täter mit meinem Rucksack davongelaufen ist. Da er den Mann nur von hinten gesehen hat, kann er ihn jedoch nicht näher beschreiben. In dem Rucksack haben sich mein Portemonnaie und meine neuen Kopfhörer befunden.

7 Finde eine passende Überschrift für deinen Bericht.

Du überprüfst deinen Bericht mit einer Partnerin / einem Partner.

Schritt 3: Überarbeiten

8 **a.** Tauscht eure Berichte aus und überprüft sie mithilfe der Checkliste.
b. Gebt euch gegenseitig ein Feedback.

Checkliste: Sachlich berichten	Ja	Noch nicht
Du hast die W-Fragen vollständig beantwortet: – in der **Einleitung:** Was? Wer? Wann? Wo? – im **Hauptteil:** Wie? In welcher Reihenfolge? Warum? – im **Schluss:** Welche Folgen? Wer war Zeuge?		
Du hast nur über wichtige Dinge berichtet.		
Du hast sachlich geschrieben.		
Du hast in der richtigen Reihenfolge berichtet.		
Du hast genaue Angaben zu Zeit und Ort gemacht.		
Du hast das Präteritum verwendet.		

9 **a.** Überarbeite deinen Bericht mithilfe des Feedbacks.
b. Wende den Rechtschreib-Check an, um deine Rechtschreibung zu überprüfen.
c. Schreibe den überarbeiteten Bericht gut lesbar mit der Hand auf oder mit dem PC.

▶ Der Rechtschreib-Check, S. 230

Vertiefen: Über einen Unfall berichten

Emma hat am selben Tag im Freizeitpark einen Unfall. Nach der Klassenfahrt erzählt sie ihren Freundinnen davon.

Stellt euch vor, was mir auf unserer Klassenfahrt in Hörnin passiert ist. Am Mittwoch, den 9. Juni haben wir den Freizeitpark in Hörnin besucht. Wir sind morgens gegen 9:00 Uhr dort angekommen. Die Sonne schien und es ist schon total voll gewesen. Aishe und ich haben erst einmal ganz gemütlich gefrühstückt. Erst als wir bemerkt haben, dass es schon 9:45 Uhr war, sind wir schnell aufgebrochen. Wir wollten die Fütterung im Affengehege um 10:00 Uhr nicht verpassen. Da der Freizeitpark riesig ist, mussten wir uns ganz schön beeilen. In der Eile bin ich blöderweise über einen lockeren Pflasterstein gestolpert und umgeknickt. So etwas kann auch wieder nur mir passieren! Mein rechter Knöchel hat sofort angefangen, höllisch zu schmerzen, und ist dick geworden. Aishe hat daraufhin Herrn Schnell, unseren Sportlehrer, informiert. Herr Schnell hat den Knöchel kurz untersucht und einen Krankenwagen gerufen. Im Hörniner Krankenhaus mussten wir ziemlich lange warten, aber gegen 12:30 Uhr wurde der Knöchel schließlich geröntgt. Glücklicherweise ist er nur verstaucht! Die Ärztin hat den Knöchel dann noch bandagiert. Anschließend hat mich Herr Schnell zurück zur Jugendherberge gefahren. Dort sollte ich das Bein dann hochlegen und den Knöchel kühlen.

Da der Unfall im Rahmen einer Schulveranstaltung passiert ist, muss die Unfallversicherung der Schule informiert werden.

1 **a.** In welcher Zeitform erzählt Emma ihren Freundinnen von dem Unfall?
b. Welche Zeitform verwendest du in deinem Bericht?

2 **a.** Welche Sätze in Emmas Erzählung enthalten keine wichtigen Informationen für einen Bericht? Notiere entsprechende Textstellen.
b. Welche Sätze in Emmas Erzählung enthalten wichtige Informationen, aber sind unsachlich formuliert? Notiere ebenfalls die Textstellen.

2 **a.** *unwichtige Informationen für einen Bericht: Zeilen 5–7, …*
b. *unsachliche Formulierungen: Zeile 11: „blöderweise“; …*

Mit den Informationen aus Emmas Erzählung kannst du den Unfallbericht für sie planen.

Schritt 1: Planen

3 Was erfährst du über Emmas Unfall?
Sammle alle wichtigen Informationen in einer Tabelle.

Was?	…
Wer?	…
Wann?	…
Wo?	…
Wie genau?	…
Warum?	…
Welche Folgen?	…
Wer war Zeuge?	…

Du schreibst den Unfallbericht aus Emmas Sicht.

Schritt 2: Schreiben

4 Schreibe zunächst die Einleitung. Berichte,
- wann und wo der Unfall passierte,
- wer an dem Unfall beteiligt war und
- was passierte.

Ich war mit meiner Klasse 7b der Schwarzwald-Schule auf Klassenfahrt in Hörnin. Am Mittwoch, den 9. Juni besuchten wir …

5 Berichte im Hauptteil, wie genau und warum der Unfall passierte.

6 Schreibe im Schluss, welche Folgen der Unfall hatte und wer Zeuge war.

7 Finde eine passende Überschrift für deinen Bericht.

8 **a.** Überprüfe deinen Bericht mithilfe der Checkliste auf Seite 99.
MK **b.** Überarbeite deinen Bericht, falls nötig.

Schritt 3: Überarbeiten

5 *Aishe und ich wollten um 10:00 Uhr zur Fütterung …*
Da wir die Zeit vergessen hatten, mussten wir … Auf dem Weg … Ich …

6 *Bei dem Unfall verletzte … Meine Mitschülerin Aishe beobachtete…*
Mein Sportlehrer, Herr Schnell, … Dann … Schließlich …

Die Berichte präsentieren

Die Klasse 7b hatte auf ihrer Klassenfahrt sehr viel Pech.

Mir hat unsere Klassenfahrt gut gefallen. Bloß schade, dass diesmal etwas kaputtgegangen ist.

Ja, es gab in diesem Jahr leider auch einige Unfälle.

Ich fand es besonders ärgerlich, dass einer von uns sogar bestohlen wurde.

Was passierte auf der Klassenfahrt der Klasse 7b alles?
In einem Rollenspiel könnt ihr euch über einen weiteren Vorfall informieren.

1 Was passierte während der Klassenfahrt der 7b alles?
Sammelt alle Vorfälle in der Klasse.

2 Die Vorfälle auf der Klassenfahrt müssen der Versicherung gemeldet werden. Dazu muss im Schulsekretariat ein Formular ausgefüllt werden. Ihr spielt das Ausfüllen des Formulars in einem Rollenspiel nach.

a. Bereitet das Rollenspiel vor: Legt eure Berichte und zwei leere Formulare zurecht.

▶ leere Formulare, S. 70

b. Führt das Rollenspiel durch:
- Einer von euch stellt Fragen zu dem Ereignis und füllt das Formular aus.
- Der andere von euch liest die entsprechende Stelle aus seinem Bericht vor.

c. Tauscht anschließend die Rollen.

d. Wertet euer Rollenspiel aus: Konntet ihr mithilfe eurer Berichte alle Informationen in das Formular eintragen?

Was zeichnet einen gelungenen Bericht aus?

Ihr habt in diesem Kapitel gelernt, wie ein Bericht gestaltet sein sollte. Bildet Gruppen aus vier Schülerinnen und Schülern.

1 Welche Merkmale muss ein Bericht erfüllen?

a. Übertragt das Placemat auf einen großen Papierbogen. ▶ Das Placemat, S. 251

b. Sammelt gemeinsam die inhaltlichen und sprachlichen Merkmale eines Berichts.

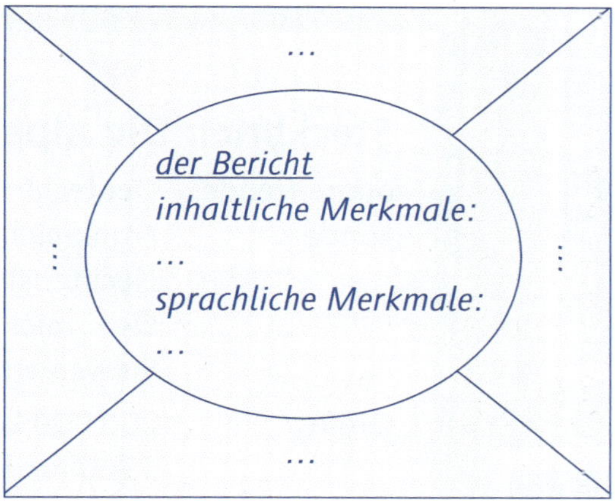

2 Stellt eure Placemats in der Klasse vor und vergleicht eure Ergebnisse.

Abschließend könnt ihr über eure eigene Arbeit in diesem Kapitel nachdenken.

3 Was fiel euch beim Berichten leicht, was fandet ihr schwierig? Geht in drei Schritten vor: Think – Pair – Share.

a. Ergänzt jeder für sich die folgenden Aussagen.

Das fiel mir leicht: …
Das fand ich schwer: …
Damit kann ich anderen helfen: …
Dafür benötige ich Unterstützung: …

---

sachlich schreiben | wichtige und unwichtige Informationen unterscheiden | das Präteritum verwenden | bei Vorzeitigkeit das Plusquamperfekt verwenden | das Geschehen in der richtigen zeitlichen Reihenfolge darstellen | meinen Text in Einleitung, Hauptteil und Schluss gliedern | genaue Angaben machen | W-Fragen beantworten | …

---

b. Tauscht euch zu zweit über eure Erfahrungen beim Berichten aus.

c. Fasst vor der Klasse zusammen, womit ihr anderen helfen könnt und wobei ihr noch Unterstützung benötigt.

5 Faszinierende Alpen – *sich und andere informieren*

Die Alpen sind das größte Gebirge Europas und ein ganz besonderer Lebensraum für Menschen und Tiere.

Steckbrief: Die Alpen

angrenzende Länder:	Deutschland, Frankreich, Italien, Liechtenstein, Monaco, Österreich, Schweiz, Slowenien
Größe:	200 000 km², 1 200 km lang, 150–200 km breit
Höhe:	128 Berge höher als 4 000 m, höchster Berg: Mont Blanc in Frankreich (4 810 m)

Neues Ötzi-Museum geplant

Freiwillige Helfer auf der Alm gesucht

Ein Hindernis mitten in Europa

Lawinen, Muren[1], das ewige Eis der Gletscher: Es gehörte Mut dazu, die Alpen zu überqueren. Wo wir heute bequem mit dem Zug durch den Gotthard-Tunnel reisen oder über die Brenner-Autobahn fahren, gab es früher …

[1] die Mure: eine Masse aus Schlamm und Geröll, die mit großer Wucht vom Berg ins Tal abgeht

1 Welche Informationen könnt ihr den verschiedenen Materialien entnehmen?

2 Wie könnte der Textausschnitt weitergehen?
Weshalb waren die Alpen früher ein Hindernis?

3 a. Was wisst ihr selbst bereits über die Alpen?
b. Worüber möchtet ihr mehr erfahren?

5 Faszinierende Alpen – *sich und andere informieren*

In diesem Kapitel informiert ihr euch mithilfe des Lese-Profis zu verschiedenen Themen rund um die Alpen. Anschließend informiert ihr andere mithilfe eines Referats.

Europas höchstes Gebirge – lesen mit dem Lese-Profi

Naomi und Paul möchten ihre Mitschülerinnen und Mitschüler in einem Referat über die Alpen informieren. Bei ihrer Internetrecherche finden sie einen Sachtext.

▶ Der Lese-Profi, S. 248

Schritte 1 und 2:
Vor dem Lesen
Beim ersten Lesen

1 Seht euch die Bilder an und lest die Überschrift:
- Welche Informationen erwartet ihr im Sachtext?
- Was könnte besonders interessant sein?
- Welche Fragen stellt ihr euch?

2 Lest den Sachtext.

▶ Das Partnerlesen, S. 252

Volker Thomas

Die Alpen früher und heute

Grüne Täler, dichte Wälder, steile Felswände, schneebedeckte Gipfel – wer sich dem **höchsten Gebirge Europas** nähert, tritt in eine andere Welt ein. Die Alpen sind ein **einzigartiger Lebensraum**, der **Mensch und Natur viel abverlangt**. Die Natur hat sich optimal angepasst und auch die Alpenbewohner haben sich an das Leben in den Bergen und an **lange, harte Winter** mit **viel Schnee** gewöhnt.

Ein Hindernis mitten in Europa

Lawinen, Muren[1], das ewige Eis der Gletscher – all das erschreckte die Menschen zu **früheren Zeiten** und machte eine **Überquerung der Alpen beschwerlich**. Es gehörte viel Mut dazu, den Weg durch das Gebirge anzutreten. Wo wir heute bequem mit dem Zug durch den Gotthard-Tunnel reisen oder über die Brenner-Autobahn fahren, gab es früher **nicht einmal** einen **befestigten Weg**. Und doch zeigen Funde von Steinwerkzeug und bemalten Gefäßen, dass bereits in der **Steinzeit**[2] **Jäger und Sammler** in den Alpen **unterwegs** gewesen sein müssen, **vor allem im südlichen Teil** mit dem milderen Klima. Der berühmte Steinzeitmann Ötzi, dessen Mumie 1991 gefunden wurde, war vor rund 5 250 Jahren in den Ötztaler Alpen unterwegs.

[1] die Mure: eine Masse aus Schlamm und Geröll, die mit großer Wucht vom Berg ins Tal abgeht

[2] die Steinzeit: die Zeit von ca. 2 500 000–2 000 vor Christus

Die ersten Straßen

Die Ersten, die **Straßen** durch die Alpen bauten, waren die **Römer**. Viele davon waren Handelsstraßen. Der **Handel mit den Römern begünstigte** die **Besiedelung** der Alpen. Die Bauern verkauften Fleisch, Milch und Käse und die römischen Kaufleute boten Schmuck, feine Stoffe und Geschirr an. Nach dem **Zusammenbruch des Römischen Reiches** verfielen die Siedlungen und viele Bauern zogen weg.

Die Entstehung der Almwirtschaft

Erst um das **Jahr 1000** zogen **wieder mehr Menschen in die Alpen**. Das **Klima** in ganz Europa **erwärmte sich** und es lohnte sich wieder, größere landwirtschaftliche Flächen zu bearbeiten und die Viehwirtschaft auszuweiten. In dieser Zeit **entstanden** die **Arbeitsmethoden der Almwirtschaft**, die bis heute erhalten geblieben sind. Vielerorts werden die Kühe immer noch jeden Sommer auf die Alm getrieben.

Die ersten Touristen, die im 19. Jahrhundert in die Alpen kamen, suchten die reine Bergluft, das frische Wasser, das einfache und gesunde Leben. Das hat sich bei vielen bis heute nicht geändert. Daneben zieht es aber auch immer mehr Sportbegeisterte in die Alpen. Aus bescheidenen Bergbauernhöfen wurden Hotels und Gasthöfe. Seit Mitte des 20. Jahrhunderts spricht man vom Massentourismus und die Zahl der Urlauber wächst nach wie vor.

Viele der Touristen unterschätzen jedoch die Gefahren im Gebirge. Die Bergwacht muss im Sommer wie im Winter unvorsichtige Sportler aus den Bergen retten. Mit der Gletscherschmelze durch den Klimawandel nehmen im Winter auch die Unfälle durch Lawinenabgänge zu.

3 Was habt ihr über die Alpen erfahren?

a. Schreibt jeder für sich drei interessante Informationen auf.

b. Vergleicht eure Informationen.

Schritt 3:
Beim genauen Lesen

4 Lest den Sachtext nun Abschnitt für Abschnitt.
a. Lest euch die Abschnitte gegenseitig vor und gebt den Inhalt mit eigenen Worten wieder.
Tipp: In den ersten Abschnitten helfen euch die markierten Schlüsselwörter.
b. Stellt euch gegenseitig W-Fragen und beantwortet sie.

5 In den letzten zwei Abschnitten sind keine Schlüsselwörter markiert.
a. Findet Schlüsselwörter und notiert sie.
b. Schreibt für jeden Abschnitt eine passende Überschrift auf.

6 Welche Wörter im Text habt ihr nicht verstanden? Erklärt sie euch gegenseitig mithilfe der Worterklärungen oder aus dem Textzusammenhang. Falls nötig, schlagt in einem Wörterbuch nach oder recherchiert im Internet.

Bei ihrer Recherche finden Naomi und Paul auch ein Diagramm. Ihr könnt es mit dem Lese-Profi für Grafiken erschließen.

► Der Lese-Profi für Grafiken, S. 94

7 Erschließt das Diagramm. Geht in drei Schritten vor: Think – Pair – Share.
a. Notiert zunächst jeder für sich Stichworte zu folgenden Fragen. Think.
- Worüber informiert das Diagramm?
- Welche Entwicklung könnt ihr aus dem Diagramm ablesen?
- Für welche Aussage aus dem Text liefert das Diagramm ein Beispiel?

b. Vergleicht eure Ergebnisse. Pair.
c. Stellt eure Ergebnisse in der Gruppe vor und besprecht sie. Share.

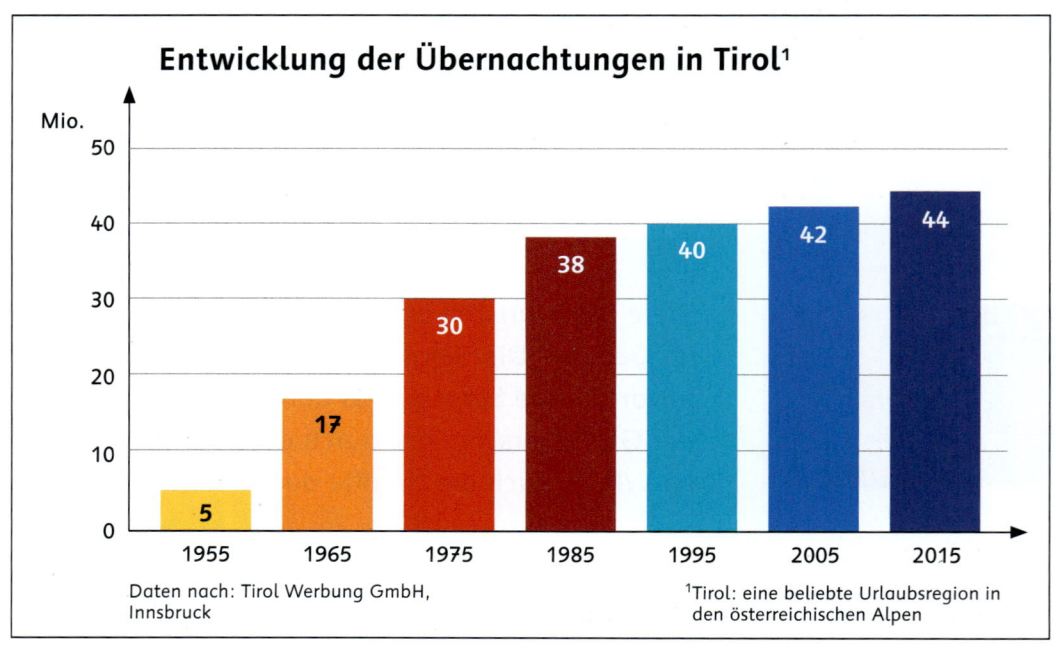

Entwicklung der Übernachtungen in Tirol[1]

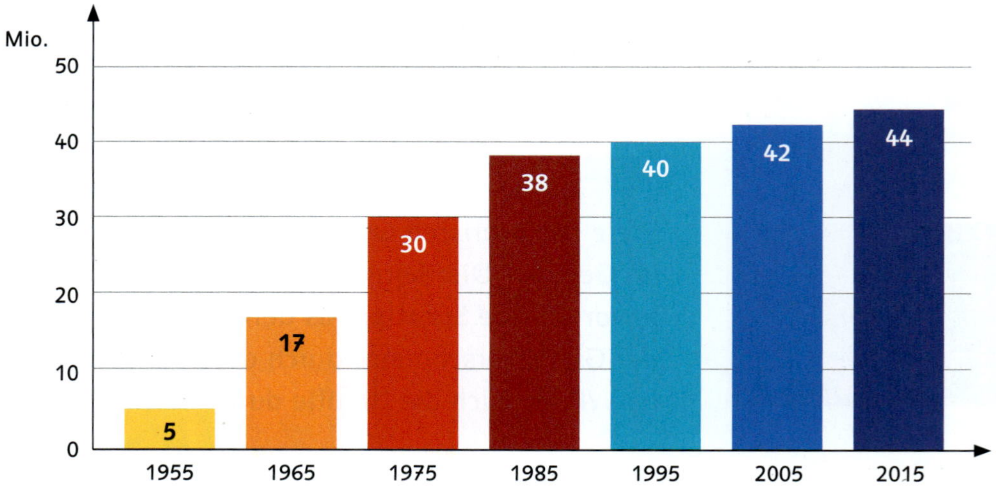

Daten nach: Tirol Werbung GmbH, Innsbruck

[1] Tirol: eine beliebte Urlaubsregion in den österreichischen Alpen

7 a. *Die Überschrift gibt Hinweise auf den Inhalt.*

Nach dem Lesen – das Referat vorbereiten

Naomi und Paul möchten mithilfe der Informationen aus dem Text ihr Referat vorbereiten. Sie verschaffen sich einen Überblick darüber, was sie bereits wissen.

Schritt 4:
Nach dem Lesen

1 Was habt ihr auf den letzten Seiten über die Alpen erfahren? Sammelt die Informationen für Naomi und Paul in einer Mind-Map.

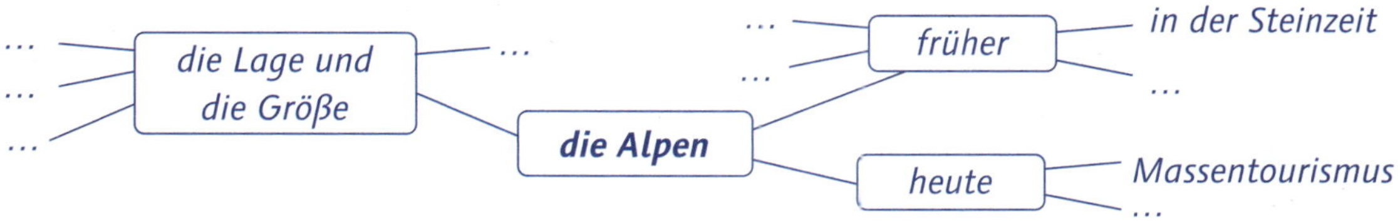

Naomi und Paul möchten mehr über die Alpen zur Zeit der Römer erfahren. Mithilfe einer Suchmaschine haben sie verschiedene Suchergebnisse erhalten.

2 **a.** Überfliegt die Trefferliste.
b. Welche Internetseite erscheint euch am besten geeignet? Begründet.

1 Auf den Spuren der Römer durch die Alpen wandern
Begleiten Sie uns auf eine Alpenüberquerung auf dem Via Claudia Augusta und begeben Sie sich mit uns auf die Spuren der Römer. Buchen Sie …

2 Hannibals Feldzug über die Alpen nach Rom
Mit Tausenden von Soldaten und Reitern und beinahe 40 Kriegselefanten machte sich Hannibal auf den Weg, um die Römer …

3 Die Römer in den Alpen
Weshalb wagten die Römer den beschwerlichen Weg über die Alpen? Diese und andere Fragen beantworten wir …

Arbeitstechnik

Im Internet recherchieren
- Verwende **treffende Suchbegriffe**.
- **Wähle** aus der Trefferliste **passende Treffer** zu deinen Suchbegriffen aus.
- **Überprüfe** die **Glaubwürdigkeit** einer Internetseite. Prüfe, wer die Seite erstellt hat, und vergleiche die Internetseite mit anderen Informationsquellen.
- **Vermerke** die **Informationsquellen**. Notiere die Autorinnen und Autoren oder die Internetseite, auf der die Informationen zu finden sind.

Ihr könnt selbst weitere Informationen recherchieren.

3 Worüber möchtet ihr noch mehr erfahren? Entscheidet euch für ein Unterthema aus der Mind-Map und notiert Fragen dazu.
Tipp: Überlegt auch, welche Informationen die anderen aus eurer Klasse interessant finden könnten.

4 a. Recherchiert mithilfe der Arbeitstechnik auf Seite 91 weitere Informationen.
b. Überfliegt die Suchergebnisse.
c. Wählt den Text aus, der am besten geeignet scheint, und lest ihn genau.

5 Welche interessanten Informationen habt ihr erhalten? Ergänzt eure Mind-Map.

Jedes Tandem hat weitere Informationen zum Thema Alpen gesammelt.
Für das Referat werden alle Informationen zusammengetragen.

6 a. Findet euch mit einem Tandem zusammen, das zum selben Unterthema recherchiert hat.
b. Informiert euch gegenseitig und ergänzt eure Mind-Maps.
c. Legt fest, wer die neuen Informationen der Klasse vorstellt.

7 a. Stellt euch die Informationen gegenseitig vor.
b. Was war neu für euch? Welche Informationen waren besonders interessant?

Naomi und Paul haben ebenfalls weitere Informationen gesammelt.
Gemeinsam überlegen sie, wie sie ihr Referat aufbauen möchten.

Gehen wir doch genauso vor wie im Text. Die zeitliche Reihenfolge leuchtet doch ein!

Wir könnten aber auch mit der Gegenwart beginnen und dann zurück in die Vergangenheit blicken.

8 Was spricht für Naomis Vorschlag? Was spricht für Pauls Vorschlag?
a. Einigt euch zu zweit auf einen Vorschlag. Überlegt euch eine Begründung.
b. Diskutiert die Vor- und Nachteile der beiden Vorschläge in der Klasse.

der Vorschlag von Naomi:
1. *Lage und Größe der Alpen*
2. *die Alpen früher*
3. *die Alpen heute*

der Vorschlag von Paul:
1. *Lage und Größe der Alpen*
2. *die Alpen heute*
3. *die Alpen früher*

Für ihr Referat notieren sich Naomi und Paul Stichworte auf Karteikarten.

die Alpen in der Steinzeit:
früher: Alpen als Hindernis,
keine befestigten Wege
Und dennoch … Jäger und Sammler,
vor allem im südlichen Teil

die Alpen zur Zeit der Römer:
Römer bauen erste Straßen → Handel
– Bauern verkaufen Fleisch, Milch, Käse
– römische Kaufleute bieten Schmuck,
feine Stoffe, Geschirr

9 Wie muss eine Karteikarte gestaltet sein, damit sie dir bei einem Referat hilft?
a. Lege eine Karteikarte zu einem Unterthema deiner Wahl an.
b. Vergleicht eure Karteikarten. Besprecht Gemeinsamkeiten und Unterschiede.

Naomi und Paul haben auch eine Einleitung für ihr Referat vorbereitet.

Guten Morgen, heute informieren Paul und ich euch über die Alpen. Reinhold Messner, der berühmteste Bergsteiger der Welt, hat über die Alpen einmal gesagt: „Es sind nicht die höchsten Berge der Welt, auch nicht die gefährlichsten, aber bestimmt sind es die schönsten." Hier auf der Folie seht ihr unsere Gliederung.
Als Erstes …, dann … Zum Schluss …

10 **a.** Worüber informiert Naomi in der Einleitung?
b. Wie gelingt es ihr, das Interesse für das Thema zu wecken?

Zum Schluss eines Referats betont ihr noch einmal, was ihr besonders wichtig oder interessant findet.

11 **a.** Wie könnten Naomi und Paul ihr Referat abschließen? Formuliert einen Schluss.
b. Lest euch euren Schluss gegenseitig vor: Welche Formulierungen sind besonders gelungen?

Die Informationen in einem Referat könnt ihr mit einem Plakat oder mit einer Computer-Präsentation veranschaulichen.

MK

12 Was sollten Naomi und Paul bei der Erstellung eines Plakats oder einer Computer-Präsentation jeweils beachten? Sammelt gemeinsam wichtige Tipps.

▶ Ein Referat medial unterstützen, S. 110–113

Grafiken mit dem Lese-Profi lesen

Der Lese-Profi hilft mir, einer Grafik (zum Beispiel einem Diagramm) wichtige und interessante Informationen zu entnehmen.

Schritt 1: Vor dem Lesen **Ich lese die Überschrift.**	– Welche Informationen gibt mir die Überschrift? Was könnte der Inhalt sein? – Was weiß ich selbst schon darüber?
Schritt 2: Beim ersten Lesen **Ich sehe mir die Grafik an.**	– Was fällt mir auf (z. B. verschiedene Säulen, Balken oder Linien)? – Gibt es Angaben unter oder neben der Grafik? Gibt es eine Legende?
Schritt 3: Beim genauen Lesen **Ich lese die Angaben der Grafik.**	– Wofür stehen die einzelnen Säulen, Balken oder Linien? – Welche Angaben enthalten die Längsachse und die Querachse? Welche zusätzlichen Informationen liefert die Legende? – Was sagen mir die Länge der Säulen oder Balken oder die Form der Linien?
Schritt 4: Nach dem Lesen **Ich arbeite mit dem Inhalt der Grafik weiter.**	– Welche Informationen sind für mich wichtig? – Was ist meine Aufgabe: Was soll ich mit den Informationen der Grafik tun?

So ist ein Säulendiagramm aufgebaut:

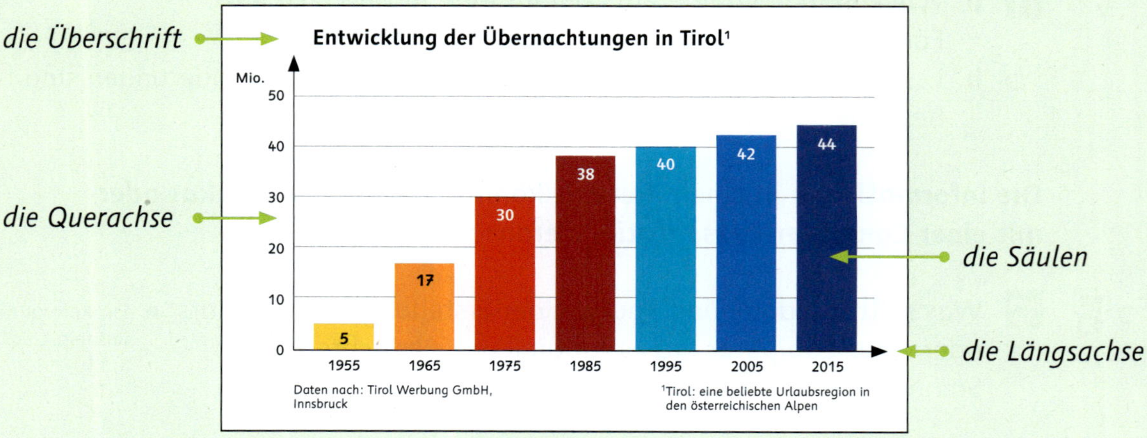

Nach dem Lesen – ein Referat vorbereiten

Ich kann mit den Informationen aus Texten und Grafiken ein Referat vorbereiten.

Arbeitstechnik

Ein Referat vorbereiten
- Ich **wähle** ein **Thema** aus und **notiere Fragen** an das Thema.
- Ich **suche** geeignete **Informationen** in der Bibliothek oder im Internet. Ich **erschließe** die Informationen mithilfe des Lese-Profis.
- Ich **notiere** die **wichtigsten Informationen** in Stichworten, z. B. auf Karteikarten.
- Ich **gliedere** mein **Referat** und **ordne** meine **Notizen**, z. B. indem ich meine Karteikarten nummeriere.
- Ich finde eine **Überschrift**, die deutlich macht, um welches Thema es geht.
- Ich entwerfe eine **Einleitung**. Ich schreibe auf, worüber ich informiere und in welcher Reihenfolge. Ich wecke das Interesse für mein Thema.
- Ich formuliere einen **Schluss**. Ich stelle heraus, was mir besonders wichtig ist.
- Ich **veranschauliche** die **Informationen** aus meinem Referat, z. B. mit einem Plakat oder einer Computer-Präsentation.
- Ich **übe** mein Referat mehrmals. Ich **versuche**, möglichst **frei zu sprechen**.

Die folgenden Formulierungen kann ich in meinem Referat verwenden:

In der Einleitung

Ich möchte heute über das Thema … sprechen. | *Das Thema meines Referats ist …* | *In meiner Präsentation geht es um …* | *Ich möchte euch heute etwas über … präsentieren.* | *Zunächst werde ich euch meine Gliederung vorstellen.* | *Am Anfang …, dann …* | *Ich beginne mit …* | *Später werde ich …* | *Zum Schluss …*

Während des Referats

Wie ich am Anfang bereits sagte, … | *Das bedeutet/heißt, dass …* | *Hier seht ihr …* | *Diese Grafik zeigt/beschreibt/belegt, dass …*

Am Schluss

Besonders interessant fand ich, dass … | *Zum Schluss möchte ich noch einmal betonen, dass …* | *Ich persönlich finde es wichtig, dass …* | *Ich würde mir wünschen, dass …* | *Habt ihr noch Fragen zum Thema?*

Die Bergwacht – lesen mit dem Lese-Profi

Du bereitest für deine Klasse ein Referat über die Bergwacht vor. Der folgende Sachtext liefert erste Informationen. Der Lese-Profi hilft dir beim Lesen.

1 Wende die Schritte 1 und 2 des Lese-Profis an.

Schritt 1: Vor dem Lesen
Ich sehe mir die Bilder an, ich lese die Überschrift.
- Welche Informationen geben mir die Bilder und die Überschrift?
- Was könnte der Inhalt des Textes sein?
- Was weiß ich schon über das Thema?

Schritt 2: Beim ersten Lesen
Ich lese den Text einmal durch.
- Was fällt mir auf (z. B. Abschnitte mit weiteren Überschriften, blau markierte Schlüsselwörter)?
- Was weiß ich nun über den Inhalt des Textes?

Rettung in den Bergen: die Bergwacht

(1) Die Aufgaben der Bergwacht in Deutschland

Wenn in den bayerischen Alpen irgendwo ein Unfall passiert, ist die Bergwacht zur Stelle. Sie **hilft** immer dann, **wenn andere es nicht zum Unfallort schaffen**. Die deutsche Bergwacht ist eine **Hilfsorganisation*** und sie **gehört heute zum Deutschen Roten Kreuz**. Man erreicht sie über den bekannten Notruf 112. Die Bergwacht **rettet Menschen** von steilen Felswänden, aus tiefen Schluchten, auf der Skipiste, aus Lawinen oder aus Seilbahnen und Skiliften. Außerdem **setzt sich** die Bergwacht **für** den **Naturschutz** ein und sie **klärt über Gefahren und Verhaltensregeln** in den Bergen **auf**, um Unfälle zu verhindern.

*die Hilfsorganisation: eine Organisation mit der Aufgabe, Menschen oder Tieren zu helfen und sie zu schützen

(2) Freiwillige Retter mit viel Einsatz

Die **Bergretterinnen und Bergretter** sind wahre Heldinnen und Helden. Sie arbeiten ehrenamtlich **ohne Bezahlung** und **setzen** viele Stunden ihrer **Freizeit ein**. Viele tragen den Piepser** immer bei sich. Wenn ein Notruf kommt, eilen sie zum Unfallort, **bei jedem Wetter** und **zu jeder Zeit**. Oft **zahlen** die Bergretter sogar ihre **Ausrüstung** und ihre **Fahrtkosten** selbst. Und nach einer Rettung müssen sie oft noch **Berichte schreiben**. Manchmal **bringen** sie **sich** bei Einsätzen sogar selbst **in Gefahr**.

(3) Modernste Technik: die Einsatzgeräte

Bei einem Notruf rückt sofort ein spezieller **Gerätewagen mit Blaulicht und Sirene** aus. In diesem Wagen befinden sich Geräte für jede Art der Bergrettung. Die Bergwacht arbeitet mit **hochmoderner Technik**, zum Beispiel mit Wärmebildkameras. Um **Verletzte** zu **transportieren**, werden im Sommer **Gebirgstragen** und **Quads***** verwendet. Im Winter kommen **Motorschlitten**, **Pistenraupen** und **Wannenschlitten**, sogenannte Ackjas, zum Einsatz. Bei besonders **schweren Unfällen** hilft ein **Rettungshubschrauber**.

**der Piepser: ein Funkempfänger, über den die Bergretter von der Rettungsleitstelle bei einem Unfall alarmiert werden
***das Quad: ein Fahrzeug, ähnlich wie ein Motorrad, aber mit vier Rädern

Schritt 3: Beim genauen Lesen
Ich lese den Text genau: Satz für Satz und Abschnitt für Abschnitt.

2 Was hast du im Text erfahren?
Notiere mithife der Schlüsselwörter Stichworte zu den einzelnen Abschnitten.

(1) Aufgaben der Bergwacht
- *Hilfsorganisation, gehört …*
- *hilft, wenn andere es nicht zum Unfallort schaffen*

MK **3** Welche Wörter im Text verstehst du nicht? Lies die Worterklärungen oder suche in einem Wörterbuch oder im Internet nach einer Erklärung.

die Wärmebildkamera: ein Gerät, um verschüttete Menschen zu finden, …

In den folgenden Abschnitten erfährst du mehr über die Bergwacht.

4 Lies auch die Abschnitte (4) und (5) mithilfe des Lese-Profis.

(4) Helfer auf vier Pfoten

Zur Bergwacht gehören auch **Rettungshunde und spezielle Lawinensuchhunde**. Sie können im Gebirge **bei der Suche nach vermissten Personen helfen**. Hunde haben eine sehr gute Spürnase. Sie besitzen über **220 Millionen Riechzellen** in ihrer Nase und können einen Menschen noch unter vier Meter tiefem Schnee erschnüffeln. Besonders geeignete Hunderassen sind Schäferhunde, Border Collies, Australien Shepards und Retriever.

(5) Ständig wachsende Herausforderungen

Sport in den Bergen wird immer beliebter. Doch viele **Sportlerinnen und Sportler unterschätzen** die **Gefahren der Berge** oder gehen **ohne** die **richtige Ausrüstung** in die Berge. Unfälle passieren täglich zu allen Jahreszeiten. Die Einsatzzahlen der Bergwacht steigen stetig an. Im **Winter** müssen **Skifahrer, Snowboarder** und **Verschüttete** gerettet werden. Im **Sommer** sind es vor allem **Wanderer** und **Bergsteiger**. Doch auch **Mountainbike-Fahrer** brauchen immer öfter Hilfe.

5 Welche weiteren Informationen hast du erhalten?
Notiere Stichworte mithilfe der Schlüsselwörter.

(4) Helfer auf vier Pfoten
- *Rettungshunde und spezielle Lawinensuchhunde helfen bei …*
- *…*

6 a. Vergleicht eure Stichworte.
b. Stellt euch gegenseitig W-Fragen zum Text und beantwortet sie.

Wer?, Wann?, Was?, Wo?, Wie?, Warum?

Das folgende Diagramm liefert dir weitere Informationen.
Du kannst es mit dem Lese-Profi für Grafiken erschließen.

7 Worüber informiert das Diagramm?
Lies die Überschrift und schreibe einen Satz auf.

Das Diagramm zeigt …

8 a. Sieh dir die Form des Diagramms an.
b. Lies die Beschriftungen der Achsen.

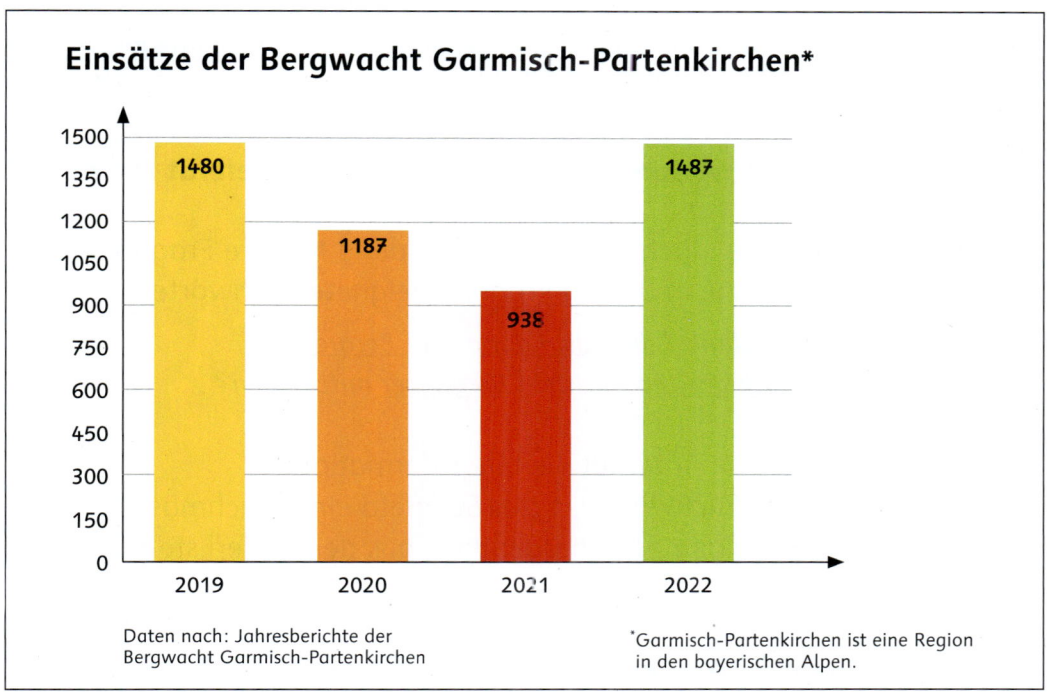

Einsätze der Bergwacht Garmisch-Partenkirchen*

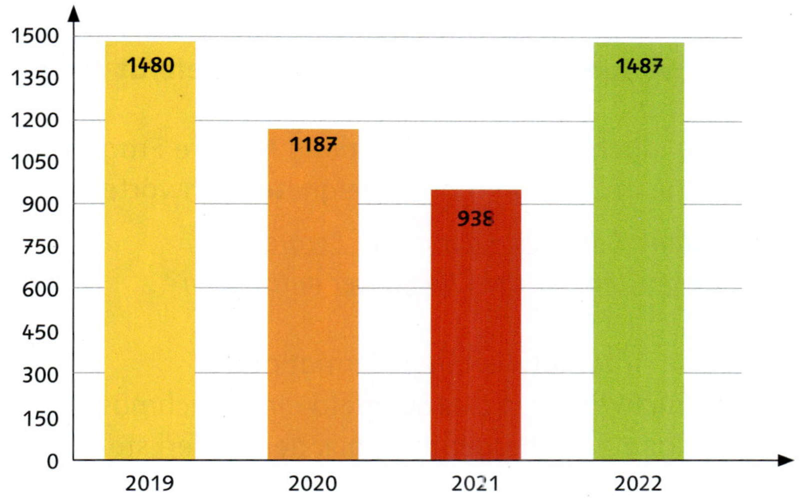

Daten nach: Jahresberichte der Bergwacht Garmisch-Partenkirchen

*Garmisch-Partenkirchen ist eine Region in den bayerischen Alpen.

Bei einem Säulendiagramm gilt: Je höher eine Säule ist, desto größer ist die Anzahl.

9 a. Sieh dir die Säulen für die einzelnen Jahre an und lies die Zahlen.
b. Welche Veränderung von 2019 bis 2022 kannst du ablesen?
Ergänze die folgenden Sätze.

Insgesamt 1480 Einsätze gab es in der Region Garmisch-Partenkirchen im Jahr ___. Im Jahr 2020 waren es ___ Einsätze. Die Anzahl der Einsätze der Bergwacht Garmisch-Partenkirchen war in 2021 ___.

Nach dem Lesen – das Referat vorbereiten

Schritt 4: Nach dem Lesen
Du arbeitest mit den Informationen aus dem Text weiter.

1 a. Was weißt du nun über das Thema Bergwacht?
Sieh dir deine Stichworte an.
b. Worüber möchtest du mehr erfahren? Was könnte deine Mitschülerinnen und Mitschüler noch interessieren?
Tipp: Du kannst aus den folgenden Vorschlägen auswählen.

die Ausbildung zum Bergretter | die verschiedenen Einsatzgeräte der Bergwacht | Lawinenhunde und ihre Ausbildung | verschiedene Einsatzarten | …

Du recherchierst weitere Informationen für dein Referat im Internet.

2 a. Was genau möchtest du herausfinden? Notiere Fragen.
b. Unterstreiche in deinen Fragen geeignete Suchwörter.

Wie lange dauert die Ausbildung zum Bergretter?
Welche Fähigkeiten muss ein Bergretter mitbringen? …

3 Recherchiere im Internet weitere Informationen.
a. Gib deine Suchwörter in das Suchfeld einer Suchmaschine ein.
b. Wähle geeignete Suchergebnisse aus der Trefferliste aus.
c. Drucke 1–2 kurze Texte aus und schreibe die Quellen darunter.

Deine recherchierten Texte wertest du mit dem Lese-Profi aus.

4 a. Lies die Texte mithilfe des Lese-Profis. ▶ Der Lese-Profi, S. 248
b. Notiere interessante Informationen in Stichworten.

5 Ordne deine gesammelten Informationen.
a. Mache dir Notizen auf Karteikarten.
b. Nummeriere deine Karteikarten in der richtigen Reihenfolge.

die Aufgaben der Bergwacht ①
– hilft, wenn in den Bergen ein Unfall passiert
– …

die Einsatzgeräte der Bergwacht ②
– verschiedene Einsatzgeräte für verschiedene Jahreszeiten
– …

6 Finde eine Überschrift für dein Referat.
Tipp: Du kannst auch die Überschrift vom Sachtext auf Seite 96 übernehmen.

Bilder veranschaulichen dein Referat.

7 a. Überlege, welche Bilder du in deinem Referat zeigen möchtest.
b. Suche im Internet geeignete Bilder. Notiere die Quellen.

8 Welches Bild passt an welche Stelle deines Referats?
Ordne deine Bilder passenden Karteikarten zu.
Tipp: Ergänze auf deinen Karteikarten, welche Bilder du zeigen möchtest.

Für dein Referat benötigst du eine Einleitung und einen Schluss.

9 Wie möchtest du das Interesse für dein Referat wecken?
Schreibe eine Einleitung. Stelle darin auch den Aufbau deines Referats vor.

Ich möchte heute über die Bergwacht sprechen. Hier seht ihr …
Erst werde ich …, dann …

10 Was findest du besonders wichtig an deinem Thema?
Schreibe einen Schluss auf.

Besonders wichtig finde ich, dass …

Dein Referat kannst du medial unterstützen.

11 Wähle aus: Gestalte ein Plakat oder eine Computer-Präsentation.

▶ Ein Referat medial unterstützen, S. 110–113

Zum Schluss übst du dein Referat.

12 Übe dein Referat. Beachte folgende Tipps:
- Sprich langsam und in ganzen Sätzen.
- Lege Pausen ein.
- Sieh die Zuhörerinnen und Zuhörer an.
- Zeige an passenden Stellen auf dein Plakat oder deine Folien.
- Stoppe die Zeit, falls du eine Zeitvorgabe bekommen hast.

Tipp: Du kannst dein Referat auch mit einer Partnerin / einem Partner üben.
Gebt euch gegenseitig Tipps, was ihr noch verbessern könnt.

Der Steinzeitmann Ötzi – lesen mit dem Lese-Profi

Du bereitest für deine Klasse ein Referat über den Steinzeitmann Ötzi vor. Der Sachtext liefert erste Informationen.

1 Lies den Sachtext mithilfe des Lese-Profis.

► Der Lese-Profi, S. 248

Schritt 1 und 2:
Vor dem Lesen
Beim ersten Lesen

Dirk Fischer

Sensationeller Fund in den Alpen

(1)

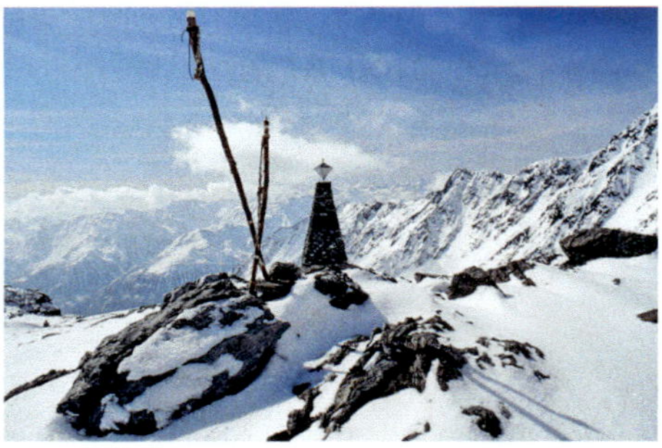

Der 19. September 1991 ist ein ungewöhnlich warmer Septembertag. Erika und Helmut Simon nehmen beim Abstieg in den Ötztaler Alpen, am Tisenjoch eine Abkürzung. Die beiden sind erfahrene Bergwanderer, sie sind nicht zum ersten Mal in den Bergen. 30 Meter neben dem Weg sieht Helmut Simon im Gletschereis etwas Bräunliches schimmern. Es ist ein Toter, der mit dem Gesicht nach unten im Eis liegt. Die beiden denken an einen verunglückten Kletterer, machen Fotos und melden den Fund in der Berghütte. Am nächsten Tag muss eine österreichische Mannschaft ihren ersten Bergungsversuch[1] abbrechen, da das Wetter umschlägt. Nur ein merkwürdiges Werkzeug kann sichergestellt werden. Erst am Montag gelingt es, die Leiche und weitere Werkzeuge mit einem Presslufthammer aus dem Eis zu lösen.

[1] der Bergungsversuch: hier: der Versuch, die Leiche in Sicherheit zu bringen

(2)

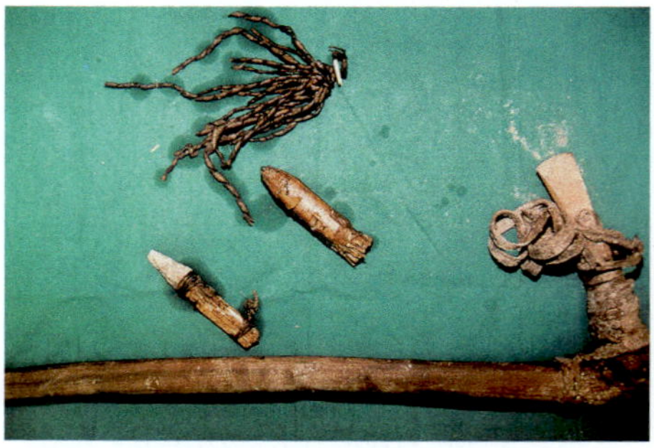

Noch hat niemand erkannt, worauf die beiden Wanderer gestoßen sind. Doch dann untersucht Professor Konrad Spindler vom Institut für Ur- und Frühgeschichte der Universität Innsbruck den Fund. Er findet heraus, dass sowohl die Leiche als auch die Werkzeuge auf ein Alter von mindestens 4 000 Jahren hindeuten. Das merkwürdige Werkzeug des Toten entpuppt sich als Kupferzeit[2]-Axt. Eine wissenschaftliche Sensation.

Das Besondere an dieser Mumie ist, dass der Körper nicht präpariert[3] und einbalsamiert wurde wie bei den ägyptischen Mumien. Hier ist ein **Mann** mitten aus dem Leben gerissen worden, mitsamt seiner **Kleidung** und seiner **Ausrüstung**, und **im ewigen Eis erhalten** geblieben. Er wurde nur **sichtbar**, weil dieser Sommer so warm war. Die **Oberfläche des Eises taute an** und wurde durchsichtig. Die Leiche wurde „Ötzi“ genannt nach ihrem Fundort in den Ötztaler Alpen.

[2] die Kupferzeit: ein Abschnitt der Jungsteinzeit von ca. 4000 – 2000 vor Christus
[3] präparieren: hier: eine Leiche durch eine spezielle Behandlung auf Dauer haltbar machen

(3)

Wie ist Ötzi gestorben? Sein Todeszeitpunkt liegt zwischen 3359 und 3105 vor Christus. Genauer lässt sich das bis heute durch die beste Untersuchungsmethode nicht klären. **Die Mumie ist also rund 5250 Jahre alt**. Der Leichnam ist nahezu unversehrt und vollständig. **Ötzi** muss etwa **46 Jahre alt** gewesen sein. Das ist für die damalige Zeit sehr alt. Seine Größe wird auf **über 1,60 Meter** geschätzt. Der Oberkörper weist einen **Pfeilschuss in die linke Schulter** auf, der **Schädel** ist **verletzt** und es gibt einige **Schnittverletzungen an den Armen**, die von einem Nahkampf stammen könnten. Vieles deutet darauf hin, dass **Ötzi ermordet** wurde. Genaueres zu seinem Tod kann man nur vermuten. Was Ötzi in den Ötztaler Alpen machte – auch darüber lässt sich nur spekulieren. Seine Kleidung und seine Ausrüstung lassen jedoch darauf schließen, dass er **für den Aufenthalt im hohen Gebirge bestens vorbereitet** war.

(4)

Die **Entdeckung** von Ötzi löste einen **touristischen Ansturm auf das Ötztal** aus. **Seit März 1998** ist die Gletschermumie **im Südtiroler Archäologiemuseum in Bozen** ausgestellt. **Tausende von Besucherinnen und Besuchern** lockt die Mumie jährlich an. Der Körper von Ötzi wird **in einer Kühlzelle** gelagert, die der Temperatur und Luftfeuchtigkeit im Inneren des Gletschers entspricht. Ein neues und größeres Ötzi-Museum soll noch weitere Besuchermassen anziehen.

Was in einem Abschnitt steht, gehört inhaltlich zusammen.

Schritt 3:
Beim ersten Lesen

2 Wähle für jeden Abschnitt (1) – (4) eine passende Zwischenüberschrift aus oder formuliere eigene.

Ötzi als Touristenmagnet | Die Entdeckung von Ötzi | Die Untersuchung des Leichnams | Eine wissenschaftliche Sensation

3 Was erfährst du in den einzelnen Abschnitten?
a. Stelle W-Fragen an die einzelnen Abschnitte.
b. Notiere die wichtigsten Informationen zu jedem Abschnitt in Stichworten.
Tipp: Die Schlüsselwörter helfen dir dabei.

Unbekannte Wörter kannst du oft aus dem Textzusammenhang erklären.

MK

4 Welche Wörter im Text verstehst du nicht?
– Prüfe zunächst, ob du eine Worterklärung unter dem Text findest oder das Wort aus dem Textzusammenhang erklären kannst.
– Falls nötig, schlage das Wort in einem Lexikon nach oder suche im Internet nach einer Erklärung.

Die Karte und das Diagramm liefern dir weitere Informationen.
Du erschließt sie mit dem Lese-Profi für Grafiken.

▶ Der Lese-Profi für Grafiken, S. 94

5 Lies die Karte mit dem Lese-Profi für Grafiken.
– Welche Länder sind abgebildet?
– Welche Angaben enthält die Legende oben rechts in der Ecke?

6 Welche Informationen liefert die Karte? Schreibe einen Satz auf.
Die Karte zeigt …
Der Fundort von Ötzi befindet sich …

2 *(1) Die Entdeckung von Ötzi, …*

3 ***mögliche W-Fragen zu Abschnitt (1):***
Wann wurde die Leiche von Ötzi gefunden? Wer hat sie gefunden? Wo wurde Ötzi gefunden? Warum war die Leiche sichtbar? …

7 Worüber informiert das Diagramm? Lies die Überschrift des Diagramms und schreibe einen Satz auf.

Die beliebtesten Museen in Südtirol nach Besucherzahlen

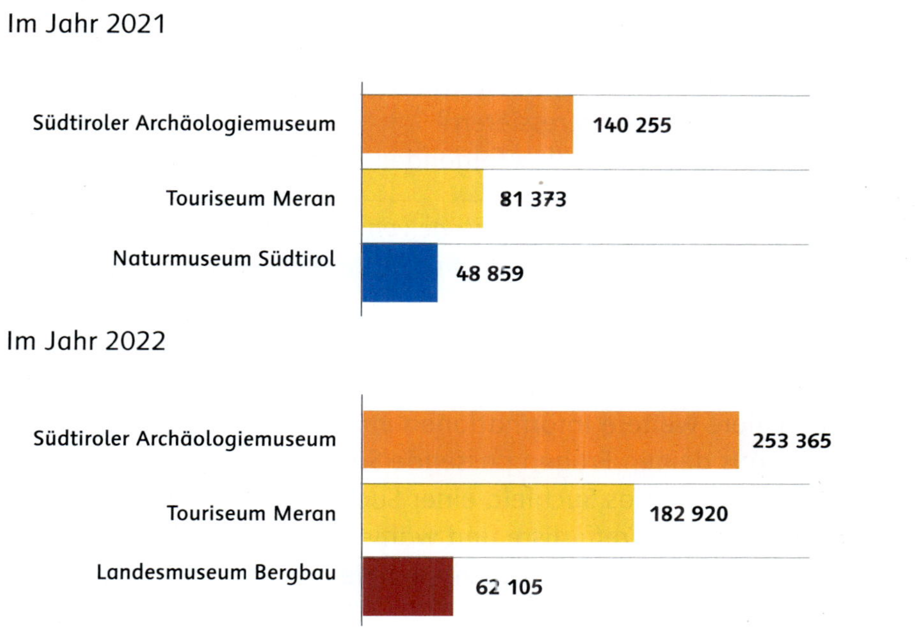

Daten nach: Neue Südtiroler Tageszeitung vom 26.01.2022 (für 2021); stol.it – Nachrichten für Südtirol vom 17.01.2023 (für 2022)

Bei einem Balkendiagramm gilt: Je länger ein Balken ist, desto größer ist die Menge.

8 Welche Informationen kannst du aus dem Diagramm ablesen? Schreibe Sätze auf.
- Welcher Zahlenwert ist am höchsten?
- Was fällt dir beim Vergleich der Zahlenwerte auf?

9 Welche Aussage in Abschnitt (4) wird durch die Grafik bestätigt? Schreibe die Aussage auf.

7 *Das Diagramm informiert über …*

8 *Am beliebtesten war in den Jahren … und … das …*
Es hatte … Besucher.
Ebenfalls sehr beliebt …

Nach dem Lesen – das Referat vorbereiten

Du arbeitest mit den Informationen aus dem Text weiter und recherchierst zusätzliche Informationen.

Schritt 4:
Nach dem Lesen

1 a. Was weißt du nun über den Steinzeitmann Ötzi? Sieh dir deine Stichworte an.
b. Worüber möchtest du mehr erfahren? Was könnte deine Mitschülerinnen und Mitschüler noch interessieren?
Tipp: Du kannst aus den folgenden Vorschlägen auswählen.

die Ausrüstung und die Werkzeuge von Ötzi | die Kleidung von Ötzi | Vermutungen über Ötzis Tod | Ötzi als Touristenmagnet | …

2 Was genau möchtest du herausfinden? Notiere Fragen.

3 Recherchiere weitere Informationen im Internet.
a. Leite aus deinen Fragen passende Suchwörter ab und gib sie in das Suchfeld einer Suchmaschine ein.
b. Überfliege die Trefferliste und wähle geeignete Texte aus.
c. Drucke die Texte aus und schreibe die Quellen unter die Texte.

▶ Im Internet recherchieren, S. 91

4 a. Lies die Texte mithilfe des Lese-Profis.
b. Notiere interessante Informationen in Stichworten.

▶ Der Lese-Profi, S. 248

Mit Bildern kannst du deine Informationen veranschaulichen.

5 a. Überlege, welche Bilder du in deinem Referat zeigen möchtest.
b. Suche im Internet geeignete Bilder. Notiere die Quellen.

Damit die Zuhörerinnen und Zuhörer deinem Referat gut folgen können, solltest du die einzelnen Informationen ordnen.

6 In welcher Reihenfolge möchtest du die Informationen zu Ötzi vortragen? Erstelle eine Gliederung für dein Referat.

(1) Die Entdeckung von Ötzi
(2) …
…

2 *Welche Werkzeuge trug Ötzi bei sich? Wofür konnte man sie benutzen? …*

7 **a.** Lege zu jedem Gliederungspunkt Karteikarten an und notiere darauf Stichworte für deinen Vortrag.
b. Nummeriere deine Karteikarten in der richtigen Reihenfolge.
c. Ordne deine Bilder aus Aufgabe 5 passenden Karteikarten zu.
Tipp: Ergänze auf deiner Karteikarte auch einen Hinweis auf das Bild.

(1) Die Entdeckung von Ötzi:
– Erika und Helmut Simon entdecken Leichnam am 19.09.1991
– in den Ötztaler Alpen am Tisenjoch → Foto 3 zeigen
– …

Mit der Überschrift und der Einleitung weckst du das Interesse für dein Referat. Am Ende deines Referats betonst du noch einmal, was du wichtig findest.

8 Finde eine Überschrift für dein Referat.

9 Entwirf eine Einleitung. Nenne dein Thema und stelle deine Gliederung vor.

10 Schreibe einen Schluss für dein Referat.

Dein Referat kannst du medial unterstützen.

MK **11** Wähle aus: Gestalte ein Plakat oder eine Computer-Präsentation.

▶ Ein Referat medial unterstützen, S. 110–113

Zum Schluss übst du dein Referat.

12 Übe dein Referat. Beachte folgende Tipps:
- Sprich langsam und in ganzen Sätzen. Lege Pausen ein.
- Halte Blickkontakt zu den Zuhörerinnen und Zuhörern. Sieh möglichst wenig auf deine Karteikarten.
- Zeige an passenden Stellen auf dein Plakat oder deine Präsentationsfolien.
- Stoppe die Zeit, falls du eine Zeitvorgabe bekommen hast.

Tipp: Du kannst dein Referat auch mit einer Partnerin / einem Partner üben. Gebt euch gegenseitig Tipps, was ihr noch verbessern könnt.

9 *Ich möchte euch heute über … informieren. Hier seht ihr … Als Erstes …, dann …*

10 *Zum Schluss möchte ich noch einmal betonen, dass …*

Die Referate präsentieren

Ihr habt Referate vorbereitet und präsentiert sie nun euren Mitschülerinnen und Mitschülern. Sie hören aufmerksam zu und machen sich Notizen.

1 Nutzt die folgenden Checklisten, um euch zu euren Referaten gegenseitig ein Feedback zu geben.

a. Teilt die Klasse in Dreiergruppen ein.
b. Verteilt die Beobachtungsaufträge in eurer Gruppe. Einigt euch, wer schwerpunktmäßig auf den Inhalt, wer auf den Vortrag und wer auf die Medien achtet.
c. Macht euch beim Zuhören Notizen zu den Punkten auf eurer Checkliste.

Checkliste: Inhalt	Ja	Nein
1. Deine Überschrift passte zum Thema deines Referats.		
2. Du hast die Informationen zu deinem Thema verständlich und in eigenen Worten wiedergegeben.		
3. Du hast die Informationen in einer sinnvollen Reihenfolge vorgetragen.		
4. Du hast in deiner Einleitung unser Interesse geweckt und deine Gliederung vorgestellt.		
5. Du hast zum Schluss betont, was du besonders wichtig findest.		
6. Du hast alle verwendeten Quellen angegeben.		

Checkliste: Vortrag	Ja	Nein
1. Du hast langsam, laut und deutlich gesprochen.		
2. Du hast frei gesprochen und deine Klasse angesehen.		
3. Du standest so, dass dich alle sehen konnten.		
4. Du hast an passenden Stellen auf dein Plakat / deine Folien gezeigt.		

Checkliste: Medien	Ja	Nein
1. Dein Plakat / Deine Folien waren gut lesbar.		
2. Dein Plakat / Deine Folien waren übersichtlich gestaltet.		
3. Dein Plakat / Deine Folien enthielten nur die wichtigsten Informationen.		
4. Dein Plakat / Deine Folien enthielten Bilder.		

Die Referate gemeinsam auswerten

Ob ein Referat gut gelungen ist, können am besten die Zuhörerinnen und Zuhörer beurteilen.

1 a. Wertet das Referat mithilfe eurer Notizen gemeinsam aus.
Geht nacheinander die einzelnen Checklisten (Inhalt, Vortrag, Medien) durch.
- Was war jeweils gelungen?
- Was könnte noch verbessert werden?

b. Notiert zu jeder Bewertung Stichworte für eine Begründung.

Paul und Naomi haben zusammen in einer Gruppe gearbeitet und geben ihrer Mitschülerin ein Feedback. Sie sagen zunächst, was ihnen gut gefallen hat.

Mir gefällt dein Plakat, weil es sehr übersichtlich ist. Ich finde auch, dass du an den passenden Stellen darauf gezeigt hast.

Ich fand gut, dass du uns so viele interessante Zahlen und Fakten zu den Einsätzen einer Bergwacht präsentiert hast.

2 Gebt euch eine Rückmeldung zu euren Referaten.
Haltet die Gesprächsregeln ein und formuliert Ich-Botschaften.
- Was fandet ihr besonders gut gelungen?
- Welche Anregungen möchtet ihr geben?

3 Was ist für ein gelungenes Referat besonders wichtig?

Abschließend wertet ihr eure Arbeit in diesem Kapitel aus.

4 Ihr habt in den Referaten einiges über die Alpen erfahren.
- Was fandet ihr interessant? Was hat euch neugierig gemacht?
- Was wusstet ihr bereits?

5 Ihr habt Texte und Grafiken gelesen und Referate vorbereitet.
- Was fandet ihr leicht? Was fandet ihr schwierig?
- Was ist euch bereits gut gelungen? Was müsst ihr noch üben?

2 *Mir hat besonders gut gefallen, dass … Besonders gelungen fand ich …*
Ich finde, du könntest deine Präsentation noch verbessern, indem du …
Ich gebe dir den Tipp, …

Ein Referat medial unterstützen

Ein Plakat gestalten

Anna möchte für ihr Referat über Alpensteinböcke ein Plakat gestalten und hat sich dafür Stichworte notiert.

Alpensteinböcke
- *leben in den Alpen auf 2 000–3 500 m Höhe, oberhalb der Waldgrenze, aber nicht im Eis*
- *haben bis zu 1 m lange Hörner und dichtes Fell, das sie vor Kälte und Nässe schützt*
- *sind Pflanzenfresser:*
  - *fressen im Sommer Kräuter, Knospen und Triebe von Latschenkiefern*
  - *fressen im Winter Baumrinde*
- *leben in Rudeln (= in Gruppen) zusammen*
  - *die Weibchen mit den Jungtieren*
  - *die Männchen in eigenen Rudeln*

Anna möchte die Informationen für ihr Plakat sinnvoll ordnen.

1 Zu welchen Überschriften passen Annas Stichworte jeweils? Ordnet zu.

das Aussehen | die Nahrung | der Lebensraum | das Sozialverhalten

Auf ihrem Plakat möchte Anna Bilder zur Veranschaulichung ergänzen.

2 Anna hat verschiedene Bilder im Internet recherchiert.
a. Seht euch die Bilder an.
- Sind die Bilder informativ? Helfen sie beim Verständnis?
- Sind die Bilder auch von Weitem zu erkennen?

b. Welche Bilder würdet ihr für das Plakat auswählen? Begründet.

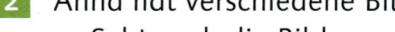

Anna überlegt, wie sie ihr Plakat aufbauen soll.

3 a. Seht euch die Skizzen A und B an.
b. Welcher Aufbau des Plakats erscheint für Annas Thema besser geeignet? Begründet.

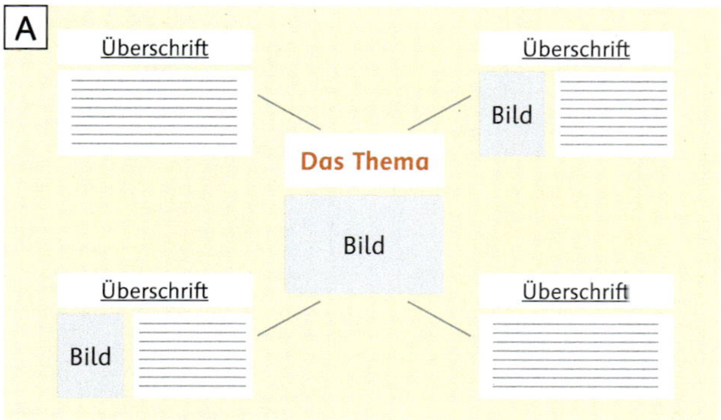

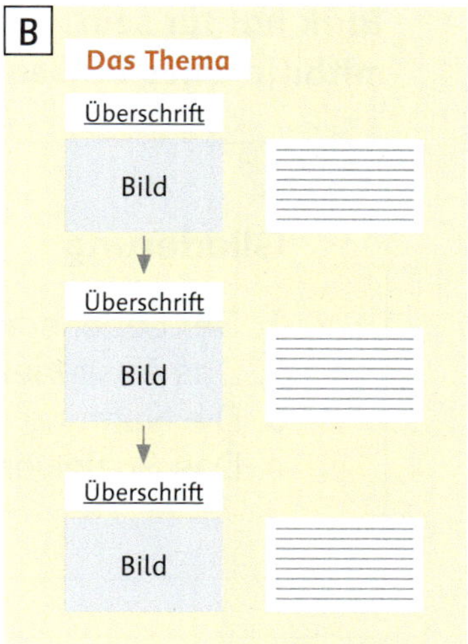

Wählt eine der Aufgaben 4 1 oder 4 2 aus.

4 1 Gestaltet das Plakat zum Thema Alpensteinböcke für Anna.

4 2 Gestalte ein Plakat für dein eigenes Referat zum Thema Alpen.

Arbeitstechnik

Ein Plakat gestalten

- **Lege** die **Arbeitsmaterialien bereit**: ein großes Blatt Papier (A2- oder A3-Format), Lineal, Bleistift, dicke Filzstifte, Schere, Kleber, eventuell Schriftschablonen.
- **Wähle** geeignete **Informationen** und **Bilder aus**.
- **Lege fest, wie** du die Informationen und Bilder auf deinem Plakat **anordnen** möchtest. Erstelle eine Skizze oder zeichne den Aufbau mit einem Bleistift vor.
- **Finde** eine passende **Überschrift**. (Schreibe Überschriften mindestens 4 cm und Teilüberschriften mindestens 3 cm hoch.)
- **Klebe** die **Bilder** sauber **auf**. **Ergänze Bildunterschriften** (mindestens 2 cm hoch) und **notiere** darunter in kleinerer Schrift die **Quellen**.
- **Schreibe** die **Informationen gut lesbar** und groß genug in Druckschrift auf. Verwende eine Schriftfarbe, die auf dem Papier gut lesbar ist.
- **Hebe** wichtige Informationen **hervor**. Verwende aber nicht zu viele Farben.

5 Hängt eure Plakate in der Klasse auf und wertet sie gemeinsam aus:
- Was ist gut gelungen?
- Welche Anregungen könnt ihr noch geben?

Eine Computer-Präsentation gestalten

Tarik hat für sein Referat über Alpenmurmeltiere eine Präsentation mithilfe eines Präsentationsprogramms* am PC gestaltet.

Gliederung:

1. Der Lebensraum
2. Das Aussehen
3. Die Nahrung
4. Das Sozialverhalten

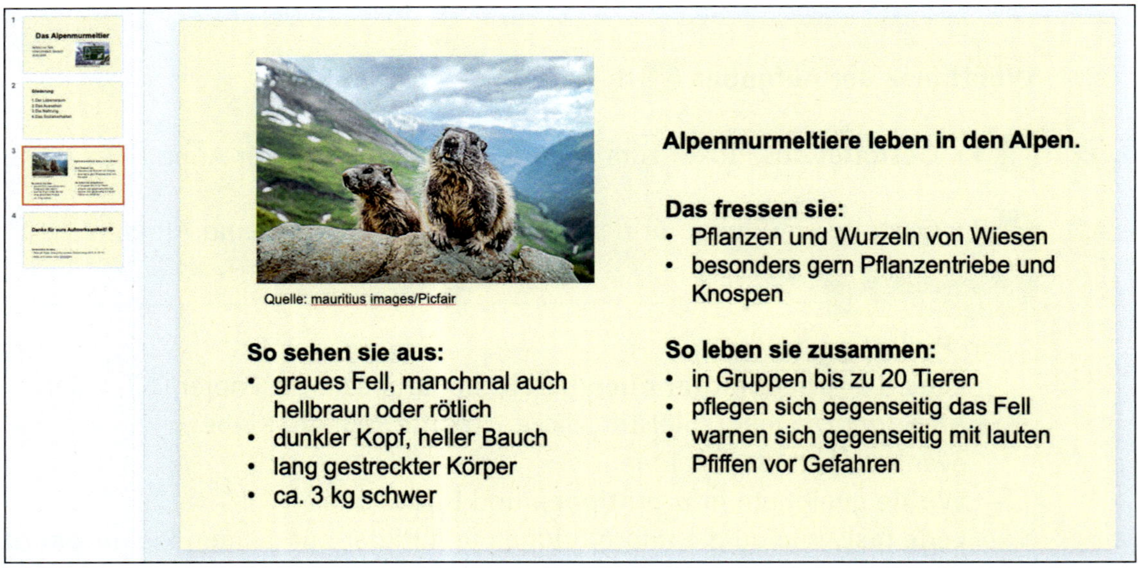

Quelle: mauritius images/Picfair
Alpenmurmeltiere leben in den Alpen.
Das fressen sie:
• Pflanzen und Wurzeln von Wiesen
• besonders gern Pflanzentriebe und Knospen
So sehen sie aus:
• graues Fell, manchmal auch hellbraun oder rötlich
• dunkler Kopf, heller Bauch
• lang gestreckter Körper
• ca. 3 kg schwer
So leben sie zusammen:
• in Gruppen bis zu 20 Tieren
• pflegen sich gegenseitig das Fell
• warnen sich gegenseitig mit lauten Pfiffen vor Gefahren

1 Seht euch Tariks Gliederung und seine Computer-Präsentation an.
- Was ist gut gelungen?
- Was könnte Tarik noch besser machen?

**Ein Präsentationsprogramm arbeitet mit Folien, die während des Vortrags nacheinander gezeigt werden.*

1 ***Die folgenden Fragen helfen euch:***
- *Ist die Folie übersichtlich? Enthält sie nur wenige Stichworte?*
- *Lässt sich der Inhalt schnell erfassen?*
- *Gibt es eine gesonderte Folie für jeden Gliederungspunkt des Referats?*
- *Ist das Layout der einzelnen Folien einheitlich?*

Tarik hat für seine Computer-Präsentation eine Startfolie und eine Schlussfolie gestaltet.

2 Seht euch die Folien an:
- Welche Informationen enthält die Startfolie?
- Welche Informationen enthält die Schlussfolie?

Das Alpenmurmeltier
Referat von Tarik
Unterrichtsfach: Deutsch
22.02.2020
Murmeltiere
Marmots-Marmottes
Marmotte
Quelle: stock.adobe.com/Andy Ilmberger

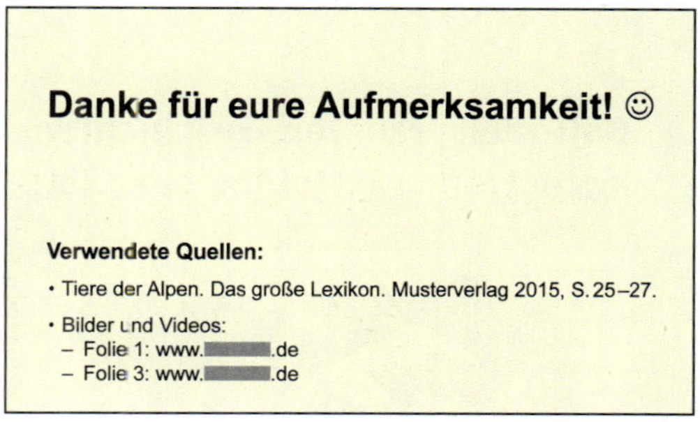
Danke für eure Aufmerksamkeit! ☺
Verwendete Quellen:
• Tiere der Alpen. Das große Lexikon. Musterverlag 2015, S. 25–27.
• Bilder und Videos:
– Folie 1: www.[redacted].de
– Folie 3: www.[redacted].de

Wählt eine der Aufgaben 3 1 oder 3 2 aus.

3 1 Überarbeitet Tariks Computer-Präsentation zum Thema Alpenmurmeltiere mit dem PC.

3 2 Gestalte eine Computer-Präsentation für dein eigenes Referat zum Thema Alpen.

Arbeitstechnik

Eine Präsentation am Computer gestalten
- **Wähle** eine gut lesbare **Schriftart, Schriftfarbe, Schriftgröße** (ab 24 Punkt). Die Überschrift sollte noch größer sein (ab 36 Punkt).
- **Wähle** einen **Zeilenabstand** von mindestens 1,5 Punkt.
- **Wähle** für alle Folien denselben **Hintergrund**. Auf hellen und blassen Farben kann besser gelesen werden.
- **Lege für jeden Gliederungspunkt** eine neue **Folie an**.
- **Schreibe Stichworte** auf und verwende Aufzählungszeichen. Auf den Folien darf nicht zu viel Text stehen.
- **Füge Materialien zur Veranschaulichung** an passenden Stellen **ein** (z. B. Fotos, Videos oder Tonaufnahmen).
- **Gib** die **Quellen** direkt unter den Materialien oder auf deiner Schlussfolie **an**.

4 Präsentiert euch gegenseitig eure Folien und wertet sie gemeinsam aus:
- Was ist besonders gut gelungen?
- Was kann noch verbessert werden?

6 Unterwegs sein – *Balladen lesen, vortragen, Inhalte zusammenfassen*

Balladen erzählen Geschichten. Sie handeln oft von Liebe, Katastrophen, Helden oder Tod.

A

B

C

Die Bilder gehören zu verschiedenen Balladen.

1 Was seht ihr auf den Bildern?
- Welche Figuren erkennt ihr?
- Womit sind die Figuren unterwegs?
- Wohin könnten die Figuren unterwegs sein? Warum?

2 Was könnte der Inhalt der Balladen sein?

Diese Textausschnitte gehören zu verschiedenen Balladen.

1

Und brennt der Himmel, so sieht man's gut:
Ein Wrack auf der Sandbank! Noch wiegt es die Flut;
Gleich holt sich's der Abgrund.
[...]
Nis Randers lugt – und ohne Hast
Spricht er: „Da hängt noch ein Mann im Mast;
Wir müssen ihn holen.“ V

2

John Maynard war unser
Steuermann, aus hielt er,
bis er das Ufer gewann. V

3

Wer reitet so spät
durch Nacht und Wind?
Es ist der Vater
mit seinem Kind. V

3 Welche Textausschnitte könnten zu welchem Bild passen?

4 Welche Gedichtmerkmale findet ihr in den Textausschnitten?

5 Erzählt zu einem der Bilder oder zu einem der Textausschnitte eure Gedanken.

6 Unterwegs sein –
Balladen lesen, vortragen, Inhalte zusammenfassen

In diesem Kapitel lernt ihr verschiedene Balladen und ihre Merkmale kennen. Ihr untersucht die Balladen und fasst den Inhalt zusammen. Außerdem tragt ihr die Balladen der Klasse vor.

Nis Randers – eine Ballade lesen

Die folgende Ballade erzählt von einem jungen Mann namens Nis Randers, der jemanden rettet.

1 a. Seht euch die Bilder an und lest die Überschrift. Was könnte der Inhalt der Ballade sein?

▶ Der Lese-Profi, S. 248

b. Lest die hervorgehobenen Schlüsselwörter. Was wisst ihr jetzt?

2 Lest die Ballade gemeinsam, lasst sie euch vorlesen oder hört euch eine Vertonung an.

Nis Randers

Otto Ernst (1901)

Krachen und Heulen und berstende Nacht[1],
Dunkel und Flammen in rasender Jagd –
Ein Schrei durch die Brandung[2]!

Und brennt der Himmel, so sieht man's gut:
Ein Wrack[3] auf der Sandbank! Noch wiegt es die Flut;
Gleich holt sich's der Abgrund.

Nis Randers lugt[4] – und ohne Hast
Spricht er: „Da hängt noch **ein Mann im Mast**;
Wir müssen ihn holen."

Da **fasst ihn die Mutter**: „Du steigst mir nicht ein:
Dich will ich behalten, du bliebst mir allein,
Ich will's, deine Mutter!

Dein Vater ging unter und Momme, mein Sohn;
Drei Jahre verschollen ist Uwe schon,
Mein Uwe, mein Uwe!"

Nis tritt auf die Brücke. Die Mutter ihm nach!
Er **weist nach dem Wrack** und **spricht** gemach[5]:
„**Und seine Mutter**?"

[1] die berstende Nacht: ein lautes Unwetter in der Nacht
[2] die Brandung: die Wellen, die auf die Küste auftreffen
[3] ein Wrack: ein stark beschädigtes Schiff
[4] Nis lugt: er blickt aufmerksam, er hält Ausschau
[5] er spricht gemach: er spricht ruhig und langsam

Nun **springt** er **ins Boot**, und **mit ihm noch sechs**:
Hohes, hartes Friesengewächs[6];
Schon **sausen die Ruder**.

Boot oben, Boot unten, ein Höllentanz!
Nun muss es zerschmettern ...! Nein: es blieb ganz! ...
Wie lange? Wie lange?

Mit feurigen Geißeln[7] **peitscht das Meer**
Die menschenfressenden Rosse[8] daher;
Sie schnauben und schäumen.

Wie hechelnde Hast sie zusammenzwingt!
Eins auf den Nacken des andern springt
Mit stampfenden Hufen!

Drei Wetter zusammen! Nun brennt die Welt!
Was da? – Ein Boot, das landwärts hält[9] –
Sie sind es! **Sie kommen**! – –

Und **Auge und Ohr** ins Dunkel **gespannt** ...
Still – ruft da nicht einer? – **Er schreit's** durch die Hand:
„Sagt Mutter, **'s ist Uwe**!"

[6] hohes, hartes Friesengewächs: Männer von der Küste, aus Friesland
[7] die Geißeln: die Peitschen
[8] die Rosse: die Pferde; hier: die stürmischen Wellen
[9] landwärts halten: auf die Küste zufahren

3 a. Wann und wo spielt die Ballade?
b. Was erfahrt ihr über Nis Randers?
c. Wen rettet Nis?

4 a. An welcher Stelle findet ihr die Ballade besonders spannend? Begründet.
b. Welche Textstellen sind euch noch unklar? Klärt gemeinsam.

5 a. Bildet Gruppen und spielt die Geschichte szenisch so nach, wie ihr sie versteht.
Tipp: Ihr könnt dabei die Dialoge* der Ballade verwenden oder sie in eigene Worte übersetzen.
b. Wertet das szenische Spiel gemeinsam aus:
Wie hat es euch geholfen, die Ballade noch besser zu verstehen?

Ein Dialog ist ein Gespräch zwischen zwei oder mehreren Personen.

Inhalte zusammenfassen

Balladen erzählen Geschichten.
Mit den Handlungsbausteinen könnt ihr die Ballade besser verstehen.

1 Worum geht es in der Ballade Nis Randers?
Beantwortet die Fragen zu den Handlungsbausteinen in Stichworten:
- Welche Figuren stehen im Mittelpunkt? In welcher Situation befinden sie sich?
- Was hat Nis Randers vor?
- Wer möchte ihn an seinem Plan hindern?
- Wie reagiert er darauf?
- Wie endet die Ballade?

die Handlungsbausteine:
- die Figuren und die Situation
- der Wunsch
- das Hindernis
- die Reaktion
- das Ende

Ihr fasst den Inhalt der Ballade mit eigenen Worten zusammen.
So könnt ihr andere kurz und sachlich über den Inhalt informieren.

2 **a.** Sammelt wichtige Informationen zur Ballade gemeinsam an der Tafel:
- die Textsorte
- der Titel
- der Autor
- das Erscheinungsjahr

die Textsorte: eine Ballade

b. Was ist das Thema der Ballade? Formuliert es mithilfe der folgenden Stichworte. Schreibt im Präsens.

Nis | in einer stürmischen Nacht | aus einem Wrack | einen Seemann retten | unter Einsatz seines Lebens

3 Formuliert eine Einleitung. Nennt darin alle wichtigen Informationen.
- Verwendet eure Ergebnisse von Aufgabe 2.
- Schreibt im Präsens (Gegenwart).

In der Ballade … von … aus dem Jahr … geht es um …

4 Formuliert den Hauptteil. Fasst darin das Wichtigste der Handlung mit eigenen Worten zusammen.
- Verwendet dazu eure Stichworte zu den Handlungsbausteinen aus Aufgabe 1.
- Schreibt im Präsens (Gegenwart).

Am Anfang sind Nis und seine Mutter …

2 **a.** *Eine Textsorte ist zum Beispiel: ein Gedicht, eine Ballade, ein Sachtext, ein Märchen …*

Balladenmerkmale erkennen, ausdrucksvoll vortragen

Balladen haben die Form und Sprache eines Gedichts.

1 Welche Gedichtmerkmale erkennt ihr? Untersucht die Form der Ballade.
- Wie viele Strophen (Abschnitte) hat die Ballade?
- Aus wie vielen Versen (Zeilen) bestehen die Strophen?
- Welche Reimwörter findet ihr?
- Welche Reimformen erkennt ihr?

2 Welche sprachlichen Bilder verwendet der Autor?
Geht in drei Schritten vor: Think – Pair – Share.

▶ Sprachliche Bilder, S. 120

a. Lies, wie die Nacht und das Meer beschrieben werden. Achte auf die sprachlichen Bilder. Think.

▶ Strophen 1 und 2, Strophen 9 und 10

b. Besprecht gemeinsam die sprachlichen Bilder und was sie beim Leser auslösen. Pair.

c. Stellt eure Ergebnisse in der Klasse vor. Share.

Balladen sind oft spannend aufgebaut.
Durch wörtliche Rede wird das Geschehen lebendig und anschaulich.

3 **a.** Wie wird die Spannung in der Ballade erzeugt? Wählt Textstellen aus und begründet eure Auswahl.
b. An welchen Stellen reden die Figuren miteinander? Findet die Strophen mit wörtlicher Rede und lest sie vor.

Balladen erzählen eine dramatische Geschichte in Gedichtform. Das könnt ihr zum Ausdruck bringen, wenn ihr die Ballade ausdrucksvoll vortragt.

4 Wie würdet ihr die Ballade vortragen?
a. Lest die Ballade mehrmals, probiert verschiedene Möglichkeiten aus.
b. Fertigt eine Lesepartitur an:
- Schreibt die Ballade ab und lasst eine Zeile über jedem Vers frei.
- Tragt Vortragszeichen ein.

5 **a.** Tragt die Ballade mithilfe eurer Lesepartitur vor.
b. Gebt euch gegenseitig ein Feedback.

Info

Die **Vortragszeichen** in einer Lesepartitur zeigen an, wie eine Ballade vorgetragen werden soll:

______	= Wörter/Wortgruppen betonen
<	= lauter werden
>	= leiser werden
|	= Pause

1 *Reimformen sind zum Beispiel: der Paarreim (aabb), der Kreuzreim (abab), der umarmende/umschließende Reim (abba).*

Was sind Balladen?

Balladen erzählen eine spannende Geschichten. Es gibt Figuren und eine Handlung. Mit den Handlungsbausteinen kann ich den Inhalt besser verstehen.

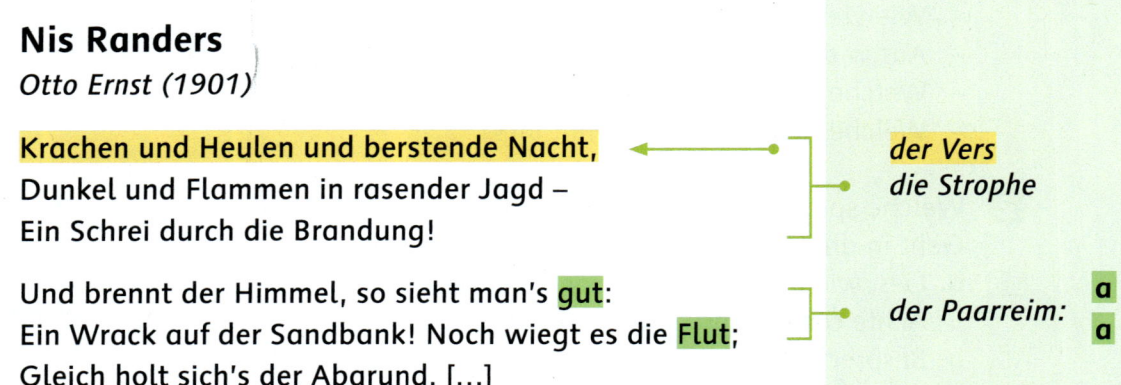

Nis Randers
Otto Ernst (1901)

Krachen und Heulen und berstende Nacht, ← *der Vers*
Dunkel und Flammen in rasender Jagd –
Ein Schrei durch die Brandung! ← *die Strophe*

Und brennt der Himmel, so sieht man's gut: — a
Ein Wrack auf der Sandbank! Noch wiegt es die Flut; — a ← *der Paarreim:*
Gleich holt sich's der Abgrund. […]

Info

Balladen enthalten **Merkmale** von einer Erzählung, einem Gedicht und einem Theaterstück.

Balladen **erzählen eine Geschichte**.
- Oft erzählen sie von spannenden Abenteuern oder besonderen Taten.
- Die Handlung ist abgeschlossen.
- Meist erzählt ein außenstehender Betrachter (Er-/Sie-Erzähler).

Balladen **haben die Form und Sprache eines Gedichts**.
- Sie haben Verse, Strophen und Reime.
- Die Sprache der Ballade ist besonders.

Klingende Sprache: Ich kann mir das Geschehen gut vorstellen.
Und hüpften und trabten
Und putzten und schabten …

Wörtliche Rede: Das Geschehen wirkt lebendig und anschaulich.
O dass ich eine Närrin wär!
Ein'n Käfer nehm ich nimmermehr.

Balladen **stellen ein dramatisches Geschehen wie ein Theaterstück dar**.
- Meist handeln sie von einer Heldin oder einem Helden, die/der in eine schwierige Situation gerät.
- Sie enthalten oft Dialoge, die man auch auf einer Bühne spielen könnte.

Inhalte zusammenfassen, gestaltend vortragen

Ich kann den Inhalt einer Ballade zusammenfassen.
So kann ich andere kurz und sachlich über den Inhalt informieren.

Mit dieser Checkliste kann ich überprüfen, ob ich alle wichtigen Informationen genannt und die wesentlichen Inhalte zusammengefasst habe.

Checkliste: Inhalte zusammenfassen	Ja	Noch nicht
Ich habe in der Einleitung alle wichtigen Informationen genannt:		
– die Textsorte	☐	☐
– den Titel	☐	☐
– die Autorin / den Autor	☐	☐
– das Erscheinungsjahr	☐	☐
– das Thema		
Ich habe das Wichtigste der Handlung mithilfe der Handlungsbausteine zusammengefasst:		
– die Figuren und die Situation	☐	☐
– der Wunsch	☐	☐
– das Hindernis / das Problem	☐	☐
– die Reaktion / die Lösung	☐	☐
– das Ende	☐	☐
Ich habe im Präsens geschrieben.	☐	☐

Eine Ballade, die ich verstehe, kann ich gestaltend vortragen.
Mit einer Lesepartitur kann ich den Vortrag vorbereiten.

Info

Eine Lesepartitur anfertigen
– Ich schreibe die Ballade ab oder kopiere sie. Ich lasse über jedem Vers Platz.
– Ich lese die Ballade mehrmals und probiere Möglichkeiten aus, sie vorzutragen.
– Ich trage Vortragszeichen ein, die anzeigen, wie die Ballade vorgetragen werden soll.

____ = unterstrichene Wörter / Wortgruppen betonen	
→ = schneller werden	← = langsamer werden
< = lauter werden	> = leiser werden
| = kurze Pause	|| = lange Pause

– Ich lese die Ballade mit meiner Lesepartitur, bis ich sie flüssig vortragen kann.
– Ich achte dabei auf die eingetragenen Vortragszeichen.

John Maynard – eine Ballade lesen und vortragen, Inhalte zusammenfassen

Wenn man früher von Detroit nach Buffalo reisen wollte, musste man mit dem Schiff über den großen Eriesee.

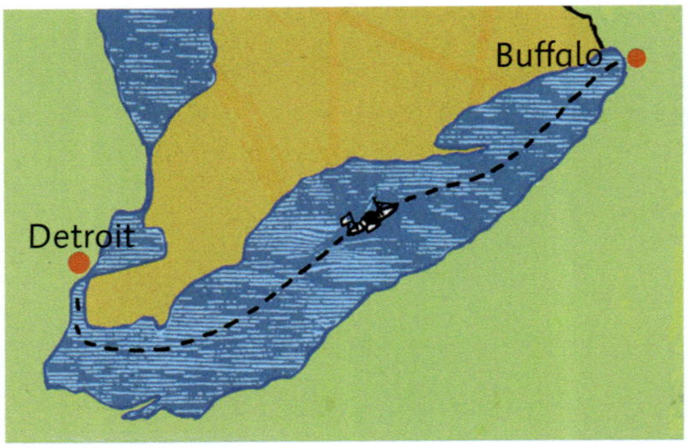

Die Menschen reisten früher mit Raddampfern.
Auf solch einem Schiff wird Feuer gemacht.
Mit dem Dampf werden große Schaufelräder angetrieben.

Im Jahr 1841 fuhr ein Schiff mit Passagieren von Detroit nach Buffalo. Die folgende Ballade erzählt davon.

1 a. Sieh dir die Bilder an und lies die Überschrift.
b. Wovon könnte die Ballade erzählen? Vermute.

▶ Der Lese-Profi, S. 248

2 Lies nun die erste Strophe der Ballade.

John Maynard *Theodor Fontane (1886)*

John Maynard!
„Wer ist John Maynard?"
„John Maynard war **unser Steuermann**,
aus hielt er, bis er das Ufer gewann,
er **hat uns gerettet**, er trägt die Kron',
er **starb für uns**, unsre Liebe sein Lohn.
John Maynard."

3 Was erfährst du über John Maynard? Notiere Stichworte.

Das Schiff Schwalbe mit John Maynard ist auf dem Weg nach Buffalo.

Die Schwalbe fliegt über den Eriesee,
Gischt schäumt um den Bug wie Flocken von Schnee;
von Detroit fliegt sie **nach Buffalo** –
die Herzen aber sind frei und froh,
und **die Passagiere** mit Kindern und Fraun
im Dämmerlicht schon das Ufer schaun,
und **plaudernd** an John Maynard heran
tritt alles: „**Wie weit noch**, Steuermann?"
Der schaut nach vorn und schaut in die Rund:
„**Noch dreißig Minuten … halbe Stund.**"

4 Beschreibe die Situation auf dem Schiff in Stichworten:
- Wie kommt der Dampfer voran?
- Wie ist die Stimmung bei den Passagieren, wie ist die Stimmung bei John Maynard?

zügig, flott, gelassen, entspannt, zufrieden, nervös, unruhig …

5 Was wünschen sich die Passagiere und John Maynard?

erreichen, ankommen, die Küste, das Land …

Plötzlich taucht ein Problem auf.

Alle Herzen sind froh, alle Herzen sind frei –
da klingt's **aus dem Schiffsraum** her wie **ein Schrei**;
„**Feuer!**" war es, was da klang,
ein Qualm aus Kajüt und Luke drang,
ein Qualm, **dann Flammen** lichterloh,
und noch zwanzig Minuten bis Buffalo.

Und **die Passagiere**, bunt gemengt,
am Bugspriet stehn sie **zusammengedrängt**,
am Bugspriet vorn ist noch Luft und Licht,
am Steuer aber lagert sich's dicht,
und **ein Jammern** wird laut: „**Wo sind wir**? Wo?"
Und noch fünfzehn Minuten bis Buffalo.

6 Welches Problem taucht plötzlich auf?
Notiere Stichworte mithilfe der blau hervorgehobenen Schlüsselwörter.

Im Schiffsraum ist ein Feuer ausgebrochen. So geht es weiter:

Der Zugwind wächst, doch die Qualmwolke steht,
der Kapitän nach dem Steuer späht,
er **sieht nicht mehr** seinen **Steuermann**,
aber durchs Sprachrohr **fragt** er an:
„**Noch da, John Maynard**?"
„**Ja**, Herr. Ich bin."
„Auf den Strand! In die Brandung!"
„Ich halte drauf hin."
Und das Schiffsvolk jubelt: „Halt aus! Hallo!"
Und noch zehn Minuten bis Buffalo. – –

„**Noch da, John Maynard**?" Und Antwort schallt's
mit ersterbender Stimme: „**Ja**, Herr, ich halt's!"
Und in die Brandung, was Klippe, was Stein,
jagt er die Schwalbe mitten hinein.
Soll Rettung kommen, so kommt sie nur so.
Rettung: der Strand von Buffalo!

7 Wie reagiert John Maynard auf das Feuer?
Wähle passende Sätze aus.

Er verteilt Rettungswesten. | Er springt ins Wasser. |
Er steuert das Schiff trotz des Qualms auf die Küste zu. |
Er läuft zum Kapitän. | Er bringt die Passagiere sicher an Land.

Das Schiff erreicht Buffalo. Und so endet die Ballade.

Das Schiff geborsten. Das Feuer verschwelt.
Gerettet alle. Nur **einer fehlt**!

Alle Glocken gehn; ihre Töne schwell'n
himmelan aus Kirchen und Kapell'n
ein Klingen und Läuten, **sonst schweigt die Stadt**,
ein Dienst nur, den sie heute hat;
Zehntausend folgen oder mehr,
und **kein Aug'** im Zuge, das **tränenleer**.

Sie **lassen den Sarg** in Blumen **hinab**,
mit Blumen **schließen** sie **das Grab**,
und mit goldner Schrift **in den Marmorstein**
schreibt die Stadt ihren **Dankspruch** ein:
„Hier ruht **John Maynard!** In Qualm und Brand
hielt er das Steuer fest in der Hand,
er hat uns gerettet, er trägt die Kron',
er **starb für uns**, unsre Liebe sein Lohn.
John Maynard."

8 Wie endet die Ballade? Notiere Stichworte mithilfe der blau hervorgehobenen Schlüsselwörter.

Die Ballade erzählt die Geschichte von John Maynard.

9 Fasse den Inhalt der Ballade zusammen. Verwende deine Antworten aus den Aufgaben 3–8. Schreibe im Präsens (Gegenwart).

Die Ballade John Maynard von Theodor Fontane
erzählt von einem Schiffsunglück (1886).
John Maynard ist der Steuermann des Schiffes Schwalbe und …

Durch wörtliche Rede wird das Geschehen lebendig. Das kannst du ausdrücken, wenn du die Ballade allein oder in der Gruppe vorträgst. Wähle eine der Aufgaben 10 1 oder 10 2 aus.

10 1 Erstelle eine Lesepartitur zu der Ballade.
- **a.** Wähle einen Teil der Ballade aus, der dich besonders beeindruckt.
- **b.** Schreibe diesen Teil der Ballade ab und lasse eine Zeile über jedem Vers frei.
- **c.** Ergänze Vortragszeichen.
- **d.** Lies die Lesepartitur mehrmals und übe.

▶ Die Lesepartitur, S. 121

Info

Vortragszeichen:

- ___ = Wörter/Wortgruppen betonen
- < = lauter werden
- > = leiser werden
- | = Pause

10 2 Tragt die Ballade mit verteilten Rollen vor.
- **a.** Teilt die Rollen untereinander auf.
- **b.** Jeder übt seine Rolle ein.
- **c.** Übt gemeinsam, die Ballade vorzutragen.

der Erzähler,
John Maynard,
der Kapitän,
die Passagiere,
der Maschinist

Erlkönig – eine Ballade lesen

Die folgende Ballade erzählt davon, wie ein Vater mit seinem Sohn bei Nacht und Nebel unterwegs ist.

1 Stell dir vor, du bist nachts unterwegs und es ist neblig.
- Was hörst du und was siehst du?
- Wie fühlst du dich?
- Welche Stimmung nimmst du wahr?

Schreibe Wörter und Wortgruppen auf, die dir dazu einfallen.

2 Worum könnte es in der folgenden Ballade gehen?

▶ Der Lese-Profi, S. 248

a. Sieh dir die Bilder an und lies die Überschrift.
b. Schreibe deine Vermutungen auf.

3 Lies nun die Ballade.

Johann Wolfgang von Goethe (1782)
Erlkönig*

Wer reitet so spät durch Nacht und Wind?
Es ist der Vater mit seinem Kind;
Er hat den Knaben wohl in dem Arm,
Er fasst ihn sicher, er hält ihn warm.

„Mein Sohn, was birgst du so bang[1] dein Gesicht?“ –
„Siehst, Vater, du den Erlkönig nicht?
Den Erlenkönig mit Kron' und Schweif[2]?“ –
„Mein Sohn, es ist ein Nebelstreif.“ –

„Du liebes Kind, komm, geh mit mir!
Gar schöne Spiele spiel ich mit dir;
Manch bunte Blumen sind an dem Strand;
Meine Mutter hat manch gülden[3] Gewand.“

[1] bang: ängstlich
[2] der Schweif: ein längerer (buschiger) Schwanz
[3] gülden: golden

1 *der Mond, stockdunkel, ein Windhauch …*

**Der Erlkönig heißt im Dänischen Ellerkonge, also Elfenkönig. Angeblich entstand der Begriff Erlkönig aus der falschen Übersetzung des Wortes Eller als Erle, also einem Laubbaum.*

„**Mein Vater**, mein Vater, und **hörest du** nicht,
Was Erlenkönig mir leise **verspricht**?" –
„**Sei ruhig**, bleibe ruhig, **mein Kind**;
In dürren Blättern **säuselt der Wind**." –

„Willst, feiner Knabe, du mit mir gehn?
Meine Töchter sollen dich warten[4] schön;
Meine Töchter führen den nächtlichen Reihn[5]
Und wiegen und tanzen und singen dich ein."

„**Mein Vater**, mein Vater, und **siehst du** nicht dort
Erlkönigs Töchter am düstern Ort?" –
„**Mein Sohn**, mein Sohn, ich seh es genau:
Es scheinen **die alten Weiden** so grau." –

„Ich liebe dich, mich reizt deine schöne Gestalt,
Und bist du nicht willig, so brauch ich Gewalt."
„Mein Vater, mein Vater, jetzt fasst er mich an!
Erlkönig hat mir ein Leids getan!" –

Dem Vater grauset's, er **reitet geschwind**,
Er **hält** in den Armen **das ächzende Kind**,
Erreicht den Hof mit Müh und Not;
In seinen Armen das **Kind** war **tot**.

[4] warten (hier): sich um jemanden kümmern
[5] der Reihn: der Reigen (ein Tanz)

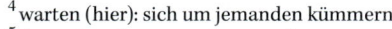

4 Welche deiner Vermutungen zum Inhalt der Ballade haben sich bestätigt, welche nicht?

5 In der Ballade ist ein Vater mit seinem Kind nachts unterwegs.
a. Wie wird die Stimmung in der Ballade beschrieben? Schreibe Wörter und Wortgruppen auf.
b. Vergleiche die Stimmung in der Ballade mit deinem Ergebnis von Aufgabe 1. Markiere Gemeinsamkeiten.

Inhalte zusammenfassen

Die Ballade erzählt eine Geschichte. Mithilfe der Handlungsbausteine kannst du die Ballade besser verstehen.

1 a. Lies die Ballade auf Seite 162–163 noch einmal.
b. Welche Figuren kommen in der Ballade vor?
– Schreibe zu jeder Figur einen Satz auf.
– Notiere auch, welche Figur es möglicherweise nur in der Fantasie des Kindes gibt.
c. Schreibe auch auf, in welcher Situation sich die Figuren befinden.

die Handlungsbausteine:
- die Figuren und die Situation
- der Wunsch
- das Hindernis
- die Reaktion
- das Ende

2 a. Welchen Wunsch hat der Vater?

Der Vater wünscht sich, dass …

b. Welches Hindernis ist im Weg?
c. Wie reagiert der Vater?

Der Vater beruhigt … Er reitet …

3 a. Was möchte der Erlkönig erreichen?

Der Erlkönig versucht, …

b. Was hindert ihn daran?
c. Wie reagiert der Erlkönig?

Der Erlkönig droht …

4 Wie endet die Ballade?

Du fasst den Inhalt der Ballade mit eigenen Worten zusammen. So kannst du deine Klasse am Ende des Kapitels über den Inhalt informieren.

5 Beginne mit einer Einleitung und benenne darin die wichtigen Informationen.
Schreibe im Präsens (Gegenwart).

Die Ballade … von … aus dem Jahr … handelt von …

6 Schreibe nun den Hauptteil und fasse das Wichtigste der Handlung zusammen.
Verwende deine Antworten aus den Aufgaben 1–4.

5 *Wichtige Informationen für die Einleitung sind: die Textsorte, der Titel, der Autor, das Erscheinungsjahr, das Thema.*

Balladenmerkmale erkennen, ausdrucksvoll vortragen

Balladen haben die Form und Sprache eines Gedichts.

1 **a.** Wie viele Strophen und Verse hat die Ballade? Schreibe einen Satz dazu auf.
b. Welche Reimform erkennst du? Schreibe auch dazu einen Satz auf.

2 Welche Wörter oder Wortgruppen wirken auf dich besonders?
a. Schreibe mindestens vier Wörter oder Wortgruppen auf.
b. Begründe, warum sie auf dich besonders wirken.

Balladen sind oft spannend aufgebaut.
Durch wörtliche Rede wird das Geschehen lebendig und anschaulich.

3 Wann spricht der Vater, wann der Sohn?
a. Übertrage die Tabelle in dein Heft.
b. Ergänze passende Textstellen.

Vers 5	*Der Vater fragt.*	*„Mein Sohn, …*
Verse 6–7	*Der Sohn …*	*…*

4 Was und wie spricht der Erlkönig zu dem Kind?
a. Lies noch einmal die Strophen 3, 5 und 7.
b. Schreibe die folgenden Satzanfänge passend zu Ende.

Der Erlkönig bittet und lockt …
Der Erlkönig verspricht …
Der Erlkönig droht …

Du bereitest dich darauf vor, die Ballade deiner Klasse vorzutragen.

5 **a.** Wähle mindestens vier Strophen aus, die du vortragen möchtest.
b. Fertige eine Lesepartitur an:
- Schreibe die Strophen ab und lasse eine Zeile über jedem Vers frei.
- Ergänze Zeichen, die dir beim Vortragen helfen.

c. Lies die Partitur mehrmals, bis du die Ballade ausdrucksvoll vortragen kannst.

▸ Die Lesepartitur, S. 121

1 **b.** *Reimformen sind zum Beispiel: der Paarreim (aabb), der Kreuzreim (abab), der umarmende/umschließende Reim (abba).*

5 **c.** *Achte bei der Betonung der wörtlichen Rede darauf: der Sohn ist ängstlich, der Vater beruhigt, der Erlkönig lockt oder droht.*

Vertiefen: Inhalt und Sprache genauer untersuchen

Manche Balladen handeln von wirklichen Orten, Personen oder Ereignissen. In der Ballade Erlkönig hat der Dichter Johann Wolfgang von Goethe nicht alles erfunden.

1 Lies den folgenden Text aus der Zeitschrift **Die Gartenlaube** von 1857.

Es war im **April 1781** [...], als **ein wohlhabender Landwirt**, dessen **einziges Kind** von einer **bösartigen Krankheit** ergriffen worden war, sodass keiner der herbeigerufenen Ärzte ihm helfen konnte, **das Kind**, auf das Sorgfältigste **eingehüllt**, mit sich **auf sein Pferd** nahm und **nach Jena ritt**, um dort einen [...] berühmten Professor der Medizin um Rat zu fragen. Wirklich kam er glücklich [...] an; aber auch der dortige Arzt erklärte es für ein Ding der Unmöglichkeit, den Knaben zu retten. Trostlos bestieg der Vater mit dem Kinde wieder sein Pferd und eilte [...] seinem heimatlichen Dorfe zu; jedoch ehe er dasselbe erreichte, war der Liebling in seinen Armen verschieden[1]. – Einige Tage nach dieser Begebenheit kam Goethe nach Saal-Athen, wo ihm der traurige Ritt des Bauern erzählt wurde. Die Mitteilung ergriff ihn so gewaltig und der Stoff[2] [...] begeisterte ihn dermaßen[3], dass er sich sofort zurückzog und die herrliche Ballade dichtete. V

[1] verschieden: gestorben
[2] der Stoff: hier das Thema, die Geschichte
[3] dermaßen: so sehr

2 **a.** Vergleiche die Handlung und die Figuren der Ballade **Erlkönig** mit dem Text aus der Zeitschrift.
- Was erfährst du jeweils über den Vater und den Sohn?
- Wer kommt in der Ballade bei Goethe hinzu?
- Welchen Teil des Textes aus der Zeitschrift hat Goethe für seine Ballade verwendet?

b. Stelle dein Ergebnis in einer Tabelle gegenüber:

Zeitschrift Die Gartenlaube April 1781	*Ballade Erlkönig 1782*
der Vater ist ein wohlhabender Landwirt	...
...	...

Johann Wolfgang von Goethe hat die Ballade Erlkönig vor mehr als 200 Jahren gedichtet. Die Sprache der Ballade ist besonders und ganz anders, als wir heute sprechen.

3 Wie würdest du es heute sagen?

a. Finde folgende Textstellen in der Ballade.

Er hat den Knaben wohl in dem Arm. | Mein Sohn, was birgst du so bang dein Gesicht? | Meine Mutter hat manch gülden Gewand. | Meine Töchter führen den nächtlichen Reihn. | Erlkönig hat mir ein Leids getan!

b. Übersetze die Textstellen in eigene Worte.

Vers 3: Er hat den Knaben wohl in dem Arm. – Er hält den Jungen sicher in seinen Armen.

c. Finde weitere Textstellen und übersetze sie in eigene Worte.

Du recherchierst weitere Informationen rund um die Ballade Erlkönig und informierst andere darüber. Wähle eine der Aufgaben 4 1 oder 4 2 aus.

4 1 **a.** Informiere dich über Johann Wolfgang von Goethe. Recherchiere in einer Bibliothek oder im Internet.

► Im Internet recherchieren, S. 91

- Wann lebte Johann Wolfgang von Goethe?
- Wo lebte er?
- Was erfährst du noch über seine Person?
- Was hat er geschrieben?
- Welche weiteren Informationen zu Goethe findest du außerdem interessant oder besonders?

b. Gestalte einen Steckbrief. Du kannst auch ein passendes Bild ergänzen.

4 2 **a.** Finde eine Vertonung der Ballade. Recherchiere in einer Bibliothek oder im Internet.

► Im Internet recherchieren, S. 91

b. Höre dir die Vertonung an.

- Mit welchen Stimmen sprechen oder singen die Figuren?
- Wie wirkt die Vertonung im Vergleich zu dem Text auf dich?
- Welche Unterschiede zwischen Vertonung und Text fallen dir auf?

c. Schreibe eine Empfehlung:

- Nenne die Quelle: Wo hast du die Vertonung gefunden? Von wem ist sie und wann wurde sie aufgenommen?
- Schreibe, was dir an der Vertonung gefällt und was du besonders daran findest.
- Schreibe auch auf, ob du die Vertonung empfehlen würdest. Begründe.

Balladen präsentieren

Ihr habt verschiedene Balladen kennengelernt und den Inhalt zusammengefasst. Ihr habt die Balladen auch mithilfe einer Lesepartitur als Vortrag geübt. Nun stellt ihr euch gegenseitig die Balladen vor.

Bildet Dreiergruppen.

1 Nutzt die folgenden Checklisten, um euch gegenseitig zu euren Präsentationen ein Feedback zu geben.
a. Verteilt die einzelnen Checkpunkte.
b. Ergänzt weitere Checkpunkte, wenn nötig.

Checkliste: Zusammenfassung des Inhalts	Ja	Noch nicht
Du hast eine Einleitung mit wichtigen Informationen geschrieben.		
Du hast im Hauptteil das Wichtigste der Handlung mithilfe der Handlungsbausteine zusammengefasst.		
Du hast den Inhalt knapp zusammengefasst und Unwichtiges weggelassen.		

Checkliste: Vortrag der Ballade	Ja	Noch nicht
Du hast so gesprochen, dass deine Stimme zu verschiedenen Stellen in der Ballade passt: laut oder leise, langsam oder schnell.		
Du hast wichtige Wörter und Wortgruppen betont.		
Du hast Pausen gemacht.		
Du hast die Ballade flüssig vorgetragen.		

2 **a.** Stellt euch gegenseitig die Balladen vor. Geht reihum so vor:
- Nennt Titel und Autor eurer Ballade.
- Lest dann eure Zusammenfassung des Inhalts vor.
- Tragt einen Teil oder die ganze Ballade mithilfe eurer Lesepartitur vor.

b. Die anderen hören aufmerksam zu und machen beim Zuhören Notizen zu den einzelnen Checkpunkten.

3 Welche Ballade hat euch vom Inhalt her besonders gut gefallen?
a. Notiert die Titel der Balladen auf vier Blättern und verteilt sie im Raum.
b. Positioniert euch. Begründet eure Meinung.

Die Arbeit auswerten

Ihr habt Merkmale von Balladen kennengelernt.

1 Was sind Balladen? Geht in drei Schritten vor.

a. Überlege zunächst für dich, welcher der Textausschnitte A – C zu einer Ballade gehört. Think.

b. Besprecht und begründet eure Ergebnisse. Pair.

c. Stellt eure Ergebnisse in der Klasse vor und wiederholt die Merkmale einer Ballade. Share.

A **Drei Wünsche** *Johann Peter Hebel*

Ein junges Ehepaar lebte recht vergnügt und glücklich zusammen und hatte den einzigen Fehler, den alle Menschen haben: Wenn es ihnen gut geht, wünschen sie sich, dass es ihnen noch besser geht. [...] V

B **Der Knabe im Moor** *Annette von Droste-Hülshoff*

[...] Da birst das Moor, ein Seufzer geht
Hervor aus der klaffenden Höhle;
Weh, weh, da ruft die verdammte Margret:
„Ho, ho, meine arme Seele!“ [...] V

C **Die Räuber** *Friedrich Schiller*

[...] Franz: Aber ist Euch auch wohl, Vater? Ihr seht so blaß.
Der alte Moor: Ganz wohl, mein Sohn – was hattest du mir zu sagen?
Franz: Die Post ist angekommen – ein Brief von unserm Korrespondenten in Leipzig –
Der alte Moor: *(begierig)* Nachrichten von meinem Sohne Karl? [...] V

2 Sprecht über eure Arbeit mit den Balladen in diesem Kapitel:
- Was hat euch gefallen?
- Was fandet ihr schwierig?

1 *Überlegt, welche anderen Textsorten es gibt: Märchen, Theaterstück, ...*

7 Gretchen, Hannes & Co – *sich literarischen Figuren nähern*

Auf dieser Doppelseite werden euch Figuren aus Jugendbüchern vorgestellt. Im Laufe des Kapitels lernt ihr diese Figuren und ihre Situationen besser kennen.

1 Ihr habt bestimmt schon Jugendbücher gelesen und darin literarische Figuren kennengelernt.
   a. Wählt eine literarische Figur aus, die ihr besonders toll findet.
   b. Erzählt von dieser Figur. Was macht diese Figur für euch so besonders?

2 Seht euch die Bilder an und lest die Informationen zu den Figuren.

Gretchen ist die Hauptfigur der dreiteiligen Jugendbuchreihe Gretchen Sackmeier von Christine Nöstlinger.
Gretchen lebt mit ihren Eltern und ihren zwei kleinen Geschwistern Hänschen und Mädi in Wien. Obwohl sie eine gute Schülerin ist, geht sie nicht gerne zur Schule.
Dort wird sie oft verspottet. Allerdings reagiert sie darauf nicht mit Wut, sondern wird traurig. Sie ist eher still und in sich gekehrt. Probleme bespricht sie nicht gerne mit anderen, sondern macht sie mit sich selber aus. Am Ende ist Gretchen 18 Jahre alt und rundum mit sich selbst zufrieden.

Hannes ist eine der Hauptfiguren im Jugendbuch Vorstadtkrokodile von Max von der Grün.
Hannes lebt mit seinen Eltern am Rande einer großen Stadt. Spielen ist in seiner Siedlung fast überall verboten und so treffen sich die Jugendlichen oft am Waldrand, auch die Krokodiler. Die Krokodiler sind eine Bande von älteren Kindern. Sie haben eine Hütte im Wald. Hannes will unbedingt zu ihnen gehören. Doch jeder, der zu den Krokodilern gehören möchte, muss eine gefährliche Mutprobe bestehen.

Anne ist die Hauptfigur im Jugendbuch Anne auf Green Gables von Lucy Maud Montgomery.
Anne hat ihre Eltern verloren und lebt in einem Heim, bis sie eines Tages zu Matthew Cuthbert und seiner Schwester Marilla auf den Hof Green Gables kommt. Das Mädchen ist ein sehr fantasievolles und neugieriges Kind, das sich immer viel ausdenkt und viele Fragen stellt. Anne freut sich darüber, dass sie endlich in eine Familie kommt und irgendwo dazugehören kann.

3 a. Was erfahrt ihr über die Figuren?
b. Welche Fragen habt ihr zu den einzelnen Figuren? Was macht euch neugierig?

7 Gretchen, Hannes & Co –
sich literarischen Figuren nähern

Gretchen Seite 136
Hannes Seite 142
Anne Seite 148

In diesem Kapitel untersucht ihr Figuren aus Jugendbüchern: Wie sehen sie aus? Wie verhalten sie sich? Was denken und fühlen sie? Welche Eigenschaften haben sie? Am Schluss stellt ihr einander die Figuren vor.

Gretchen – sich einer literarischen Figur nähern

In den folgenden Textausschnitten lernt ihr die Hauptfigur Gretchen Sackmeier aus dem gleichnamigen Jugendbuch von Christine Nöstlinger kennen.

1 Welche Vorstellungen weckt der Name Gretchen Sackmeier bereits vor dem Lesen bei euch?

Margarethe Maria Sackmeier, Gretchen genannt, war **vierzehn Jahre** alt und hatte **donaukieselgraue Augen**, **spanielbraune Haare** und eine winzige Babynase. Sie war **einen Meter und sechzig Zentimeter** groß und wog **vierundsechzig Kilo und dreihundert Gramm**. Ob sie dick war, kann man schwer sagen, denn dick sein ist, wie vieles andere im Leben auch, eine ziemlich relative Angelegenheit. Im Turnunterricht[1], zwischen der stangendürren Evelyn und der zaundürren Sabine in ihren 36er-Gymnastikanzügen, kam sich Gretchen unheimlich fett vor; fetter als ein Kübel voll Gänseschmalz[2]. Zu Hause, bei Papa, Mama, Hänschen und Mädi, fühlte sich Gretchen eher als ranke und schlanke Person. [...]

Gretchen **fuhr** leidenschaftlich **gern nach Zwettl[3] zur Zwettler-Oma**, war **gern zu Hause**, **mochte die Schule nicht besonders** und **hasste den Turnsaal inständig**. Jahrelang hatte Gretchen zweimal die Woche, immer wenn „Turnen" auf dem Stundenplan gestanden hatte, am Morgen gar nicht aufstehen wollen. Ein **Dutzend Englisch-Vokabel-Prüfungen** hätte sie **lieber** über sich ergehen lassen **als** eine Stunde **im Turnsaal**! [...] V

[1] Turnunterricht: Sportunterricht
[2] Gänseschmalz: ein Brotaufstrich aus dem Fett einer Gans
[3] Zwettl: ein Ort in Österreich

2 a. Was erfahrt ihr über Gretchens Aussehen?
b. „Ob sie dick war, kann man schwer sagen [...]" (Zeilen 5–7). Sprecht über diese Zeilen.

Neben Gretchens Aussehen werden zu Beginn auch ihre Vorlieben beschrieben.

3 Was macht Gretchen gerne? Was macht sie nicht so gerne?

Ihr könnt alle Informationen zu Gretchen in einer Mind-Map sammeln. Bildet Dreiergruppen.

4 a. Legt eine Mind-Map nach folgendem Muster an.
b. Übertragt alle Informationen zu Gretchen in die Mind-Map. Notiert hinter jeder Information die Zeilenangabe.

Margarethe Maria Sackmeier* ____ *Jahre

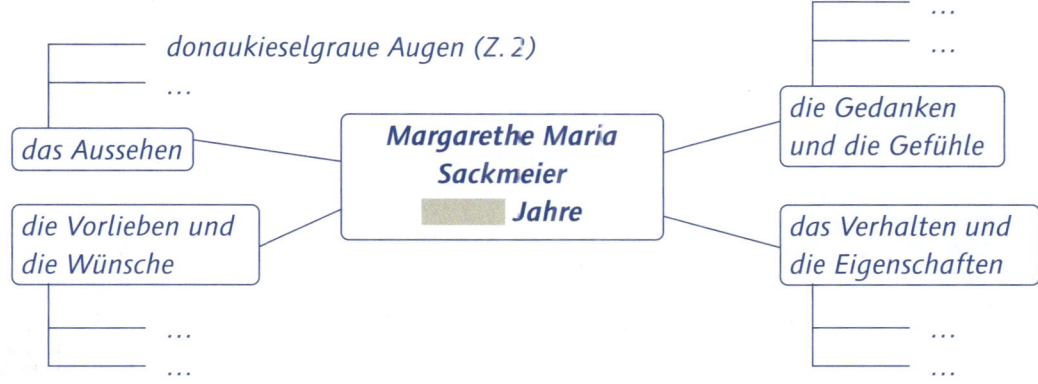

- *das Aussehen*
  - *donaukieselgraue Augen (Z. 2)*
  - …
- *die Vorlieben und die Wünsche*
  - …
  - …
- *die Gedanken und die Gefühle*
  - …
  - …
- *das Verhalten und die Eigenschaften*
  - …
  - …

5 Lest gemeinsam die weiteren Textausschnitte.

▶ Das Gruppenlesen, S. 252

[…] An der Straßenbahnhaltestelle merkte **Gretchen**, dass sie einen **Kniestrumpf verkehrt herum** anhatte. […] Außerdem merkte Gretchen noch, dass es **später** sein musste, **als** sie **befürchtet** hatte. […] **Zuspätkommen** war für Gretchen **fast so schrecklich wie im Turnsaal** herumhopsen. Weil es beim Zuspätkommen in der Klasse mucksmäuschenstill war und einen alle hoch interessiert anschauten. Und Gretchen **wurde nicht gern angeschaut**! Schon gar nicht dann, wenn sie einen Kniestrumpf verkehrt herum anhatte.
Aber das Kniestrumpf-Problem wenigstens, das war aus der Welt zu schaffen. Gretchen schlüpfte aus dem linken Schuh, **zog** den **Kniestrumpf aus** und **drehte ihn um**. Gerade als sie damit fertig war, blieb die Straßenbahn an einer Haltestelle stehen, die Türen schnappten auf und durch die vordere Tür, gleich neben Gretchens Sitzplatz, **kam** der **Florian Kalb** hereingekeucht. **Gretchen** ließ vor Schreck den Kniestrumpf fallen, **mit nacktem, hochgehobenem Beinchen** saß sie da und starrte den Florian Kalb an. Der **Florian** Kalb ging mit Gretchen in die Klasse. Er war ziemlich groß und ziemlich hübsch und konnte **oft ziemlich gemein** sein. […] V

Florian macht sich über Gretchen lustig. Kurz darauf kommen sie in der Schule an und sie sind tatsächlich zu spät zum Unterricht. Florian erfindet eine Ausrede.

[...] Die Oberleitung der **Straßenbahn** habe einen **Defekt**[3] gehabt. Möglich, dass der Defekt auch im Straßenbahnbügel gelegen habe. So genau könne er das nicht sagen, denn Straßenbahnen und ihr Funktionieren seien in Physik leider noch nicht dran gewesen. Jedenfalls habe die Straßenbahn **zehn Minuten** lang **stillgestanden**. Als **Beweis** für die Richtigkeit seiner Aussage führte der Florian an, dass ja **auch Gretchen** Sackmeier **zu spät** gekommen sei und die sei doch **sonst pünktlicher** als die Zeitansage im Telefon. Dieses Argument beeindruckte den **Mathe-Lehrer:** »**Stimmt es** tatsächlich, **Gretchen?**«, fragte er. Ein **großer Gedanke** fuhr durch Gretchens Hirn, der hieß: Das ist der Augenblick der **Rache** für sein idiotisches Gelächter! Und für seine Lügen! Ich **sag die Wahrheit** und **er ist aufgeschmissen**! Aber noch während der große Gedanke sich in Gretchens Hirn breitmachen wollte, **sagte** Gretchens Mund schon: »**Jawohl**, Herr Professor, es **war die Straßenbahn**!« Der Mathe-Lehrer nickte und winkte die Zuspätgekommenen huldvoll[4] an ihre Plätze. Gretchen marschierte zu ihrem Pult, setzte sich, holte das Mathe-Zeug aus der Schultasche und dachte: Ich habe mich deswegen am Florian **nicht gerächt**, **weil** es **dann** eine **große Aufregung** gegeben hätte und weil mich dann **alle angeschaut** hätten, und das **mag ich nicht**! Doch dann, während Gretchen die Zirkelmine an der Schuhsohle scharf machte, dachte sie: Aber ganz **stimmt** das doch **nicht**! Ich **will mich** am Florian überhaupt **nicht rächen**. Weil **Rache von Wut** herkommt. Und **wenn er** über mich **spottet**, dann werde ich gar **nicht wütend, sondern traurig**! Gretchen legte, ob dieser Erkenntnis sehr erstaunt, den Zirkel auf das Pult, nahm den Kugelschreiber und malte auf das Löschblatt: **WARUM?** [...] V

[3] der Defekt: ein technischer Schaden [4] huldvoll: veraltet für: wohlwollend, gnädig

6 Sprecht über die Textausschnitte: In welchen Situationen befindet sich Gretchen? Wie reagiert sie? Was denkt und fühlt sie?

Was habt ihr über Gretchens Verhalten und Eigenschaften und ihre Gedanken und Gefühle erfahren?

7 Ergänzt eure Mind-Map von Seite 137.

Ihr habt Gretchen kennengelernt und könnt sie nun in einem kurzen Text vorstellen.

8 Teilt die vier Äste eurer Mind-Map untereinander auf und beschreibt Gretchen in ganzen Sätzen. Schreibt im Präsens und belegt eure Aussagen am Text.

▶ Aussagen am Text belegen, S. 140

9 a. Tauscht eure Texte untereinander aus. Prüft, ob die Sätze verständlich sind und alle Informationen und Zeilenangaben enthalten.
- ob die Sätze verständlich formuliert sind,
- ob alle Informationen aus eurer Mind-Map enthalten sind,
- ob die Aussagen am Text belegt wurden.

b. Überarbeitet eure Textteile noch einmal gemeinsam.

Für euren Text benötigt ihr auch eine Einleitung und einen Schluss.

10 Ergänzt die folgende Einleitung.

In dem Jugendbuch ___ von ___ geht es um die jugendliche Hauptfigur ___ und ihren turbulenten Alltag.

11 Führt eure Texte aus Aufgabe 9 in einem gemeinsamen Hauptteil zusammen.

12 Schreibe zum Schluss deinen persönlichen Eindruck von der Figur auf.
- Was gefällt dir an Gretchen?
- Was würdest du sie gern fragen?

Begründe.

13 a. Präsentiert eure Texte nacheinander in der Klasse.
b. Tauscht euch über eure unterschiedlichen Eindrücke von Gretchen aus.

8 *Gretchen macht viel mit sich alleine aus, statt mit anderen zu sprechen, schreibt „WARUM" auf ein Blatt (Z. 74). Sie ist ängstlich und lügt den Mathe-Lehrer an (vgl. Z. 60). Sie kommt nicht gern zu spät (vgl. Z. 26–27). Sie fühlt sich im Turnunterricht fett (vgl. Z. 8–…). Sie will sich nicht rächen, weil … (vgl. Z. 69–…). Sie sucht eine Gelegenheit zur Rache an … (vgl. Z. 54–…) …*

12 *Gretchen wirkt …, weil … Mir gefällt an ihr, … Ich würde sie gern fragen, …*

Aussagen zu einer Figur treffen und am Text belegen

Um eine literarische Figur besser kennenzulernen, kann ich sie näher untersuchen.

Arbeitstechnik

Eine Figur untersuchen

Ich kann eine literarische Figur mithilfe der folgenden Fragen untersuchen:
- Wie alt ist die Figur? Wie und wo lebt die Figur?
- Wie sieht die Figur aus? Welche Kleidung trägt sie?
- Wie bewegt sich die Figur und wie spricht sie?
- Welche Mimik und Gestik zeigt sie?
- Welche Vorlieben und Wünsche hat die Figur?
- Was denkt und fühlt die Figur?
- Wie verhält sich die Figur, zum Beispiel auch gegenüber anderen Figuren?
- Welche Eigenschaften der Figur werden im Text genannt? Welche weiteren Eigenschaften kann ich aus ihrem Verhalten schlussfolgern?

Ich sammle alle Informationen zur Figur, zum Beispiel in einer Mind-Map.

Meine Aussagen zu einer Figur muss ich am Text belegen.
Besonders aussagekräftige Textstellen kann ich auch wörtlich zitieren.

Info

Aussagen am Text belegen

Wenn ich eine Information aus dem Text ableite oder in eigenen Worten wiedergebe, muss ich dahinter in Klammern angeben, auf welche Textstelle ich mich beziehe. Ich verwende dafür die Abkürzung **vgl.** für **vergleiche**.

Gretchen ist nicht wütend auf Florian, sondern sie ist traurig (vgl. Z. 70–71). Daran kann man erkennen, dass sie ihn mag und womöglich sogar in ihn verliebt ist.

Eine Figur charakterisieren

Ich kann eine Figur schriftlich charakterisieren, um sie anderen vorzustellen.

Arbeitstechnik

Eine Figur schriftlich charakterisieren

- In der **Einleitung** nenne ich den Autor und den Titel des Textes sowie den Namen der Figur. Ich schreibe auch knapp, worum es im Text geht.
- Im **Hauptteil** beschreibe ich nacheinander die einzelnen Merkmale der Figur, wie zum Beispiel ihr Alter, ihre Lebensumstände, ihr Aussehen, ihre Vorlieben und Wünsche, ihre Gedanken und Gefühle sowie ihr Verhalten und ihre Eigenschaften. Ich belege meine Aussagen zur Figur am Text.
- Im **Schluss** fasse ich meinen Gesamteindruck von der Figur zusammen. Ich schreibe meine eigene Meinung zur Figur auf und begründe sie.

Die folgenden Wörter und Wortgruppen helfen mir, eine Figur zu charakterisieren.

das Aussehen

ist groß | klein | schlank | dünn | kräftig | pummelig | …
hat blondes | mittellanges | … | lockiges Haar
hat braune | blaue | … | grüne Augen
trägt ihre Haare zu zwei Zöpfen | trägt einen Pferdeschwanz | …
trägt feine | ärmliche | saubere | … | sportliche Kleidung

die Vorlieben und die Wünsche

mag … | mag nicht … | gefällt es, dass … | gefällt es überhaupt nicht, dass …
möchte gerne … | wünscht sich, dass …

die Gedanken und die Gefühle

macht sich Gedanken über … | denkt nach über … | ist der Meinung, dass …
weiß nicht, ob … | ist unsicher, ob …
ist traurig | fröhlich | … | fühlt sich einsam | fühlt sich unwohl, weil …
freut sich, dass … | ist verärgert darüber, dass … | wird wütend, als … | ist unzufrieden mit …

das Verhalten und die Eigenschaften

verhält sich in dieser Situation … | benimmt sich in dieser Situation … gegenüber …
erscheint in dieser Situation … | wird im Text als … beschrieben
wirkt selbstbewusst | schüchtern | mutig | vorlaut | ängstlich | willensstark | trotzig | eingebildet | hilfsbereit | aggressiv | gut erzogen | vornehm | stur | lebhaft | ruhig | rätselhaft | undurchschaubar | wortkarg | humorvoll | … | verschlossen

Hannes – sich einer literarischen Figur nähern

Auf den nächsten Seiten lernst du Hannes aus dem Buch Vorstadtkrokodile von Max von der Grün kennen. Am Schluss schreibst du einen kurzen Text, mit dem du Hannes den anderen vorstellen kannst.

1 Lies den Textausschnitt mit dem Lese-Profi.
Tipp: Du kannst zuvor auch noch einmal die Informationen zum Buch auf Seite 135 lesen.

▸ Der Lese-Profi, S. 248

[...] „Du traust dich ja doch nicht! Du Angsthase!", rief Olaf, ihr Anführer. Und die Krokodiler riefen im Chor: „Traust dich nicht! Traust dich nicht!" Nur Maria, dreizehn Jahre und damit ein Jahr jünger als ihr Bruder Olaf, hatte nicht mitgeschrien. Sie hatte so viel Angst um Hannes, dass sie wegsah. Die acht Krokodiler standen in einem Halbkreis am Ende der Leiter, die zehn Meter hoch zum Dach führte. Sie sahen gespannt zu, wie Hannes langsam die Sprossen hochkletterte, um seine Mutprobe abzulegen. Die war Bedingung für die Aufnahme in die Krokodilbande. Hannes hatte Angst, das konnte man ihm ansehen. Er war zudem nicht schwindelfrei. Aber er wollte es den größeren Jungen beweisen, dass er als Zehnjähriger so viel Mut besaß wie sie [...]. V

2 In welcher Situation befindet sich Hannes?
- Was ist sein Wunsch?
- Was ist das Hindernis?

Wenn du Hannes anderen näher beschreiben möchtest, suchst du zunächst nach Informationen zu seinem Alter und seinem Aussehen.

3 **a.** Wie alt ist Hannes? Ist er jünger oder älter als die anderen?
b. Wie sieht Hannes aus? Sieh dir das Bild an.
Tipp: Du kannst dir auch noch einmal das Bild auf Seite 134 ansehen.

4 Was erfährst du noch über Hannes?

5 Lies, wie es weitergeht.

▶ Der Lese-Profi, S. 248

[…] Hannes hing **ängstlich** an der verrosteten Feuerleiter und wagte nicht, nach unten zu sehen.
„Komm runter, du schaffst es ja doch nicht", rief Olaf wieder und die anderen Jungen lachten.
Hannes tastete sich **langsam und vorsichtig** die **wacklige Feuerleiter** zum Dach **hoch**. Je höher er kletterte, desto mehr **schwankte** die Leiter. Hannes sah nur nach oben, wo er sein **Ziel vor Augen** hatte.
Endlich war Hannes **am Dach** angekommen. Er **sah** zum ersten Mal **nach unten**. Ihm wurde **schwarz vor Augen**. Er machte die Augen sofort wieder zu. Zehn Meter sind doch eine ganz schöne Höhe.
Aber er hatte leider nur den **ersten Teil der Mutprobe abgelegt**. Der zweite Teil bestand darin, dass er von der Leiter auf das Dach klettern und oben beide Arme heben und „Krokodil" rufen musste. […] V

Schafft Hannes auch den zweiten Teil der Mutprobe?

[…] Endlich war er **angekommen**.
Hannes keuchte, er ruhte sich ein paar Minuten aus, dann setzte er sich vorsichtig auf, **hob beide Arme** und **rief:** **„Krokodil! Krokodil!** Ich hab es geschafft!"
Die Krokodiler unten auf dem Hof riefen zurück: „Du bist **aufgenommen**! […]" V

Du hast mehr über die Gedanken und Gefühle und das Verhalten von Hannes erfahren.

6 a. Wie fühlt sich Hannes während der Mutprobe?
b. Was denkt er?

7 Wie verhält sich Hannes?

6 **b.** *Er denkt, dass es ganz schön hoch ist oben auf der Feuerleiter. Er möchte aber …*

7 *Hannes klettert die Feuerleiter hoch, obwohl sie so schwankt, je höher er kommt. Er sieht nach unten, lässt es dann aber, weil ihm schwarz vor Augen wird. …*

Du kannst alle Informationen zu Hannes in einer Mind-Map sammeln.

8 a. Lege eine Mind-Map zu Hannes an.
b. Trage alle Informationen zu Hannes geordnet in die Mind-Map ein.

Schritt 1: Planen

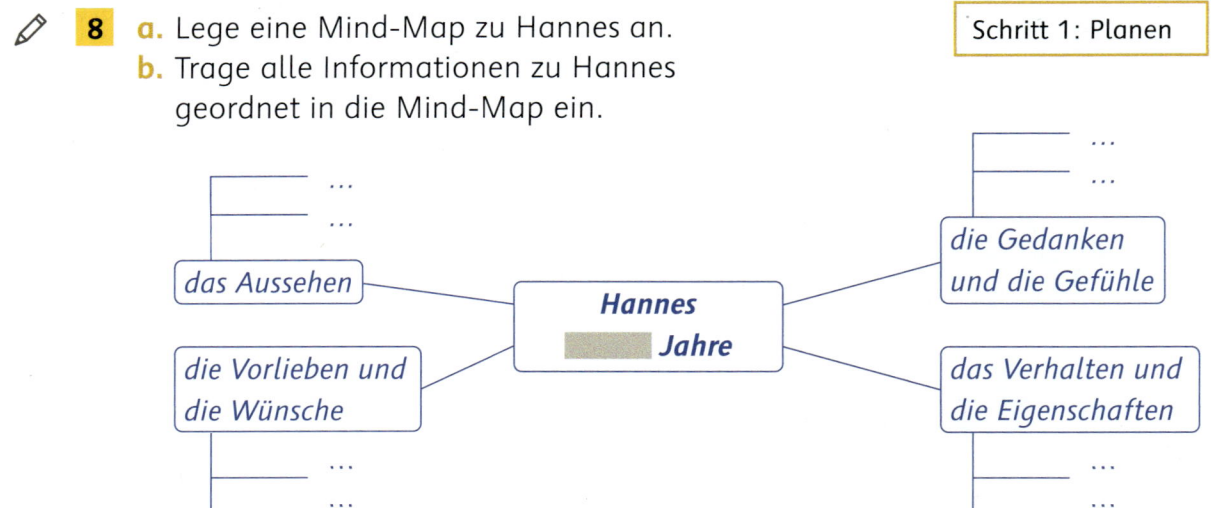

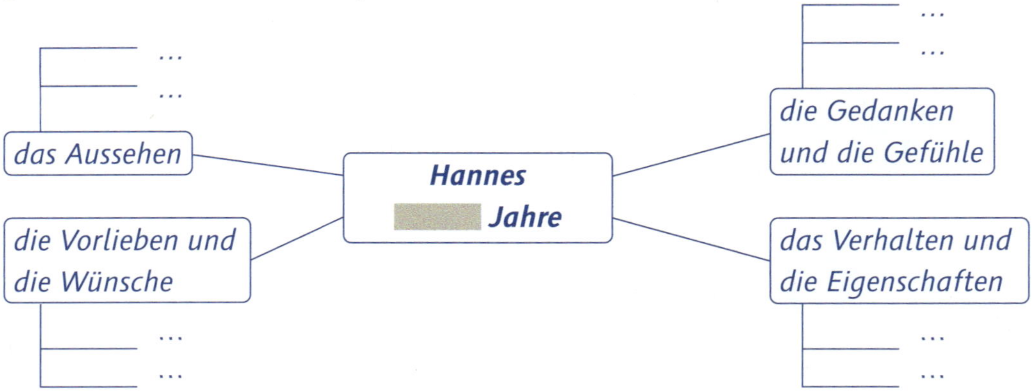

Hannes ist jetzt Mitglied der Krokodilbande. Eines Tages freundet sich Hannes mit Kurt an. Kurt sitzt im Rollstuhl. Hannes möchte, dass auch Kurt bei den Krokodilern aufgenommen wird.

[…] Am nächsten Nachmittag trafen sich wieder alle Krokodiler in ihrer Hütte im Wald. Zu ihrer Überraschung **stellte Hannes** plötzlich den **Antrag**, **Kurt bei den Krokodilern aufzunehmen**, natürlich ohne Mutprobe. Als er fertig war, lachte Olaf nur. Die anderen schwiegen oder grinsten.

„So ein **Quatsch**", **rief Olaf**. „Was sollen wir mit dem? Wir können nur welche brauchen, die auf Bäume und Dächer klettern." […]

Frank meinte: „Wenn wir den bei uns haben, dann können wir nicht mehr Fahrrad fahren, dann müssen wir immer Rücksicht nehmen …"

Peter fragte: „Wer soll ihn denn schieben? Wir vielleicht? Mensch Hannes! Dafür muss man doch eine Ausbildung haben, wenn man so einen Stuhl schiebt. Stell dir nur vor, wenn da mal was passiert. Dann sind wir schuld." […]

„Ich **habe ihn** selbst **geschoben**, **allein**, es ist **gar nicht so schwer**, wie es aussieht."

„Wir können ihn nicht tragen, wenn er mal getragen werden muss“, sagte Peter. „Er muss ja nicht auf Radtouren mitkommen“, erwiderte Hannes und er wurde langsam zornig. „Aber er kann doch in unserer Hütte dabei sein.“ […] „Stimmen wir doch ab“, schlug Maria vor. Bei der Abstimmung zeigte es sich dann, dass alle gegen Kurts Aufnahme waren, nur Hannes stimmte dafür. Fast hätte Hannes geheult vor Wut. […] V

9 In welcher Situation befindet sich Hannes nun?
- Was ist sein Wunsch?
- Was ist das Hindernis?

10 Was erfährst du in dieser Situation über die Eigenschaften von Hannes? Wähle treffende Wortgruppen aus.

setzt sich für andere ein | ist immer zornig | gibt nicht so schnell auf | ist mutig | hat keine Geduld | ist hilfsbereit | riskiert etwas für andere | …

11 Ergänze deine Mind-Map.

▶ Mind-Map zu Hannes, S. 144

12 **a.** Sieh dir deine Mind-Map zu Hannes noch einmal an.
b. Welche weiteren Eigenschaften von Hannes kannst du aus seinem Verhalten schließen?
c. Ergänze diese Eigenschaften in deiner Mind-Map.
Tipp: Du kannst deine Mind-Map mit einer Partnerin / einem Partner vergleichen.

Beim Lesen einer Geschichte entstehen im Kopf Bilder von den Figuren.

13 **a.** Welchen Eindruck hast du von Hannes?
- Was gefällt dir an Hannes?
- Kannst du sein Verhalten nachvollziehen?
- Was würdest du Hannes gern fragen?
- Wärst du gern mit Hannes befreundet?

b. Schreibe Stichworte in dein Heft. Begründe deine Aussagen.

12 **b.** *mitfühlend, kämpferisch, sozial …*

13 **a.** *Mir gefällt das Verhalten von Hannes, weil er so mutig ist und seine Ängste überwindet … / Mir gefällt das Verhalten von Hannes nicht, weil es leichtsinnig ist, so eine gefährliche …*

Die Figur charakterisieren, aus der Sicht der Figur schreiben

Nicht alle haben die Textausschnitte zu Hannes gelesen.
Du kannst Hannes den anderen in einem kurzen Text vorstellen.

Schritt 2: Schreiben

1 Ergänze die Einleitung.

Hannes ist die Hauptfigur in dem Buch
von Max von der Grün.

2 Wie alt ist Hannes? Wie sieht er aus?
Beschreibe Hannes in ganzen Sätzen.

Hannes ist .... Er ist ...
Hannes hat ... Haare und ... im Gesicht.

das Aussehen
- ...
- ...

3 Welchen Wunsch hat Hannes zu Beginn?
Was muss er dafür tun?

Hannes möchte gern ... Dafür muss er ...

die Vorlieben und die Wünsche
- ...
- ...

4 Was denkt und fühlt Hannes während der Mutprobe?

Während der Mutprobe fühlt sich Hannes ...
Er ...

die Gedanken und die Gefühle
- ...
- ...

5 Wir verhält sich Hannes?
- Wie verhält er sich während der Mutprobe?
- Wie verhält er sich den Krokodilern gegenüber?
- Wie verhält er sich Kurt gegenüber?

Hannes besteht ... und wird Mitglied ...
Wenig später lernt Hannes Kurt kennen. Kurt sitzt im ...
Hannes möchte ...

das Verhalten und die Eigenschaften
- ...
- ...

6 Welche Eigenschaften hat Hannes?

Hannes ist ...
Er ...
Später setzt er sich für Kurt ein.
Daran kann man sehen, dass ...

zielstrebig, ängstlich, mutig, hilfsbereit, nicht schwindelfrei, hartnäckig, kämpferisch, ...

7 Schreibe zum Schluss deine eigene Meinung zu Hannes auf.
Verwende deine Stichworte von Aufgabe 13 auf Seite 145.

An Hannes gefällt mir, dass …
Ich finde sein Verhalten während der Mutprobe / in der Hütte nachvollziehbar, da …
Ich würde Hannes gerne fragen, …
Ich wäre gern mit Hannes befreundet, weil …

Anschließend könnt ihr eure Texte noch einmal überarbeiten.

Schritt 3:
Überarbeiten

8 a. Überprüft gegenseitig eure Texte:
- Habt ihr zu allen Ästen der Mind-Map etwas aufgeschrieben?
- Sind eure Sätze alle verständlich?

b. Überarbeitet eure Texte noch einmal, falls nötig.

Um eine Figur noch besser zu verstehen, kannst du dich in sie hineinversetzen. Wähle eine der Aufgaben 9 1 oder 9 2 aus.

9 1 Du arbeitest mit dem **Textausschnitt auf der Seite 143** weiter.
a. Lies den Textausschnitt erneut.
b. Stell dir vor, du bist Hannes: Was denkst und fühlst du, als du auch den zweiten Teil der Mutprobe geschafft hast? Schreibe deine Gedanken und Gefühle in der Ich-Form auf.

Endlich bin ich oben …

9 2 Du arbeitest mit dem **Textausschnitt auf den Seiten 144–145** weiter.
a. Lies den Textausschnitt erneut.
b. Stell dir vor, du bist Hannes: Was denkst und fühlst du, als die anderen Krokodiler deinen Antrag ablehnen? Schreibe deine Gedanken und Gefühle in der Ich-Form auf.

Ich bin so wütend darüber, dass …
Ich schäme mich auch für die Krokodiler. Wie soll ich das bloß Kurt … ?

Anne – sich einer literarischen Figur nähern

Auf den folgenden Seiten lernst du Anne aus dem Buch Anne auf Green Gables von Lucy Maud Montgomery kennen und stellst sie in einem kurzen Text vor.

1 Lies den Textausschnitt mit dem Lese-Profi.

▶ Der Lese-Profi, S. 248

Matthew und Marilla wollen einen Jungen bei sich aufnehmen, der ihnen auf ihrem Hof Green Gables helfen soll. Doch als Matthew den Jungen abholen will, kommt es zu einer Überraschung: Am Bahnhof wartet das Mädchen Anne auf ihn.

[…] Es[1] war etwa elf Jahre alt und trug ein sehr kurzes, sehr hässliches Kleid aus gelbgrauem Flanell[2] und dazu einen verblichenen braunen Matrosenhut, unter dem zwei dicke rote Zöpfe herausschauten. Das schmale, blasse Gesicht dieses Mädchens […] war mit Sommersprossen geradezu übersät.
Dass die großen graugrünen Augen vor Munterkeit und Lebenslust nur so sprühten und dass der Mund weiche, ausdrucksvolle Lippen besaß, entging Matthew zunächst. Aber immerhin wurde ihm die Qual erspart, das Gespräch eröffnen zu müssen. Denn sobald die Kleine erkannt hatte, dass er auf sie zuging, stand sie auf, umfasste mit einer Hand den Griff ihrer schäbigen alten Reisetasche und streckte ihm die andere Hand entgegen.
„Sie müssen Mr. Matthew Cuthbert sein", sagte sie mit klarer, heller Stimme. […] V

[1] Gemeint ist das Mädchen Anne. [2] der Flanell: ein wärmender Stoff

2 Was erfährst du gleich zu Beginn über Anne?
Sammle die Informationen in einer Mind-Map.
Notiere zu jeder Information die Zeilenangabe.

Schritt 1: Planen

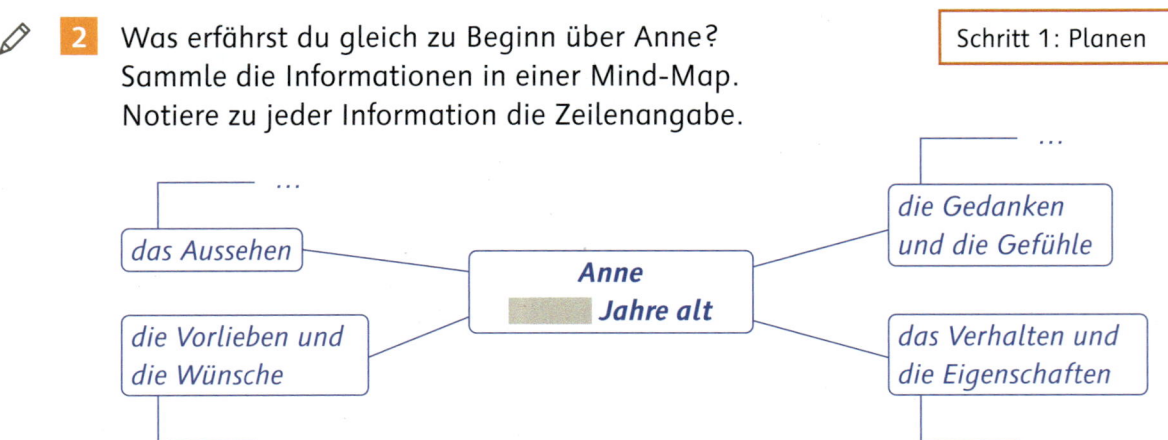

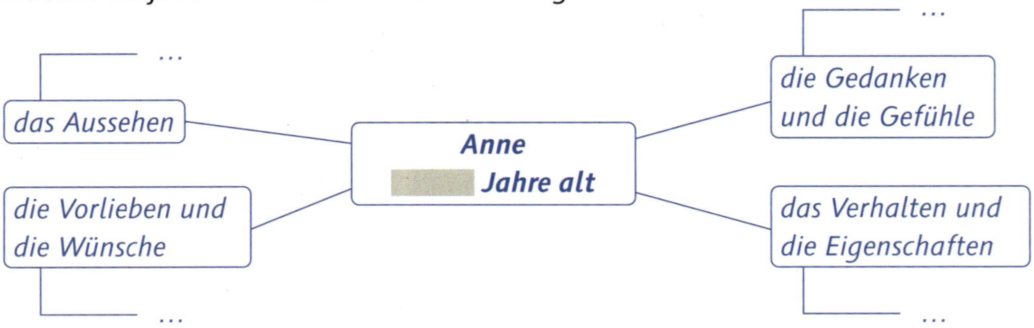

Matthew nimmt Anne erst einmal mit und sie erzählt ihm aufgeregt von ihrer Vergangenheit.

„[…] Es kommt mir fast wie ein **Wunder** vor, dass ich **bei Ihnen leben** und ganz **zu Ihnen gehören** darf. Ich habe noch nie irgendwo dazugehört – jedenfalls nicht richtig. Aber im **Waisenhaus**[3] war es bisher **am schlimmsten**. Ich war zwar nur **vier Monate** dort, aber das war schon lange genug. […] Dabei waren die Leute dort gut zu uns. Aber es gibt so **wenig Raum für Fantasie** – abgesehen vielleicht von den anderen Waisenkindern. Ja, man konnte sich vorstellen, dass das Mädchen neben einem in Wirklichkeit die Tochter eines echten Grafen ist, die als Säugling von einer grausamen Amme entführt wurde, die dann starb, bevor sie ein Geständnis ablegen konnte. **Nachts** bin ich oft wach geblieben und habe mir lauter solche **Sachen ausgedacht**, weil ich **tagsüber** dazu **keine Zeit** hatte. […]“ V

[3] das Waisenhaus: ein Heim für Kinder, die keine Eltern mehr haben

Auf dem weiteren Weg zum Hof erzählt Anne Matthew noch mehr von sich.

„[…] Diese roten Wege sehen so lustig aus. Als wir mit dem Zug aus Charlottetown herausfuhren und die roten Wege an unserem Fenster vorbeiflogen, da habe ich Mrs. Spencer gefragt, weshalb sie rot sind, und die meinte dann, sie wisse es nicht und ich solle um Himmels willen aufhören, ihr so viele **Fragen** zu **stellen**. Mindestens tausend Stück hätte ich ihr schon gestellt. Wahrscheinlich hatte sie recht. Aber wie soll man **Dinge herausfinden**, wenn man keine Fragen stellt? […] Ist es nicht eine herrliche Vorstellung, dass es noch so viele Dinge zu erforschen gibt? Ich bin so **froh, dass ich auf der Welt** bin. Die Welt ist so **interessant**! Und wenn wir schon alles wüssten, wäre sie nur halb so schön, nicht wahr? Man hätte überhaupt **keinen Raum für Fantasie**, oder? Aber ich **rede** wohl mal wieder **zu viel**. Das habe ich **schon oft zu hören bekommen**. Soll ich lieber den Mund halten? Wenn es sein muss, kann ich **still sein**, obwohl es mir, ehrlich gesagt, **ziemlich schwerfällt**.“ […] V

3 Was erfährst du noch über Anne? Ergänze deine Mind-Map von Seite 148.
- Wie fühlt sich Anne? Welchen Wunsch hat sie?
- Was erfährst du über Annes Vergangenheit? Wie hat sie die Nächte im Waisenhaus verbracht? Welche Eigenschaft kannst du daraus ableiten?
- Worüber spricht Anne noch? Welche Eigenschaft schließt du daraus?

3 *fantasievoll, träumerisch, offen, neugierig, wissbegierig, begeisterungsfähig, lebhaft, selbstkritisch …*

Auf dem Hof angekommen, sagt Marilla Anne schließlich, dass Matthew und sie eigentlich einen Jungen erwartet hatten.

[...] Es dauerte eine Weile, bis es[4] die ganze Tragweite der Situation begriff. Plötzlich ließ es die alte Reisetasche fallen und rang verzweifelt die Hände. „Sie wollen mich nicht!", jammerte es. „Sie wollen mich nicht haben, weil ich kein Junge bin! Ich hätte es doch ahnen müssen. Mich hat noch nie jemand gewollt. Es war einfach zu schön, um wahr zu sein. Ach, was soll ich jetzt nur tun?" Dicke Tränen kullerten über seine[4] Wangen. Es setzte sich auf einen Stuhl, schlug beide Hände vors Gesicht und fing bitterlich zu schluchzen an. Marilla und Matthew wechselten hilflose Blicke, keiner von ihnen wusste, was er tun sollte.

„Na, na!", sagte Marilla endlich. „Es gibt keinen Grund, so zu weinen." „Und ob es einen Grund gibt!" Das Kind hob sein tränenüberströmtes Gesicht. „*Sie* würden schließlich auch weinen, wenn Sie ein Waisenkind wären und dächten, Sie hätten ein Zuhause gefunden, und dann stellt sich plötzlich heraus, dass man Sie nicht behalten will, bloß weil Sie kein Junge sind. Das ist die größte Tragödie[5], die mir in meinem Leben je widerfahren ist!" [...] V

[4] Gemeint ist erneut das Mädchen Anne. [5] die Tragödie: ein großes Unglück

4 Anne erfährt, dass Matthew und Marilla lieber einen Jungen bei sich aufnehmen wollen.
- Wie fühlt sie sich?
- Wie reagiert sie?

Ergänze deine Mind-Map. Notiere zu jeder Information die Zeilenangabe.

Beim Lesen einer Geschichte entstehen im Kopf Bilder von den Figuren.

5 Welchen Eindruck hast du nach dem Lesen von Anne?
- Was gefällt dir an Anne?
- Kannst du ihr Verhalten nachvollziehen?
- Wie würdest du an ihrer Stelle handeln?
- Würdest du sie gern kennenlernen?

Begründe deine Aussagen in Stichworten.

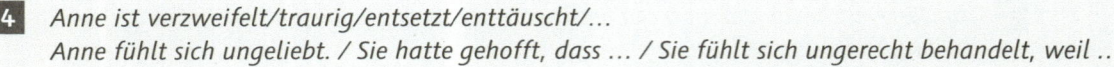

4 *Anne ist verzweifelt/traurig/entsetzt/enttäuscht/...*
Anne fühlt sich ungeliebt. / Sie hatte gehofft, dass ... / Sie fühlt sich ungerecht behandelt, weil ...

Die Figur charakterisieren, aus der Sicht der Figur schreiben

Schritt 2: Schreiben

**Nicht alle haben die Textausschnitte zu Anne gelesen.
Du kannst die Figur den anderen in einem kurzen Text vorstellen.**

1 Schreibe die Einleitung. Ergänze folgenden Satz.
In dem Buch ___ von ___ geht es um das Mädchen ___, das zu Matthew und Marilla Cuthbert auf den Hof Green Gables kommt.

2 Schreibe nun den Hauptteil auf der Grundlage deiner Mind-Map.
Schreibe im Präsens. Belege deine Aussagen am Text und erfinde nichts dazu.
Tipp: Du kannst auch Zitate in deinen Text einbauen.

▸ Aussagen am Text belegen, S. 140

- Wie alt ist Anne? Was weißt du über ihre Lebensumstände?
- Wie sieht Anne aus?
- Was hast du über ihre Gedanken und Gefühle erfahren?
- Welche Vorlieben und Wünsche hat sie?
- Was hast du über das Verhalten von Anne erfahren?
- Welche Eigenschaften kannst du aus ihrem Verhalten ableiten?

Bei **wörtlichen Zitaten** übernimmt man eine Textstelle und setzt sie in Anführungszeichen. Auslassungen kennzeichnet man mit [...]. In Klammern dahinter steht die Zeilenangabe (Z. 11).

3 Schreibe zum Schluss deine persönliche Meinung zu Anne auf und begründe sie. Verwende deine Stichworte aus Aufgabe 5 von Seite 150.

Anschließend könnt ihr eure Texte noch einmal überarbeiten.

Schritt 3: Überarbeiten

4 **a.** Überprüft eure Texte gegenseitig mithilfe der folgenden Fragen:
- Habt ihr zu allen Ästen der Mind-Map etwas geschrieben?
- Habt ihr eure Aussagen am Text belegt?

b. Überarbeitet eure Texte noch einmal, wenn etwas fehlt.

Stell dir vor, du bist Anne. Wähle eine der Aufgaben 5 1 oder 5 2 aus.

5 1 Schreibe einen Tagebucheintrag aus Annes Sicht.

5 2 Anne möchte Matthew und Marilla in einem Brief davon überzeugen, sie bei sich zu behalten. Schreibe den Brief aus Annes Sicht.

2 *Anne ist ... Jahre alt (Z. 1). Die letzten vier Monate hat sie ... Sie trägt ... Anne glaubt ... Als sie erfährt, dass ... Ihr Verhalten lässt darauf schließen, dass ...*

3 *Mir gefällt an Anne ... Ich kann ihr Verhalten ..., weil ... Ich würde sie gerne fragen, ...*

Die Figuren und ihre Situationen vorstellen

Ihr habt in diesem Kapitel Figuren aus verschiedenen Jugendbüchern kennengelernt und stellt sie euch nun gegenseitig in Form einer Wandzeitung vor.

1 a. Bildet Expertengruppen zu den verschiedenen Figuren, mit denen ihr euch in diesem Kapitel beschäftigt habt.

Gretchen | Hannes | Anne

b. Lest euch gegenseitig eure Texte vor und sprecht darüber.
- Habt ihr die gleichen Informationen zu der Figur aufgeschrieben?
- Welche Formulierungen in euren Texten sind besonders gut gelungen?
- Unterscheiden sich eure Eindrücke von der Figur?

2 Wählt gemeinsam die beste Einleitung und den besten Hauptteil aus oder stellt aus allen Texten eine neue Einleitung und einen neuen Hauptteil zusammen.

3 Gestaltet mit euren Arbeitsergebnissen zu eurer Figur eine Wandzeitung.
- Nehmt einen großen Papierbogen und schreibt als Überschrift den Namen eurer Figur auf.
- Klebt die Einleitung und den Hauptteil aus Aufgabe 2 mittig auf den Papierbogen. Klebt darunter eure verschiedenen Schlussteile.
- Klebt eure Texte aus der Sicht der Figur ebenfalls auf den Papierbogen.
- Hängt den Papierbogen im Klassenraum aus.

Tipp: Ihr könnt auf eurer Wandzeitung auch Textstellen ergänzen, die euch besonders gut gefallen.

In einem Galeriegang könnt ihr euch gegenseitig eure Wandzeitungen vorstellen. Bildet dazu Dreiergruppen mit je einem Experten zu einer der Figuren.

4 Stellt euch eure Figuren nacheinander in einem Galeriegang vor.
- Sagt zu Beginn etwas über die Figur und ihre Situation.
- Stellt ausgewählte Arbeitsergebnisse vor.
- Gebt euren Mitschülerinnen und Mitschülern Gelegenheit, Fragen zu stellen.

5 a. Welche Präsentation hat euch neugierig gemacht?

b. Welches Jugendbuch würdet ihr gern lesen, um mehr über die vorgestellte Figur zu erfahren? Begründet.

Die Arbeit auswerten, mit den Figuren weiterarbeiten

Ihr habt in diesem Kapitel Figuren charakterisiert, aus der Sicht der Figuren geschrieben und in Gruppen Wandzeitungen zu den Figuren gestaltet.

1 Gebt euch gegenseitig ein Feedback zu euren Wandzeitungen.
- Was ist besonders gelungen?
- Welche Anregungen könnt ihr noch geben?

2 Wertet die Gruppenarbeit gemeinsam aus:
- Was hat in der Gruppenarbeit besonders gut funktioniert?
- Was könnt ihr bei der nächsten Gruppenarbeit noch verbessern?

3 a. Beantwortet jeder für sich die folgenden Fragen:
  - Was ist dir schon gut gelungen?
  - Was musst du noch üben?

b. Sprecht über eure Erfahrungen.

Ihr könnt gemeinsam mit den Figuren weiterarbeiten.
Wählt eine der Aufgaben 4 1 oder 4 2 aus.

4 1 Spielt in der Klasse gemeinsam ein Ratespiel.

a. Jeder schreibt für sich Aussagen auf, die zu seiner Figur passen.
b. Sammelt alle Aussagen ein und mischt sie gut.
c. Einer von euch liest die Aussagen nacheinander laut vor und die anderen raten, zu welcher Figur die Aussage gehört.

4 2 Was wäre, wenn …

a. Bildet Dreiergruppen mit je einem Experten zu einer der Figuren.
b. Wählt eine der Situationen A bis C aus.

A *Die Figur sitzt in einem kaputten Fahrstuhl fest.*

B *Die Figur beobachtet einen Verkehrsunfall.*

C *Die Figur bekommt ein Geburtstagsgeschenk, das ihr überhaupt nicht gefällt.*

c. Stellt Vermutungen an, wie Gretchen, Hannes oder Anne in dieser Situation reagieren würden.
  - Wie würden sich eure Figuren jeweils verhalten?
  - Welche Unterschiede stellt ihr fest?

8 Szene für Szene – *Dramatische Texte untersuchen und vortragen*

**Mike, Torsten, Jan, Leo, Lara und Tina gehen in dieselbe Klasse.
Sie alle sind die Figuren aus dem Theaterstück** Wer anderen eine Grube gräbt …

Das Theaterstück handelt vom Thema Anerkennung. Es erzählt in sieben Abschnitten, den Szenen, von dem zentralen Konflikt zwischen Torsten und Mike.

Die Abbildung zeigt einen kurzen Ausschnitt aus Szene 1 des Theaterstücks.

1 Woran erkennt ihr, dass die Abbildung auf Seite 154 eine Theaterbühne zeigt?

2 a. Welche Gegenstände seht ihr auf der Bühne?
b. Wo könnte die Szene 1 vermutlich spielen?
c. Welcher Gegenstand ist unbedingt nötig für diesen Szenenausschnitt?

Der folgende Textausschnitt gehört zu der Abbildung auf Seite 154.

[...]
LARA Zeig mal! Eh, Wahnsinn! Ist das genial!
(TORSTEN legt seinen Arm um LARA, während er ihr sein Handy erklärt.)
TINA *(drängt sich dazwischen)* Kannste auch MP3s abspielen?
TORSTEN Aber immer! Hier, hör mal! *(Es erklingt eine quäkende Musik.)*
[...] V

3 Worin unterscheidet sich dieser Textausschnitt von dem Text in den Sprechblasen auf Seite 154?

Ein Theatertext enthält neben den Texten für die Schauspieler auch Hinweise für die Umsetzung des Theaterstückes. Diese Hinweise heißen Regieanweisungen.

4 a. Welche Regieanweisungen findet ihr in dem Textausschnitt oben?
b. Für wen sind diese Hinweise jeweils wichtig:
für die Schauspieler oder für den Bühnenbildner, der die Bühne gestaltet?

8 Szene für Szene – *Dramatische Texte untersuchen und vortragen*

In diesem Kapitel untersucht ihr einzelne Szenen aus dem Theaterstück Wer anderen eine Grube gräbt ... von A. H. Hub-Kuhn. Ihr lernt die Figuren genauer kennen und schreibt die Szenen mit eigenen Ideen zu Ende.

Szenisch spielen – praktische Übungen

Beim Theaterspielen drücken wir viel mit dem Körper und der Stimme aus. Damit wir eine Figur überzeugend spielen können, gibt es Übungen zur Vorbereitung.

1 Wählt aus den folgenden Übungen aus oder führt sie alle durch.

Sich begrüßen – ohne Worte

- Geht durch den Raum.
- Begrüßt euch unterschiedlich, ohne zu sprechen:

freundlich | genervt | zerstreut | in Eile | überschwänglich …

Gehen – auf verschiedene Weise

- Geht lautlos kreuz und quer im Raum herum.
- Geht wie in der Natur:

barfuß über Eis | über glühende Kohlen | durch Schlamm | über Pfützen …

- Geht zu Gefühlen:

fröhlich | wütend | begeistert | traurig | verzweifelt | zufrieden …

Aufgepasst: Heißer Stuhl!

- Stellt in die Mitte des Raumes einen Stuhl.
- Einer geht um den Stuhl herum und überlegt etwas.
- Sie/Er setzt sich hin – und merkt (ganz schnell oder sehr langsam):

die Sitzfläche ist glühend heiß | nass … auf dem Sitz liegt etwas Weiches | Hartes …

- Die anderen beobachten und erraten.
- Wechselt euch ab.

Gefühle darstellen – mit Gesicht und Händen

- Bildet einen kleinen Halbkreis aus Stühlen.
- Eine Gruppe von Spielern setzt sich auf die Stühle, die anderen beobachten.
- Die Spieler im Stuhlkreis drücken mit Gesicht und Händen folgende Gefühle aus:

die Wut | die Trauer | die Schadenfreude | das Mitleid | das Glück | das Entsetzen

- Die Spieler im Stuhlkreis bleiben zehn Sekunden mit dem Gefühlsausdruck still sitzen.
- Die anderen beobachten und versuchen, die gespielten Gefühle zu erkennen.

Welches Wetter ist heute? – ein Ratespiel

- Schreibt verschiedene Wetterlagen auf einzelne Zettel:

ein heftiger Schneesturm | ein leichter Sommerregen | glühende Hitze | ein Gewitter, das näher kommt | ein Platzregen | stürmischer Wind …

- Eine Gruppe zieht einen Zettel und geht entsprechend des Wetters durch den Raum.
- Die anderen beobachten und erraten.
- Wechselt euch ab.

Ihr habt mit eurem Körper – dem Gesicht, den Händen und den Beinen – verschiedene Situationen gespielt.

2 Wertet die Übungen gemeinsam aus:
- Was war leicht? Was fiel euch schwer?
- Warum sind solche Übungen für das Theaterspielen hilfreich?

Tipp: Ihr könnt im ersten Schritt eure Eindrücke auf einer digitalen Pinnwand sammeln.

Das Handy – eine Szene lesen, die Figuren kennenlernen

In dem Theaterstück Wer anderen eine Grube gräbt ... (2011) geht es in sieben Szenen um eine Gruppe von Schülerinnen und Schülern. Immer wieder wird Mike geärgert, weil er wenig Geld hat.

Mit Szene 1 beginnt das Theaterstück.

1 Lest die Szene 1 jeder für sich einmal durch oder lest sie mit verteilten Rollen.

1. Szene

*(Klassenraum mit üblicher Möblierung, man hört den Pausengong, unterschiedliche Musik von verschiedenen MP3-Playern oder Handys; Schüler blödeln herum, einige diskutieren über irgendeine Serie, während sie langsam den Klassenraum verlassen.)**

MIKE *(holt ein relativ altes Handymodell aus der Tasche und tippt eine Nummer ein)* Hi! Ich bin's. Wollte nur sagen, dass ich nach der Schule noch zu JAN gehe, bisschen Computer spielen. O. K.? Ciao!

TORSTEN Total wichtiges Gespräch, Alter! Mit deiner Mami, was? Immer schön Bescheid sagen!

MIKE Schnauze, du Idiot!

JAN *(Mikes Freund)* Lass MIKE in Ruhe!

TORSTEN *(unbeeindruckt)* Huuh, wie beeindruckend! Und das alles mit einem todschicken Handy Marke „Steinzeit“. Hast du dafür eigentlich einen Waffenschein?

LEO *(amüsiert)* Damit kannst du jemanden erschlagen, eh!

** Die besonders hervorgehobenen Regieanweisungen werden im Theaterspiel nicht gesprochen. Sie müssen aber für das Spielen der Szene beachtet werden.*

MIKE Verpiss dich!

LEO Idiot, eh!

TORSTEN *(zieht das allerneueste Handymodell aus der Tasche)** Wollen doch mal sehen, was das Internet so bietet. Kann dein Teil das auch? Oder Foto und Video? Willste mal sehen? Ist super!

LARA Zeig mal! Eh, Wahnsinn! Ist das genial!

(TORSTEN legt seinen Arm um LARA, während er ihr sein Handy erklärt.)

TINA *(drängt sich dazwischen)* Kannste auch MP3s abspielen?

TORSTEN Aber immer! Hier, hör mal! *(Es erklingt eine quäkende Musik.)*

LARA Wow. So ein Teil kaufen mir meine Eltern nie.

TORSTEN Ist ja auch ein bisschen teurer als so was! *(Er deutet verächtlich auf MIKEs Handy.)*

*(LEO, TINA und LARA lachen.
MIKE blickt traurig von LARA zu TORSTEN und verlässt den Raum.)* V

2 Beantworte folgende Fragen zum Inhalt der Szene:
- Wo spielt die Szene?
- Welche Figuren treten auf?
- Was erfahrt ihr über die einzelnen Figuren?
- Was ist das Thema der Szene 1?

In einem Standbild könnt ihr darstellen, wie die Figuren zueinander stehen: ob sie sich mögen und verstehen – oder ob es Spannungen gibt.

3 Stellt die Szene in einem Standbild dar.

Arbeitstechnik

Ein Standbild bauen
- Macht euch klar, welche Situation ihr darstellen wollt.
- Entscheidet, wer das Standbild baut. Das ist die Regisseurin / der Regisseur.
- Entscheidet, wer welche Figur darstellt.
- Die Regisseurin / Der Regisseur formt die Figuren: Position, Gestik, Mimik.
- Die Figuren bleiben wie auf einem Foto erstarrt stehen und schweigen.

4 Wertet das Standbild aus:
- Was habt ihr in eurer Rolle gedacht und gefühlt?
- Wie haben die Betrachter das Standbild gedeutet?

**Die Handys aus der Entstehungszeit des Theaterstücks (2011) verfügten nicht über die heutigen Funktionen.*

Sich in eine Figur hineinversetzen, szenisch lesen

Ihr habt die Figuren aus dem Theaterstück kennengelernt. Um einzelne Figuren und ihr Verhalten noch besser zu verstehen, könnt ihr euch in sie hineinversetzen. Ihr entwickelt eine Rollenbiografie.

Rollenbiografie Torsten

Ich bin Torsten Neumann aus der 7 a. Ich bin 13 Jahre alt und gehe auf die Gesamtschule am Sportpark. Mein Vater ist selbstständiger Schreinermeister und verdient gut. Er und meine Ma sind viel in der Werkstatt. Ich kann deswegen so ziemlich machen, was ich will. Merkt eh keiner. Ich habe jedenfalls immer ziemlich coole Klamotten und alle ein bis zwei Jahre ist'n neues Smartphone drin. Macht schon Spaß, vor den Mädchen damit ein bisschen anzugeben. Ich finde die Jenna aus der 7 c ziemlich klasse, aber gerade die lässt sich nicht beeindrucken. Na ja, halte ich mich eben an andere. Tut mir eigentlich auch leid für Mike, dass ich ihn immer ein bisschen rannehme. Ich stehe eben gerne im Mittelpunkt. Und wenn die Mädels mich so anhimmeln, huuh, ist eben ein tolles Gefühl.

1 a. Wer stellt Torsten vor? Woran erkennt ihr das?
b. Was erfahrt ihr Neues über Torsten? Was überrascht euch?
c. Welches Bild habt ihr jetzt von der Figur?

Diese Rollenbiografie für die Figur Torsten haben Theaterleute entwickelt. Da nicht alles über die Figur in dem Theaterstück steht, haben sie fehlende Informationen sinnvoll ergänzt. Das ist für das Spielen der Figur wichtig.

Ihr schreibt eine Rollenbiografie für die Figur Mike.

2 Was wisst ihr über Mike? Beantwortet die folgenden Fragen in Stichworten:
Tipp: Fehlende Informationen könnt ihr euch ausdenken.
Sie sollten aber zu der Figur passen.
- Wer ist Mike? (zum Beispiel Name, Alter, Aussehen)
- Wie lebt er? (zum Beispiel Familie, Wohnort, Schule)
- Welche Interessen hat er? Was mag er gern, was nicht?
- Welche Pläne und Wünsche hat er?
- Wie verhält er sich? Welche Gründe gibt es dafür?

3 Wie würde sich Mike vorstellen?
Versetze dich in die Figur von Mike.
- Schreibe in der Ich-Form.
- Verwende dein Ergebnis von Aufgabe 2.
- Schreibe im Präsens. Die Sprache muss zu der Rolle passen.

▶ Eine Rollenbiografie verfassen, S. 163

Ihr habt euch in die Figuren von Torsten und Mike hineinversetzt. Das hilft euch, den Text der Szene 1 so zu lesen, wie die Figuren sprechen würden.

4 a. Schreibt die Szene 1 gut lesbar in Handschrift auf oder mit dem PC. Tipp: Ihr könnt auch Rollenkarten* anlegen.
b. Verteilt die Rollen.

Lara | Tina | Mike | Torsten | Jan | Leo

Rollenkarte Torsten:
Total wichtiges Gespräch, | Alter!
...

5 a. Lies die Szene. Überlege, welche Gefühle deine Figur in der Situation hat. Think.
b. Bereite deine Rolle für das szenische Lesen vor:
- Trage Vortragszeichen ein.
- Ergänze Hinweise, wie du die Gefühle der Figur ausdrücken kannst.

c. Übe deine Rolle. Probiere dabei unterschiedliche Betonungen aus.

Info

Vortragszeichen:
___ = Wörter/Wortgruppen betonen
< = lauter werden
> = leiser werden
| = Pause

6 a. Stellt eure Rolle in der Gruppe vor und sprecht euren Text. Pair.
b. Gebt euch gegenseitig ein Feedback.

7 Lest den Text der Szene 1 szenisch. Share.
Tipp: Die Übergänge zwischen den Rollen sollten wie in einem echten Gespräch wirken.

**Mithilfe von Rollenkarten könnt ihr eure Rolle besser üben. Rollenkarten helfen euch, eine Szene zu spielen.*

6 ***So könnt ihr sprechen:***
triumphierend, neugierig, sehnsüchtig, traurig, überheblich, ironisch, gemein, nachdenklich, arrogant, freundlich ...

Eine Szene spielen

Ihr habt den Text von Szene 1 szenisch gelesen.
Beim Theaterstück kommen zur Sprache noch Mimik (Gesichtsausdruck) und Gestik (Bewegungen von Kopf, Schultern, Armen und Händen) hinzu.

A

B

C

1 Was könnten die Figuren mit ihrer Mimik und Gestik ausdrücken? Nennt Beispiele.

2 Ergänzt eure Rollenkarten mit Hinweisen zu passender Mimik und Gestik.

Rollenkarte Torsten:
Total wichtiges Gespräch, | Alter!
...
– grinsen, Kopf leicht wiegen, Schultern etwas anziehen
– Handflächen nach oben

Ihr könnt gemeinsam die Szene 1 spielen. Dazu müsst ihr planen, wo die Figuren auf der Bühne sind und was sie tun.

3 **a.** Bildet Sechsergruppen.
b. Lest euch noch einmal den Text auf den Seiten 158–159 durch.
c. Legt eine Tabelle als Szenenplan an.

Bühne (Wo?)	*Figuren (Wer?)*	*Handlung (Was?)*
am Pult	*Lara* *Leo*	*Lara sitzt gelangweilt.* *Leo kippelt mit dem Stuhl.*
vor der Tafel	*...*	*...*

4 **a.** Wie soll eure Bühne aussehen? Beratet euch.
Tipp: Ihr könnt auch eine Skizze anfertigen.
b. Tragt zusammen, was ihr benötigt.

5 **a.** Welche Gegenstände benötigt ihr als Requisiten? Sammelt Ideen.
b. Besorgt eure Requisiten.

6 Spielt die Szene. Gebt euch gegenseitig ein Feedback.

Theaterbegriffe, eine Rollenbiografie verfassen

Theaterstücke werden auf einer Bühne dargestellt. Folgende Begriffe helfen beim Verständnis:

die Bühne	der Ort des Schauspiels, meistens höher liegend als die Zuschauerplätze
der Dialog	ein Gespräch zwischen zwei oder mehr Figuren
die Figur	keine wirkliche Person, sondern ein Charakter aus dem Theaterstück
die Gestik	die Bewegungen von Kopf, Schultern, Armen und Händen
die Mimik	der Gesichtsausdruck
die Regieanweisung	ergänzende Hinweise, wie die Figuren sich bewegen oder sprechen sollen
die Regisseurin / der Regisseur	entscheidet maßgeblich darüber, wie die Schauspieler etwas darstellen und wie die Bühne gestaltet wird
die Requisiten	Gegenstände, die eine bedeutsame Rolle für das Stück spielen oder auch die Bühne dekorieren
die Rolle	die Figur, die eine Schauspielerin / ein Schauspieler darstellt und spricht
die Schauspielerin / der Schauspieler	eine wirkliche Person, die eine Figur in einem Theaterstück spielt
die Szene	eine kleinere Einheit eines Theaterstücks
der Vorhang	eine Trennung zwischen der Bühne und dem Zuschauerraum

Arbeitstechnik

Eine Rollenbiografie verfassen

In einer Rollenbiografie lasse ich **eine Figur** sich selbst **vorstellen**.
- Ich schreibe aus der Sicht einer Figur des Theaterstücks, also in der **Ich-Form**.
- Ich schreibe im **Präsens**. Die **Sprache** muss zu der Rolle **passen**.

Eine Rollenbiografie kann Antworten geben auf folgende Fragen:
- **Wer bin ich**? (zum Beispiel Name, Alter, Aussehen)
- **Wie lebe ich**? (zum Beispiel Familie, Wohnort, Schule)
- **Welche Interessen** habe ich? Was mag ich gern, was nicht?
- **Welche Pläne und Wünsche** habe ich?
- **Wie verhalte ich mich**? Welche **Gründe** gibt es dafür?

Der Hefter – eine Szene lesen, eine Figur vorstellen

Du hast den Anfang des Theaterstücks gelesen und die Figuren kennengelernt. In Szene 3 treffen zwei Figuren aufeinander …

1 Lies den Anfang von Szene 3.

3. Szene

Der leere Klassenraum; LARA tritt auf, sie sucht etwas; wenig später steht MIKE in der Tür.

MIKE Hallo, LARA! Kann ich dir helfen?

LARA Mein Mathehefter ist weg! Vorhin hatte ich ihn noch! Den müssen wir doch übermorgen zeigen!

MIKE Ach ja, stimmt! Da müsste ich ja auch noch einiges tun, Mist. Schwerdtfeger ist so ein eiskalter Hund. Der zensiert knallhart.

LARA Ich versteh' das nicht! Wo kann er nur sein?

MIKE *(bückt sich zum Papierkorb und zieht einen zerknüllten Hefter heraus)* Ist es der vielleicht?

LARA *(schreit auf)* Die dämliche Kuh! Das wird sie mir büßen!

MIKE Von wem sprichst du?

LARA Ist doch wohl klar, wer dahintersteckt: TINA natürlich! Sie hasst mich!

MIKE *(lacht)* Aber, aber! So schlimm wird's schon nicht sein, oder?

LARA Du hast doch keine Ahnung. Was willst du überhaupt hier?

MIKE Ich wollte … V

2 **a.** Schreibe die Überschrift Wer anderen eine Grube gräbt, Szene 3 auf.
b. Beantworte diese Fragen:
- Wo spielt die Szene 3?
- Welche Figuren treten in dieser Szene auf?
- In welcher Reihenfolge treten die Figuren auf?
- Was machen sie?

Tipp: Du findest wichtige Informationen auch in den *Regieanweisungen* (Zeile 1–2).

Die Szene 3 spielt … In dieser Szene treten …
Zuerst kommt … auf die Bühne, dann … Lara sucht …, Mike hilft/findet …

3 Was passiert in Szene 3? Schreibe die kurze Zusammenfassung auf und ergänze die Lücken.

Lara ist im ______ und sucht ihren ______.
______ kommt dazu und findet Laras Mathehefter im ______.
Lara glaubt, dass ______ den Mathehefter in den Papierkorb geworfen hat. Deshalb ist sie ______ auf Tina.

Papierkorb, Tina, Mike, wütend, Klassenzimmer, Mathehefter

Lara kennst du schon aus Szene 1.
In Szene 3 hast du noch mehr über sie erfahren.

4 Was weißt und erfährst du über Lara?
a. Schreibe als Überschrift Rollenbiografie Lara.
b. Lies die folgenden Aussagen und schreibe die sechs richtigen auf.

Lara geht in dieselbe Klasse wie Mike, Torsten, Jan, Leo und Tina. | Lara geht in die Klasse 7 b.

In der Klasse ist Lara sowohl bei den Jungen als auch bei den Mädchen beliebt. | Fast alle Jungen in der Klasse finden Lara toll. | Mike findet Lara toll.

Tina und Lara sind gute Freundinnen. | Lara und Tina verstehen sich nicht.

Lara ist wütend auf Tina, weil sie den Mathehefter versteckt hat. | Lara ist wütend auf Mike.

Lara und Mike kommen gut miteinander aus. | Lara und Mike können sich nicht leiden.

Wenn du eine Figur besser verstehen möchtest, kannst du dich in sie hineinversetzen.

5 Stell dir vor, du bist Lara. Stelle dich näher vor.
– Verwende dein Ergebnis von Aufgabe 4.
– Schreibe in der Ich-Form.
Tipp: Schreibe so, wie Lara spricht.

Hallo, ich heiße …
Ich gehe in die …
In der Klasse bin ich bei den Jungen …
Mit Tina verstehe ich mich …
Ich bin heute richtig wütend auf sie, denn …
Mike ist nett, wir kommen eigentlich …

► Eine Rollenbiografie verfassen, S. 163

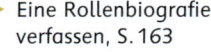

Eine Szene fortsetzen, szenisch lesen

Der Auszug von Szene 3 endet mit der Frage von Lara:
Was willst du überhaupt hier?
Du schreibst die Szene zu Ende.

1 a. Was könnte Mike im leeren Klassenzimmer vorgehabt haben? Oder was könnte Mike von Lara wollen? Sammle deine Ideen in einem Cluster.
b. Wie könnte Lara auf Mike und seinen Wunsch reagieren? Ergänze dein Cluster.
Tipp: Du kannst deine Ideen einer Partnerin / einem Partner vorstellen und dir weitere Anregungen holen.

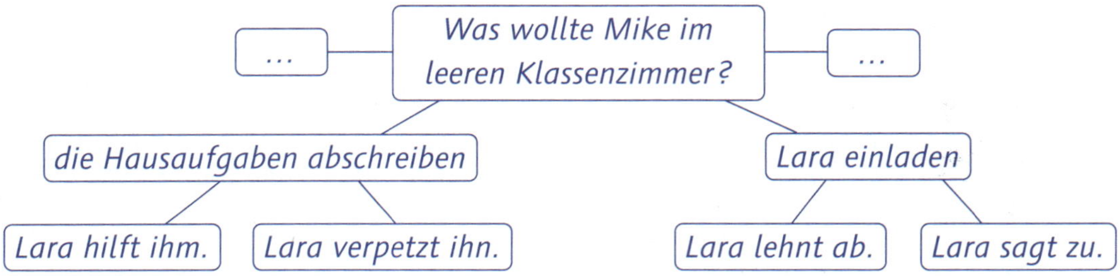

2 a. Welche Idee aus deinem Cluster gefällt dir am besten? Markiere.
b. Denke diese Idee weiter. Schreibe Stichworte auf.

Was und wie sprechen Lara und Mike miteinander?
Wenn du dich in die Figuren hineinversetzt,
kannst du den Dialog leichter schreiben.

3 a. Lies dazu noch einmal deine Rollenbiografie von Mike.
b. Lies noch einmal deine Rollenbiografie von Lara.

4 Was sprechen Lara und Mike miteinander? Schreibe deinen Dialog auf ein Blatt Papier.
Tipps:
- Lara und Mike unterhalten sich. Du darfst so schreiben, wie du sprichst.
- Lasse immer eine Zeile frei, sodass du leichter verbessern und später Regieanweisungen ergänzen kannst.

Lara: *Was willst du überhaupt hier?*
...
Mike: ...
...
Lara: ...
Mike: ...

Regieanweisungen sagen, wie die Figuren sprechen und handeln sollen. Sie geben auch Hinweise zur Bühne und zu benötigten Gegenständen.

5 Ergänze in deinem Dialog Regieanweisungen:
- Wie sprechen Mike oder Lara zueinander?
- Wie reagieren sie?
- Was tun sie?

laut, zögerlich … entsetzt, glücklich, erstaunt … Mike nimmt Laras Hand …

6 Welche Gegenstände werden benötigt? Ergänze deine Regieanweisungen.

ein Stuhl, ein Handy, ein Haargummi, Laras Mathehefter …

7 a. Überprüfe:
- Beziehen sich in deinem Dialog die Aussagen von Mike und Lara aufeinander?
- Sind deine Regieanweisungen sinnvoll und verständlich?

Tipp: Du kannst auch eine Partnerin / einen Partner um Feedback bitten.

b. Überarbeite, falls nötig.

c. Schreibe deinen Dialog und die Regieanweisungen gut lesbar in Handschrift auf oder mit dem PC.

Du hast die Szene 3 gelesen und dich in die Figuren hineinversetzt. Zu zweit könnt ihr den Text szenisch lesen und der Klasse vortragen.

8 Bereitet das szenische Lesen vor.

a. Schreibt die Szene 3 mit dem PC.

▶ Szene 3, S. 164

b. Druckt die Szene für jeden in der Gruppe aus.

Tipp: Ihr könnt auch für jede Rolle Rollenkarten anlegen.

▶ Rollenkarten anlegen, S. 161

9 a. Verteilt die Rollen.

b. Bereitet die Rollen für das szenische Lesen vor:
- Lest noch einmal, was die Figuren sagen.
- Überlegt, welche Gefühle die Figuren in der Situation haben.
- Tragt Vortragszeichen ein und ergänzt Hinweise, wie ihr die Gefühle ausdrücken könnt.

c. Übt gemeinsam das szenische Lesen. Achtet darauf, wer wann spricht.

Info

Vortragszeichen:

___ = Wörter/Wortgruppen betonen

< = lauter werden

> = leiser werden

| = Pause

Der Streit – eine Szene lesen, eine Figur vorstellen

Du kennst Mike, Torsten, Tina und Lara aus der 1. Szene.
Was in dem Theaterstück weiter passiert, erfährst du in der 2. Szene.

1 Lies den Anfang von Szene 2.

2. Szene

(Klassenraum nach der Pause, die übliche, lärmende Stimmung.)

TINA War ja 'ne tolle Leistung neulich beim Volleyball. Keinen Aufschlag ins Feld bringen – das hat schon was.

LARA Ach ja? Was hat es denn, du blöde Kuh?

TINA Hat was von Nichtskönner, von total unfähig!

LARA Aber du, was? Du bist die obercoole Sportskanone! Ha!

TINA Dich steck' ich doch an meinem schlechtesten Tag noch in die Tasche!

LARA Ach, du hast auch gute Tage? Das wüsste ich aber.

(Inzwischen haben sich TORSTEN und LEO dazugesellt und amüsieren sich über das Gezicke der Mädchen.)

TINA Du riskierst hier doch bloß 'ne dicke Lippe, weil dein TORSTEN dich beschützt.

TORSTEN He, TINA, was soll das?

LARA Mich muss niemand beschützen. Das ist eher was für Blonde wie dich!

LEO Ho, ho! Blondie ist am Zug!

TINA *(zu LEO)* Halt's Maul! Kümmere dich um deinen Kram!

(LEO und TORSTEN lachen)

TINA *(zu LARA)* Wer hier das Blondchen ist, wirst du schon noch sehen! Verlass' dich drauf!

LARA Muss ich jetzt Angst haben vor so einer Zicke wie dir?

TINA Zicke?

(Sie stürzt sich auf LARA, die Mädchen ringen miteinander; LEO und TORSTEN sehen zu und geben ihre Kommentare ab; LARA ist TINA körperlich unterlegen und kurz davor, richtig Prügel zu beziehen; ihr angeblicher Freund TORSTEN hält sich fein raus; plötzlich taucht MIKE auf.)

MIKE Was soll denn die Scheiße? Hört sofort auf, ihr blöden Zicken!

(Er zerrt TINA von LARA weg und muss sich wegen ihrer Gegenwehr in Acht nehmen.)

TINA Lass mich los!
MIKE Erst wenn du dich beruhigt hast, meine liebe TINA!
TINA Ich bin nicht deine liebe TINA! Und jetzt lass mich sofort los, sonst – ... V

2 **a.** Schreibe die Überschrift Wer anderen eine Grube gräbt, Szene 2 auf.
b. Beantworte die folgenden Fragen:
- Wo spielt die zweite Szene?
- Welche Figuren treten in dieser Szene auf?
- Was passiert?
  Beschreibe genau, wer streitet und wer den Streit beobachtet.

3 Warum stellt sich Mike nicht zu Torsten und Leo und schaut ebenfalls zu? Schreibe deine Vermutungen in Stichworten auf.

Um die Szene richtig zu verstehen ist es wichtig, auch die Figuren und ihre Beziehungen zueinander zu kennen.

4 **a.** Was weißt du schon über Lara und Tina aus Szene 1? Schreibe zu beiden eine kurze Einschätzung.
▶ Szene 1, S. 158–159
b. Geht es bei dem Streit in Szene 2 wirklich nur um Leistungen beim Volleyball? Schreibe deine Vermutung auf.

Ich denke, dass die Mädchen ...

Du lernst die Figur Tina noch besser kennen, wenn du dich in sie hineinversetzt.

5 Stell dir vor, du bist Tina. Stelle dich näher vor.
▶ Eine Rollenbiografie verfassen, S. 163
- Lies noch einmal dein Ergebnis von Aufgabe 4.
- Ergänze fehlende Informationen.
  Tipp: Du kannst sie dir ausdenken. Sie sollten aber zu der Figur Tina passen.
- Schreibe in der Ich-Form.

Hi, ich bin Tina ... Ich gehe in die Klasse ...

3 *vermutlich, wahrscheinlich, eventuell, bestimmt ...*

5 ***Folgende Informationen kannst du zum Beispiel ergänzen:***
den Namen, das Alter, das Aussehen, die Familie, den Wohnort, die Schule, die Interessen und Hobbys, die Pläne und Wünsche, das Verhalten

Die Szene fortsetzen, szenisch lesen

Der Auszug von Szene 2 endet, als Tina sagt:
Und jetzt lass mich sofort los, sonst ...
Du schreibst die Fortsetzung der Szene.

1 Wie könnte die Szene weitergehen?
Wähle ein Bild aus oder denke dir ein eigenes Ende aus.

A

B

?

Leo und Torsten | mischen sich ein | die Mädchen gehen weg | ...

der Lehrer Schwerdtfeger | kommt in den Klassenraum | alle gehen auf ihre Plätze | ...

2 Sammle Ideen in einem Cluster. Schreibe Stichworte auf:
- Was tut Mike?
- Wie reagieren die Mädchen?
- Wie reagieren Leo und Torsten?

Tipp: Du kannst deine Ideen einer Partnerin / einem Partner vorstellen und dir weitere Anregungen holen.

... | ...

Tina sagt zu Mike: Und jetzt lass mich sofort los, sonst ...

... | ...

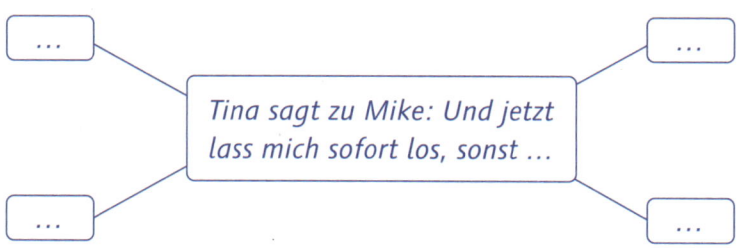

3 Welche Idee aus deinem Cluster gefällt dir am besten? Markiere.

Wenn du dich in die Figuren hineinversetzt, kannst du einen Dialog leichter schreiben.

4 Wie könnten die Figuren miteinander sprechen?
a. Lies dazu noch einmal die Rollenbiografie von Torsten auf Seite 160 und deine Rollenbiografien von Mike und Tina.
b. Notiere Stichworte zu Verhalten und Sprechweise der Figuren, die dir beim Formulieren eines Dialogs helfen.

MK **5** Schreibe mithilfe deiner Ergebnisse der Aufgaben 2–4 einen Dialog zwischen den Jugendlichen. Schreibe mit dem PC.
Tipp: Orientiere dich daran, wie die Figuren in Szene 2 sprechen.

Regieanweisungen sagen, wie die Figuren sprechen und handeln sollen. Sie geben auch Hinweise zur Bühne und zu benötigten Gegenständen.

MK **6** **a.** Ergänze in deinem Dialog Regieanweisungen:
- Wie sprechen die Figuren?
- Was tun sie?
- Welche Gegenstände werden vielleicht benötigt?

b. Überprüfe und überarbeite, falls nötig.
Tipp: Du kannst auch eine Partnerin / einen Partner um ein Feedback bitten.
c. Schreibe dein überarbeites Ende mit dem PC.

Du hast die Szene, die Figuren und ihre Beziehungen untersucht. Mit anderen in der Gruppe kannst du die Szene 2 szenisch lesen und der Klasse vortragen.

MK **7** **a.** Schreibt die Szene 2 mit dem PC.
b. Druckt die Szene für jeden in der Gruppe aus.
Tipp: Ihr könnt auch für jede Rolle Rollenkarten anlegen.

▶ Szene 2, S. 168–169
▶ Rollenkarten anlegen, S. 161

8 **a.** Verteilt die Rollen.
b. Bereitet die Rollen für das szenische Lesen vor:
- Lest noch einmal, was die Figuren sagen.
- Tragt Vortragszeichen ein.
- Ergänzt Hinweise, wie ihr die Gefühle der Figuren ausdrücken könnt.

c. Übt gemeinsam das szenische Lesen.
Achtet darauf, wer wann spricht.

Info

Vortragszeichen:

___	= Wörter/Wortgruppen betonen
<	= lauter werden
>	= leiser werden
|	= Pause

Szenisch präsentieren

**Ihr habt verschiedene Szenen des Theaterstücks Wer anderen eine Grube gräbt … gelesen und das szenische Lesen geübt.
Nun tragt ihr euch die Szenen gegenseitig vor.**

1 Welcher Satz passt zu der Szene, die ihr bearbeitet habt?
Ordnet zu und legt so die richtige Reihenfolge für das szenische Lesen fest.

Mike hilft Lara.

Mike schlichtet einen Streit.

Einige Mitschüler verspotten Mike.

2 a. Bildet Gruppen zu jeder Szene.
b. Legt fest, wo sich die Figuren im Raum befinden.
c. Entscheidet, wer welche Rolle szenisch liest.
Tipps:
- Überprüft, ob ihr für die Regieanweisungen eine Erzählerin / einen Erzähler benötigt.
- Ihr könnt auch eure selbst geschriebenen Dialoge szenisch lesen.

3 Lernt die Szenen der anderen kennen.
- Lest nacheinander die Szenen 2 und 3 des Theaterstücks szenisch vor.
- Die Zuhörer geben nach jeder Szene ein kurzes Feedback. Sie stellen Vermutungen darüber an, welche Dialogteile selbst geschrieben wurden.

MK Tipp: Wenn ihr eure szenischen Lesungen filmt, könnt ihr später gezielt über Verbesserungsmöglichkeiten nachdenken.

Ihr habt die Figuren des Theaterstücks auf der Grundlage unterschiedlicher Szenen kennengelernt und Rollenbiografien geschrieben.

4 a. Lest eure Rollenbiografien reihum vor.
b. Die anderen hören zu und sagen, was ihnen besonders gefällt.
Tipp: Ihr könnt auch in einer Feedback-App schreiben, was euch gefallen hat.
Mir hat besonders gefallen …
Besonders gelungen finde ich …
Du hast … gut dargestellt.

Über die eigene Arbeit nachdenken

Ihr könnt über die Szene und eure eigene Arbeit nachdenken. Dabei hilft das Dreischritt-Interview.

Arbeitstechnik

Ein Dreischritt-Interview durchführen
- Legt ein Thema fest, zu dem ihr euch gegenseitig interviewt.
- Geht in drei Schritten vor:
  Schritt 1: [A] interviewt [B], [C] macht Notizen.
  Schritt 2: [B] interviewt [C] und [A] notiert.
  Schritt 3: [C] interviewt [A] und [B] notiert.

1 **a.** Bildet Dreiergruppen für die Interviews.
b. Legt fest, wer zuerst interviewt [A], antwortet [B] und notiert [C].

2 Führt ein Dreischritt-Interview durch. Beachtet dabei die Arbeitstechnik.
a. Stellt euch gegenseitig die Fragen und beantwortet sie:
- Welche Figur aus dem Stück gefällt dir am besten? Begründe.

- Wie könnte der Konflikt in der Gruppe rund um Mike und Torsten gelöst werden? Nenne eine Idee.
- Wie hat dir das Fortsetzen der Szene mit eigenen Ideen gefallen? Begründe.
- Was hast du durch die Ergebnisse der anderen aus deiner Klasse gelernt? Benenne.
- Was ist dir leichtgefallen? Benenne.
- Was möchtest du noch üben? Nenne mindestens zwei Punkte.

b. Führt die Schritte 2 und 3 des Dreischritt-Interviews durch.

3 **a.** Bildet aus zwei Dreiergruppen eine Sechsergruppe.
b. Stellt euch gegenseitig eure Notizen vor.

9 Geheime Verführer – *Werbung untersuchen und gestalten*

Werbung wird oft so gestaltet, dass sie uns neugierig macht und neue Wünsche weckt.

1 Seht euch die Werbeanzeigen an.
- Worauf wird euer Blick gelenkt?
- Wie wirken die Farben?
- Was macht euch neugierig?
- Wofür wird geworben?
- Wen könnte die Werbung ansprechen?

In unserem Alltag ist Werbung allgegenwärtig.

Auch ihr seid täglich von Werbung umgeben.

2 a. An welchem Ort und in welchen Medien begegnet euch Werbung in eurem Alltag?
b. Welche Werbung gefällt euch aktuell besonders gut? Welche Werbung findet ihr besonders nervig? Woran liegt das jeweils?

9 Geheime Verführer – *Werbung untersuchen*

In diesem Kapitel lernt ihr den Aufbau, die Wirkung und die sprachliche Gestaltung von Werbung kennen. Am Schluss gestaltet ihr eigene Werbeanzeigen und erfahrt, wie sie auf andere wirken.

Der Großeinkauf – eine Werbeanzeige untersuchen

Werbung möchte innerhalb kürzester Zeit unsere Aufmerksamkeit gewinnen und sich in unser Gedächtnis einprägen.

1 a. Betrachtet die Werbeanzeige einige Sekunden lang.
b. Klappt das Buch zu. Notiert jeder für sich, woran ihr euch am deutlichsten erinnert.
c. Vergleicht eure Stichworte in der Klasse.

Eine Werbeanzeige besteht häufig aus mehreren Bestandteilen.

2 a. Welche Bestandteile enthält die Werbeanzeige? Ordnet die Fachbegriffe den Bestandteilen 1 – 4 zu.

der Slogan | die Informationen zum Werbenden | das Bild | die Produktabbildung*

b. Beschreibt den Aufbau der Werbeanzeige. Verwendet die Fachbegriffe.
c. Worauf fiel euer Blick zuerst?

*der Slogan [englisch, sprich: slogn]: der Werbespruch

2 c. *Mein Blick fiel zuerst auf den Slogan / auf das Bild / auf das Logo des Werbenden / …*

Die Aufmerksamkeit wird häufig durch das Bild und den Slogan gewonnen.

Bildet Gruppen und untersucht die Werbeanzeige genauer. Haltet eure Gruppenergebnisse in Stichworten fest.

3 Seht euch zunächst das Bild genauer an.
- **a.** Was ist abgebildet? Beschreibt.
- **b.** Wie wirkt das Bild auf euch? Begründet mithilfe folgender Fragen:
  - Worauf wird euer Blick gelenkt? Was ist der Eyecatcher**?
  - Wie wirken die Personen?
  - Welche Stimmung erzeugen die Farben?

4 Untersucht nun den Slogan. Notiert Stichworte zu folgenden Fragen:
- Bei wem „entschuldigt" sich das Unternehmen und warum?
- Welche Sachinformationen enthält der Slogan?
- Welche sprachlichen Besonderheiten enthält der Slogan?
- Wie wird die Aufmerksamkeit auf den Namen des Unternehmens gelenkt?

> *HORNBACH sagt sorry.*
> *Aber nicht für die 160.000 Artikel.*

5 Wie passen Bild und Slogan der Anzeige zusammen? Begründet.

6 Wofür wirbt die Werbeanzeige? Notiert eure Vermutung.

Werbung spielt oft mit klassischen Rollenbildern.

7 Untersucht das Rollenbild, das in der Werbeanzeige vermittelt wird.
- **a.** Wie ist der Mann in der Werbeanzeige dargestellt?
  Wie die Frau? Beschreibe.
- **b.** Welche Klischees*** werden ihnen jeweils zugeschrieben?
  Welche Klischees werden durchbrochen? Notiert Stichworte.

***der Eyecatcher [englisch, sprich: eikätscher]: der Hingucker, der Blickfang*
****das Klischee: eine festgefahrene Vorstellung von etwas (hier: die Vorstellung davon, was typisch männlich oder typisch weiblich ist)*

3 *Das Bild zeigt … Der Blick fällt sofort auf … Die Frau wirkt … Der Mann wirkt …*
Die Farben wirken … Das Bild erzeugt eine freundliche/lustige/positive/… Stimmung.

Eine Werbeanzeige richtet sich oft an einen ganz bestimmten Personenkreis, die sogenannte Zielgruppe.

8 a. An welche Zielgruppe könnte sich die Werbeanzeige richten? Begründet.
b. Wo könnte die Werbeanzeige platziert werden, um diese Zielgruppe zu erreichen? Sammelt Ideen.

Werbung möchte die Zielgruppe zu einer bestimmten Handlung, häufig zum Kauf eines Produktes, auffordern. Dazu ist Werbung oft nach dem AIDA-Prinzip gestaltet.

Das AIDA-Prinzip
- Attention (Aufmerksamkeit)
- Interest (Interesse)
- Desire (Wunsch)
- Action (Handlung)

9 Wie gewinnt die Werbeanzeige die Aufmerksamkeit (Attention) der Zielgruppe?

10 Wie weckt die Werbeanzeige das Interesse (Interest) der Zielgruppe?

11 a. Welchen Wunsch (Desire) erzeugt die Werbeanzeige bei der Zielgruppe?

ein schönes Zuhause haben | Erholung bekommen | Spaß haben | cool sein | sich etwas Gutes tun | kreativ sein | etwas gestalten | etwas dazulernen | ...

b. Wodurch wird dieser Wunsch erzeugt?

12 Zu welcher Handlung (Action) fordert die Werbeanzeige die Zielgruppe auf?

13 a. Besprecht eure Ergebnisse zu den Aufgaben 3 bis 12 in der Klasse.
b. Findet ihr die Werbeanzeige gelungen? Begründet.

Auch die Werbeanzeigen auf Seite 174 sind nach dem AIDA-Prinzip gestaltet.

14 a. Untersucht eine der Werbeanzeigen von Seite 174 mithilfe des AIDA-Prinzips. Erstellt ein Placemat.
– A: Wie erregt die Werbeanzeige die Aufmerksamkeit der Zielgruppe?
– I: Wie weckt die Werbeanzeige das Interesse?
– D: Welchen Wunsch erzeugt die Werbeanzeige?
– A: Zu welcher Handlung fordert die Werbeanzeige auf?

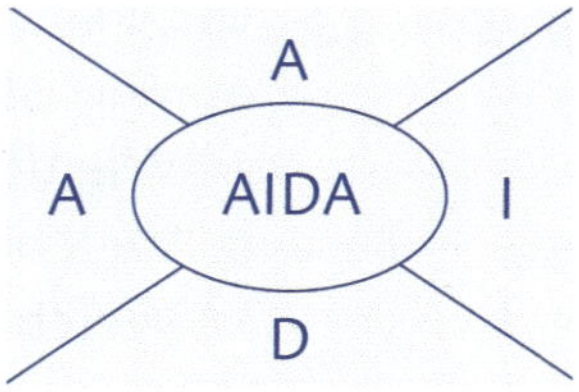

b. Vergleicht eure Ergebnisse mit einer anderen Gruppe.

8 a. *Beispiele für Zielgruppen: Kinder, Jugendliche, Frauen, Senioren ...*
b. *in einem sozialen Netzwerk, in einer Tageszeitung, an einer Bushaltestelle ...*

9 *Die Werbeanzeige gewinnt die Aufmerksamkeit der Zielgruppe über das Bild / über den Slogan / ...*

13 b. *Ich finde die Werbeanzeige (nicht) gelungen/überzeugend/ansprechend/..., weil ...*

Wie ist eine Werbeanzeige aufgebaut?

Eine Werbeanzeige hat verschiedene Bestandteile.

das Bild

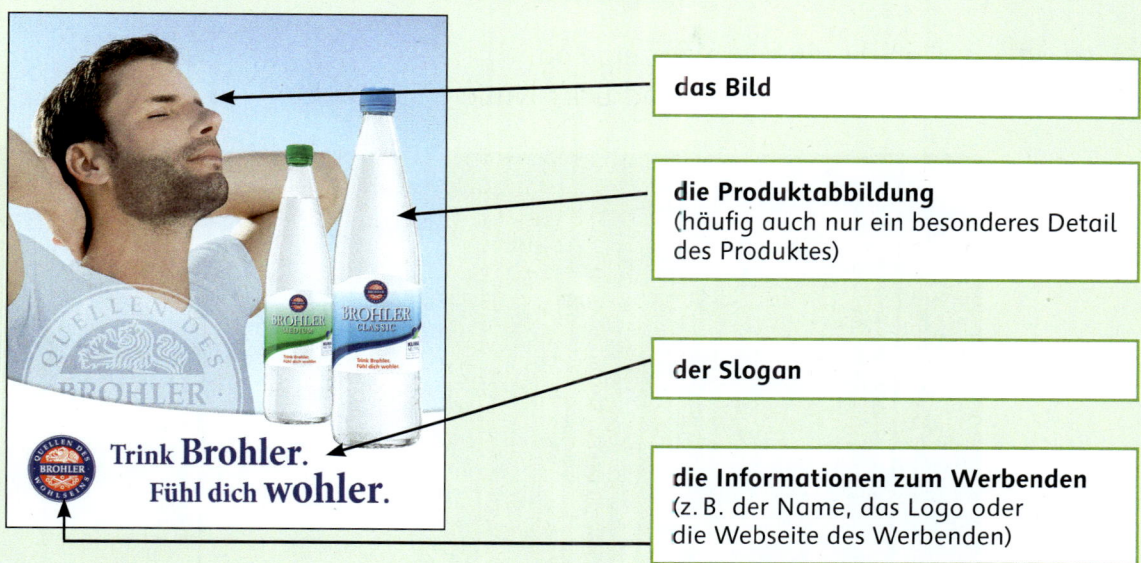

die Produktabbildung
(häufig auch nur ein besonderes Detail des Produktes)

der Slogan

die Informationen zum Werbenden
(z. B. der Name, das Logo oder die Webseite des Werbenden)

Eine Werbeanzeige richtet sich meist an eine bestimmte Zielgruppe und ist häufig nach dem AIDA-Prinzip gestaltet.

Attention (die Aufmerksamkeit)	Eine Werbeanzeige möchte die Aufmerksamkeit der Zielgruppe gewinnen (z. B. durch ein witziges Bild, einen gelungenen Slogan oder eine ungewöhnliche Text-Bild-Kombination).
Interest (das Interesse)	Eine Werbeanzeige möchte die Zielgruppe neugierig machen und ihr Interesse für ein Unternehmen/Produkt/Thema wecken.
Desire (der Wunsch)	Eine Werbeanzeige möchte bei der Zielgruppe einen Wunsch erzeugen (z. B. das Produkt zu besitzen oder zu helfen).
Action (die Handlung)	Eine Werbeanzeige möchte die Zielgruppe zu einer Handlung auffordern (z. B. das Produkt zu kaufen oder ihre Einstellung und ihr Verhalten zu ändern).

Attention
„Trink Brohler. Fühl dich wohler." Geht es um einen Energydrink? Geht es um Gesundheit?

Interest
Das Bild zeigt, dass es Mineralwasser ist.

Desire
Ich möchte so gut aussehen, so sportlich, fit, attraktiv und gesund wirken wie der Mann.

Action
Ich kaufe das Mineralwasser und fühle mich genauso wie der Mann auf dem Bild.

Die Nachtaktiven – eine Werbeanzeige untersuchen

Die folgende Werbeanzeige wirbt für eine besondere Veranstaltung.

1 a. Sieh dir die Werbeanzeige an.
b. Wie ist dein erster Eindruck? Notiere Stichworte.

2 Wofür wirbt die Werbeanzeige?

Der Kölner Zoo wirbt mit der Werbeanzeige für …

Du untersuchst die Werbeanzeige genauer.

3 Untersuche zunächst das Bild. Notiere Stichworte.
- Was zeigt das Bild?
- Worauf wird dein Blick gelenkt?
- Welche Stimmung vermitteln die Farben?

ein Waschbär | der Mond | bei Nacht | aufrecht | aktiv | düster | abenteuerlich | spannend | lustig | …

4 Untersuche den Slogan. Notiere Stichworte.
- Wer ist mit den Nachtaktiven gemeint? Lies den Lexikonartikel.
- Welche Erwartungen weckt der Slogan?
- Welche Sprache wird im Slogan benutzt?

nachtaktive Tiere: Tiere, die tagsüber schlafen und erst abends oder nachts aktiv werden. Nachtaktive Tiere sind zum Beispiel Eulen, Fledermäuse und Igel, aber auch Waschbären, Rehe und Wildschweine.

Die Werbeanzeige ist nach dem AIDA-Prinzip gestaltet. Du gehörst zur Zielgruppe.

Das AIDA-Prinzip
- **A**ttention (Aufmerksamkeit)
- **I**nterest (Interesse)
- **D**esire (Wunsch)
- **A**ction (Handlung)

5 Wie gewinnt die Werbeanzeige deine Aufmerksamkeit? Was ist besonders auffällig?

das Bild | der Slogan | die Farben | …

6 Wie weckt die Werbeanzeige dein Interesse? Was macht dich neugierig?

7 Welchen Wunsch erzeugt die Werbeanzeige bei dir?

etwas dazulernen | unterhalten werden | Spaß haben | …

8 Zu welcher Handlung fordert die Werbeanzeige dich auf?

den Zoo besuchen | an einer Abendführung teilnehmen | nachtaktive Tiere sehen | am Abend | …

9 Überzeugt dich die Werbeanzeige oder nicht? Begründe.

Mich überzeugt die Werbeanzeige,	weil …
Mich überzeugt die Werbeanzeige nicht,	

Eine Werbeanzeige gestalten

Bilder in der Werbung sollen aufmerksam machen. Hier siehst du Bilder, mit denen du für eine Spendenaktion für ein Tierheim werben könntest.

1

2

3

1 a. Welches Bild gewinnt deine Aufmerksamkeit besonders?
b. Welche Gefühle und Erwartungen wecken die Bilder jeweils?
c. Mit welchem Bild würdest du werben? Begründe.

Ich würde mich für Bild … entscheiden, weil es …

Slogans (Werbesprüche) können die Wirkung der Bilder unterstützen.

Hilf uns!

Möchtest du Hunderetterin werden?

Sei ein Held und spende Geld!

2 Welchen Slogan würdest du wählen? Begründe.

Nun gestaltest du eine Werbeanzeige.
Du kannst selbst entscheiden, ob du allein, mit einer Partnerin / einem Partner oder in der Gruppe arbeiten möchtest.

3 Wofür möchtet ihr werben? Denkt euch ein Produkt, eine Veranstaltung oder eine Spendenaktion aus.
Tipp: Ihr könnt auch eine Idee vom Rand wählen.

eine Spendenaktion für ein Tierheim, ein Besuch in der Kletterhalle, ein Turnschuh

4 Wen soll eure Werbung ansprechen?
a. Legt fest, bei welcher Zielgruppe ihr werben möchtet.
b. Beschreibt eure Zielgruppe in Stichworten.

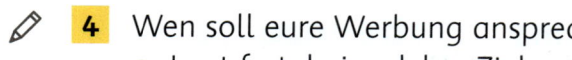

5 Mit welchem Bild könnt ihr die Aufmerksamkeit der Zielgruppe gewinnen? Findet ein passendes Bild.
Tipp: Ihr könnt das Bild selbst zeichnen, fotografieren oder im Internet recherchieren. Denkt daran, die Quelle und den Urheber zu notieren, wenn ihr ein fremdes Bild verwendet.

6 Überlegt euch einen passenden Slogan.
Tipp: Ihr könnt euren Slogan als Ausruf oder als Frage formulieren oder einen Reim verwenden.

7 Welche zusätzlichen Informationen soll eure Werbeanzeige enthalten? Schreibt auf.

8 Wie möchtet ihr eure Werbeanzeige aufbauen?
Erstellt einen Entwurf.
- Wo soll das Bild stehen?
- Wo soll der Slogan stehen?
- Wo sollen die zusätzlichen Informationen stehen?

Bevor ihr eure Werbeanzeige ausarbeitet, könnt ihr euren Entwurf mithilfe des AIDA-Prinzips noch einmal überprüfen.

9 a. Überprüft euren Entwurf mithilfe des AIDA-Prinzips:
- Gewinnt eure Werbeanzeige die Aufmerksamkeit der Zielgruppe?
- Weckt eure Werbeanzeige das Interesse der Zielgruppe?
- Erzeugt eure Werbeanzeige einen Wunsch bei der Zielgruppe?
- Fordert eure Werbeanzeige die Zielgruppe zu der gewünschten Handlung auf?

b. Überarbeitet euren Entwurf, falls nötig.

Zum Schluss gestaltet ihr eure Werbeanzeige.

10 Gestaltet eure Werbeanzeige auf einem großen Blatt Papier (A3-Format).
Tipp: Ihr könnt eure Werbeanzeige handschriftlich oder mit dem PC gestalten.

Für einen guten Zweck – eine Werbeanzeige untersuchen

Die folgende Werbeanzeige wirbt für Spenden zum Schutz der Meeresbewohner.

1 a. Sieh dir die Werbeanzeige an.
b. Wie ist dein erster Eindruck? Notiere Stichworte.

2 Wie ist die Werbeanzeige aufgebaut?
Beschreibe den Aufbau der Werbeanzeige mithilfe der Fachbegriffe.

das Bild | der Slogan | das Logo des Werbenden | die weiteren Informationen

Du untersuchst die Werbeanzeige genauer.

3 Untersuche zunächst das Bild. Notiere Stichworte.
- Was zeigt das Bild?
- Worauf wird dein Blick gelenkt? Was ist der Eyecatcher?
- Welche Stimmung vermitteln die Farben?

Werbung spielt oft mit Sprache.

4 Untersuche nun den Slogan.
a. Welche sprachliche Besonderheit enthält der Slogan? Beschreibe.
b. Erkläre das Wortspiel in eigenen Worten.

Wir haben die Schnauze voll.

2 *Rechts oben befindet sich … Oben links steht …*
Unten links steht … Daneben ist …

4 **b.** *Der Slogan ist doppeldeutig. Er bedeutet auch, dass die Tieren im Meer …*

Der Text informiert genauer über den Plastikmüll in den Weltmeeren.

5 **a.** Lies den Text.
b. Was ist das Besondere an der Botschaft, für die geworben wird? Schreibe es auf.

Unsere Ozeane versinken immer mehr im Müll. In jedem Quadratkilometer Meer schwimmen heute mehrere hunderttausend Teile Mikroplastik* und Plastikmüll. Hauptsächlich wird Plastik von Land aus über Flüsse in die Meere eingetragen. Dies passiert vor allem in den Ländern, in denen die Sammlung und Verwertung von Abfällen nicht richtig funktioniert. Einen Schwerpunkt bilden dabei die Länder Südostasiens. Unterstützen Sie Modellprojekte wie am Mekong in Vietnam, damit wir nie mehr Bilder von Tieren sehen müssen, die durch den Eintrag von Plastikmüll in die Meere verendet sind.

6 Werbung richtet sich meist an eine bestimmte Zielgruppe.
Notiere Stichworte zu folgenden Fragen:
– Welche Zielgruppe wird mit der Werbeanzeige vermutlich angesprochen?
– Wie würdest du diese Zielgruppe beschreiben?

Die Werbeanzeige ist nach dem AIDA-Prinzip aufgebaut.

7 Untersuche die Werbeanzeige mithilfe des AIDA-Prinzips.
Schreibe zu jedem AIDA-Buchstaben einen Satz auf.

▶ Das AIDA-Prinzip, S. 179

– A: Wie gewinnt die Werbeanzeige die Aufmerksamkeit der Zielgruppe?
– I: Wie weckt die Werbeanzeige das Interesse der Zielgruppe?
– D: Welchen Wunsch erzeugt die Werbeanzeige bei der Zielgruppe?
– A: Zu welcher Handlung fordert die Anzeige die Zielgruppe auf?

8 Findest du die Werbeanzeige gelungen oder nicht? Begründe.

**Als Mikroplastik bezeichnet man kleine Teile aus Kunststoff mit einem Durchmesser unter 5 mm.*

6 *vermutlich, wahrscheinlich, bestimmt …*
für Umweltschützer, Tierschützer … / wollen Umwelt schützen, Lebensraum der Tiere erhalten, Plastikmüll verringern, …

7 **A:** *Die Werbeanzeige gewinnt die Aufmerksamkeit durch …*
I: *Der Slogan weckt das Interesse, indem …*
D: *Bei der Zielgruppe wird der Wunsch erzeugt, Meeresbewohnern zu helfen / etwas Gutes zu tun / die Lebensverhältnisse der Meeresbewohner zu verbessern und zu schützen / etwas für den Schutz der Umwelt zu tun*
A: *Die Werbeanzeige fordert die Zielgruppe dazu auf, auf, für Aktionen zum Schutz der Umwelt zu spenden und die Verwendung von Plastik zu reduzieren.*

8 *Ich finde die Werbeanzeige (nicht) gelungen/ansprechend/uninteressant/…, weil …*

Slogans untersuchen, sprachliche Mittel bestimmen

Neben Bildern wecken auch Slogans die Aufmerksamkeit und das Interesse. Hier siehst du verschiedene Slogans:

Und der Hunger ist gegessen.

Come in and find out.

Guten Freunden gibt man ein Küsschen.

Ich bin doch nicht blöd.

1 a. Welche der Slogans kennst du?
b. Welche weiteren Slogans fallen dir ein? Schreibe sie auf.

Damit sich Slogans einprägen, enthalten sie oft sprachliche Mittel.

Naschermittwoch

Can't beat the feeling.

Der Käse, der aus der Reihe tanzt.

So wertvoll wie ein kleines Steak.

Ganze Nuss im Überfluss.

2 a. Übertrage die Tabelle in dein Heft.
b. Ordne die Slogans den sprachlichen Mitteln zu.

sprachliche Mittel in Slogans	*Beispiele*
Reim	...
Vergleich	...
Wörter aus anderen Sprachen (z. B. aus dem Englischen)	...
Wortneuschöpfungen (Wörter, die es eigentlich nicht gibt)	...
Personifikation (dem Produkt werden menschliche Eigenschaften oder Verhaltensweisen zugeschrieben)	...

3 Prüfe, ob in deinen Slogans aus Aufgabe 1b ebenfalls sprachliche Mittel vorkommen.
Ergänze sie gegebenenfalls in der Tabelle.

Eine Werbeanzeige gestalten

Nun gestaltet ihr eine Werbeanzeige. Ihr könnt selbst entscheiden, ob ihr allein, mit einer Partnerin / einem Partner oder in der Gruppe arbeitet.

1 Wofür möchtet ihr werben? Denkt euch ein Produkt, eine Veranstaltung oder eine Spendenaktion aus.

2 Wen möchtet ihr mit eurer Werbung ansprechen?
a. Legt fest, für welche Zielgruppe ihr werben möchtet.
b. Beschreibt eure Zielgruppe in Stichworten.

MK **3** Mit welchem Bild könnt ihr die Aufmerksamkeit der Zielgruppe gewinnen? Findet ein passendes Bild.
Tipp: Ihr könnt das Bild selbst zeichnen, fotografieren oder im Internet recherchieren. Denkt daran, die Quelle und den Urheber zu vermerken, wenn ihr ein fremdes Bild verwendet.

4 Überlegt euch einen Slogan, der sich leicht einprägt.
Verwendet möglichst ein sprachliches Mittel.

5 Welche weiteren Informationen soll eure Werbeanzeige enthalten? Schreibt auf.

6 Wie könnt ihr eure Werbeanzeige aufbauen, damit sie möglichst überzeugend wirkt? Erstellt einen Entwurf.

7 **a.** Überprüft euren Entwurf noch einmal mithilfe des AIDA-Prinzips:
- Gewinnt eure Werbeanzeige die Aufmerksamkeit der Zielgruppe?
- Weckt eure Werbeanzeige das Interesse der Zielgruppe?
- Erzeugt eure Werbeanzeige einen Wunsch bei der Zielgruppe?
- Fordert eure Werbeanzeige die Zielgruppe zu der gewünschten Handlung auf?

b. Überarbeitet euren Entwurf, falls nötig.

MK **8** Gestaltet eure Werbeanzeige auf einem großen Blatt Papier (A3-Format).
Tipp: Ihr könnt eure Werbeanzeige handschriftlich oder mit dem PC gestalten.

1 *ein Schokoriegel mit dem Namen „Chocolate King“, ein Spendenlauf, ein Sportfest …*

2 **b.** *jung, sportlich, sozial engagiert, möchten cool und beliebt sein …*

4 *Mit Chocolate King bist du die Queen, Cool, cooler, Chocolate King …*

5 *die Informationen zum Produkt / zur Veranstaltung / zur Spendenaktion, die Informationen zum Werbenden (z. B. das Logo, die Webseite)*

Üben: Die Wirkung von Bildern untersuchen, passende Slogans ergänzen

Bilder sind ein wichtiger Bestandteil von Werbung. Sie erzeugen unterschiedliche Stimmungen und wecken bestimmte Wünsche.

1

2

3

1 Welches Bild spricht dich auf den ersten Blick am meisten an? Begründe.

2 Untersuche die Wirkung der Bilder 1 bis 3 genauer.
- Was ist auf dem Bild jeweils zu sehen?
- Wie wirken die abgebildeten Personen/Lebewesen/Gegenstände?
- Wie wirken die Farben?
- Welche Stimmung wird erzeugt?
- Welcher Wunsch wird geweckt?

Ein passender Slogan verstärkt die Wirkung eines Bildes.

3 **a.** Wähle für die Bilder 1 und 2 jeweils einen passenden Slogan aus. Begründe.

Gemeinsam sind wir stark
Hand in Hand – in jedem Land
Einer für alle – alle für einen

BIO – mehr als nur ein Wort
Von ***B****anane b****i****s* ***O****range – alles* ***BIO***
Gesünder geht's nicht.

b. Entwirf für Bild 3 selbst einen passenden Slogan.

4 Wofür könnte mit den Bildern und den dazugehörigen Slogans geworben werden? Begründe deine Ideen in ganzen Sätzen.

2 *Bild 1 zeigt … Die Farben wirken …*
Das Bild erzeugt eine freundliche/romantische/friedliche/… Stimmung.
Es weckt den Wunsch …

Vertiefen: Zielgruppen bestimmen

Oft wird dasselbe Produkt für unterschiedliche Zielgruppen beworben.

1

2

Beispiele für Zielgruppen:
- Männer und Frauen
- Kinder
- Jugendliche
- modebewusste Menschen
- politisch interessierte Menschen
- Sportlerinnen und Sportler
- naturbegeisterte Menschen
- gesundheitsbewusste Menschen

1 Untersuche die Werbeanzeigen mithilfe der folgenden Fragen:
- Für welches Produkt wird geworben?
- Was ist gleich? Worin unterscheiden sich die Werbeanzeigen?
- Welche Zielgruppe wird angesprochen?
- Welche Eigenschaften und Wünsche hat diese Zielgruppe?
- Welche Erwartungen werden geweckt?

2 Wo würdest du die Werbeanzeigen platzieren, um die Zielgruppe zu erreichen?

1 *Beide Werbeanzeigen werben für …*
Das Logo und der Slogan sind … Die Bilder sind …
Werbeanzeige 1 richtet sich vermutlich an … Werbeanzeige 2 soll vermutlich … ansprechen.

2 *im Fernsehen, in einer Zeitschrift, in einem Blog, an einer Tankstelle …*

Die Arbeitsergebnisse präsentieren

Ihr habt in diesem Kapitel verschiedene Werbeanzeigen untersucht und seid alle zu Expertinnen und Experten geworden.

Bildet Dreiergruppen.

1 a. Zeigt euch reihum eine Werbeanzeige, die ihr untersucht habt.
b. Stellt eure Arbeitsergebnisse vor. Geht dabei auf folgende Fragen ein:
- Wie ist die Werbeanzeige aufgebaut?
- Wie wirken die einzelnen Bestandteile (z. B. das Bild, der Slogan, die Informationen zum Produkt oder zum Werbenden)?
- Inwiefern folgt die Werbeanzeige dem AIDA-Prinzip?
- Wie gelungen findet ihr persönlich die Werbeanzeige?

Ihr präsentiert euch gegenseitig eure selbst gestalteten Werbeanzeigen und gebt euch ein Feedback.

2 a. Hängt eure selbst gestalteten Werbeanzeigen in der Klasse aus.
b. Stellt eure Werbeanzeigen vor:
- Sagt, wofür ihr werbt.
- Benennt eure Zielgruppe.
- Beantwortet Fragen.

Meine Werbeanzeige wirbt für … und richtet sich an …

3 Gebt euch gegenseitig ein Feedback zu euren Werbeanzeigen.
a. Was ist besonders gut gelungen? Orientiert euch am AIDA-Prinzip.
- Die Werbung gewinnt die Aufmerksamkeit der Zielgruppe.
- Die Werbung weckt das Interesse der Zielgruppe.
- Die Werbung erzeugt einen Wunsch bei der Zielgruppe.
- Die Werbung fordert die Zielgruppe dazu auf, das Produkt zu kaufen oder dem Aufruf zu folgen.

b. Wie könnte die Werbeanzeige für die Zielgruppe noch verführerischer gestaltet werden? Gebt Tipps.

3 a. *Deine Werbeanzeige erzeugt die Aufmerksamkeit über … / weckt das Interesse, indem … / erzeugt bei der Zielgruppe den Wunsch … / fordert die Zielgruppe dazu auf, …*
Mir gefällt besonders … / Besonders gut gelungen finde ich …
b. *Deine Werbeanzeige wäre noch verführerischer, wenn …*
Ich gebe dir den Tipp, …

Über den Umgang mit Werbung nachdenken

Wie gut gelingt es dir schon, Werbung zu untersuchen?
Abschließend kannst du dich selbst einschätzen.

1 Beantworte folgende Fragen. Schreibe zutreffende Wortgruppen auf.
- Was kannst du schon gut?
- Was hast du neu gelernt?

Den Aufbau und die Wirkung einer Werbeanzeige untersuchen
das Produkt oder den Werbezweck benennen |
den Werbenden benennen |
die Zielgruppe einer Werbeanzeige bestimmen und beschreiben |
die einzelnen Bestandteile einer Werbeanzeige richtig benennen |
das Bild und seine Wirkung beschreiben |
den Slogan verstehen und seine Wirkung beschreiben |
sprachliche Mittel in Slogans erkennen und richtig benennen |
eine Werbeanzeige mithilfe des AIDA-Prinzips untersuchen

2 Sprecht über eure Selbsteinschätzungen.

Wie bewusst geht ihr mit Werbung in eurem Alltag um?
Bildet Dreiergruppen.

3 Tragt euer Wissen zum Thema Werbung mit der Graffiti-Methode zusammen.
- Von welcher Art von Werbung lasst ihr euch leicht verführen?
- Welche Werbetricks und Werbestrategien habt ihr in diesem Kapitel kennengelernt?
- Welche Werbetricks und Werbestrategien kennt ihr noch?
- Wo lauert versteckte Werbung? Wie könnt ihr sie erkennen?
- Wie könnt ihr Werbung in eurem Alltag ausweichen? Welche Möglichkeiten kennt ihr, Werbung in den digitalen Medien auszublenden?

▶ Graffiti-Methode, S. 251

4 Besprecht eure Ergebnisse in der Klasse.

10 Grammatik

In diesem Kapitel erfahrt ihr Wichtiges über Formen und Funktionen unserer Sprache. Ihr erhaltet Tipps für euer eigenes Schreiben.

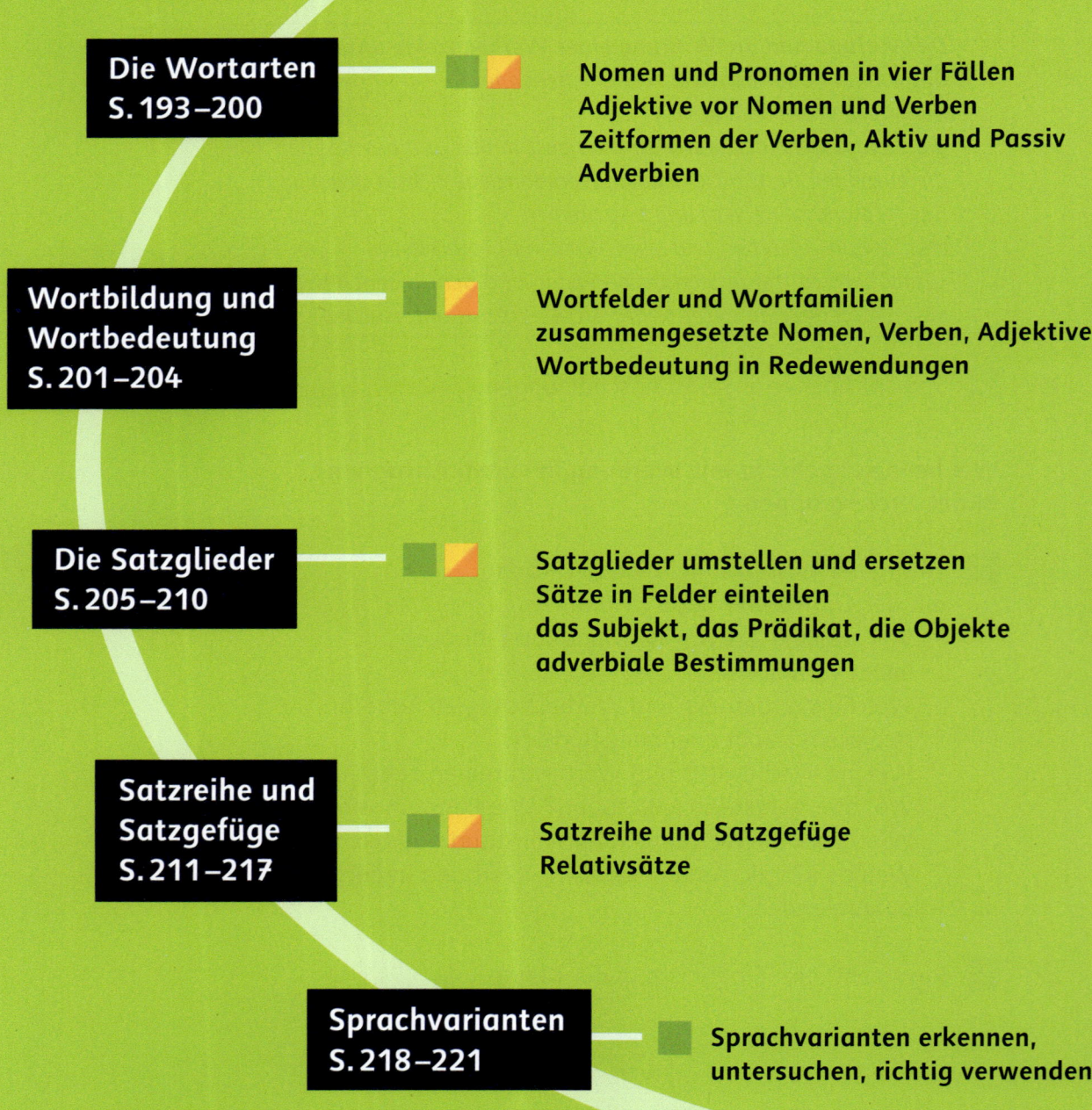

Die Wortarten im Überblick

Die Entdeckung der Grabkammer

Der englische **Archäologe** Howard Carter reiste 1917 nach Ägypten. Er suchte das **Grab** des **Pharaos** Tutanchamun. Über 200.000 **Tonnen Steine** mussten beseitigt werden. Sie wurden mit einfachen **Maschinen** entfernt. Fünf **Jahre** später machte das **Team** von Howard Carter die **Entdeckung**: Es legte mitten in der **Wüste** die erste **Stufe** der **Treppe** zum Grab von Tutanchamun frei. Das Äußere der Grabkammer war in einem guten Zustand. Die Archäologen waren überwältigt von ihr. Der erste Holzschrein befand sich gleich hinter der Tür. Vorsichtig öffneten sie ihn und trauten ihren Augen nicht. Vor ihnen lag eine Grabkammer mit den Überresten des Pharaos und mit Schätzen: eine Totenmaske, Schmuckstücke, Schreine und ein Sarg.

1 a. Welche Entdeckung machte Howard Carter 1922?
b. Nennt eine Besonderheit dieser Entdeckung.

Wortarten können wir unterscheiden. Jede Wortart hat eine andere Funktion.

2 a. Welche Lebewesen, Gegenstände und gedachten Dinge werden im Text genannt? Findet die Nomen.
b. Schreibt sie mit Artikel im Singular und Plural auf.

► Im Wörterbuch nachschlagen, S. 234

Nomen im Singular	*Nomen im Plural*
der Archäologe	*...*

3 Wie sind die Schätze in der Grabkammer? Beschreibt.
Ergänzt zu den Nomen in den Zeilen 13–14 passende Adjektive.

vornehm | einfach | wertvoll | unglaublich | sterblich | geheim | edel ...

4 a. Wer suchte das Grab? Findet im Text die Sätze mit Pronomen.
b. Erklärt, wer oder was gemeint ist.

4 a. *ich, du, er/sie/es, wir ihr, sie*
mein/meine – dein/deine – sein/seine – ihr/ihre – unser/unsere – euer/eure – ihr/ihre
b. *(Er) suchte ... → gemeint ist ...*

Howard Carter schreibt in sein Tagebuch:

Vor meiner Reise hatte ich viel gearbeitet: Ich hatte mir Pläne besorgt und war zu meinem Geldgeber gegangen. **Dann** hatte ich ein Team gebildet. Ich hatte Werkzeuge, Zelte und Tropenkleidung gekauft. **Jetzt** war ich fast am Ziel.

Ich öffnete mühsam das Grab von **außen** und fertigte **sofort** eine Skizze an. **Vorne** folgte ein langer Gang. **Dahinter** befand sich eine Steintür. Ich durchstieß sie und hielt **nun** eine brennende Kerze in die herausströmende Luft. So wollte ich testen, ob **dort** giftige Gase waren.

Niemand hatte vor mir diese Kammer gefunden. **Zuerst** konnte ich nichts erkennen. Die Kerze flackerte von der Luft, die über 3000 Jahre eingesperrt gewesen war. Ich hob sie an und führte sie durch die Öffnung in der Wand.

5 Warum hielt Carter eine brennende Kerze an das geöffnete Grab?

Im Text sind Wörter hervorgehoben. Sie drücken aus, wo oder wann etwas geschieht. Es sind Adverbien.

6 Ordnet die Adverbien in eine Tabelle ein.

Adverbien der Zeit	*Adverbien des Ortes*
dann	...

Carter berichtet über Vergangenes.

7 **a.** Nennt die Verben im Präteritum.
b. Schreibt die Verben mit dem passenden Infinitiv (Grundform) auf.

ich war – sein

8 **a.** Was hatte Carter vor seiner Reise getan? Lest noch einmal Zeile 1–3.
b. Schreibt die Sätze auf und markiert die beiden Teile des Verbs.

Vor meiner Reise <u>hatte</u> ich viel <u>gearbeitet</u>.

Wenn wir in der Vergangenheit ausdrücken wollen, dass etwas zeitlich noch weiter zurückliegt, verwenden wir das Plusquamperfekt.

Mit den Zeitformen der Verben können wir angeben, wann etwas geschieht.

9 a. Ordnet die Verben aus dem Text von Seite 194 in einen Zeitstrahl ein.

Plusquamperfekt (noch früher) — *Präteritum (früher)* — *Präsens (jetzt)*

ich hatte gearbeitet — *ich war* — *ich bin*

b. Ergänzt Verben im Präsens (Gegenwart).

10 a. Ergänzt die Satzanfänge aus den Sprechblasen und schreibt die Sätze auf.
b. Markiert in jedem Satz die Verbformen.

Bevor Howard Carter ein berühmter Forscher wurde, …

Bevor er an seiner ersten Ausgrabung in Ägypten teilnahm, …

Bevor er sich selbst das Lesen der Hieroglyphen beibrachte, …

Bevor er das Grab von Tutanchamun entdeckte, …

hatte ihn | hatte er | hatte er | hatte er
sein Vater zuhause | seinen ersten Job im British Museum |
die ägyptischen Schriftzeichen | Grabräuber …
unterrichtet | erhalten | gesehen | gejagt …

Das wird an der Grabstätte gemacht

Nach drei Monaten wird die Grabkammer geöffnet.
Möbel mit goldenen Verzierungen werden freigelegt.
Der Steinsarg aus vergoldetem Holz wird ausgehoben.
Drei verschachtelte Särge werden vorsichtig geöffnet.
Im letzten Sarg wird die Mumie des Pharaos gefunden.
Howard Carter wird gefeiert.

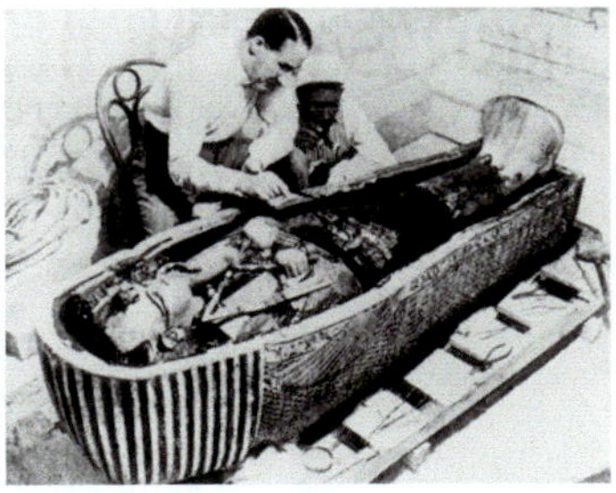

11 a. Schreibe den Text ab.
b. Markiere die Teile des Verbs.

Das wird an der Grabstätte des Pharaos gemacht.

▶ Das Abschreiben, S. 232

**Das Passiv beschreibt, was mit einem Gegenstand getan wird.
Die Tätigkeit ist wichtig, aber nicht, wer sie ausführt.**

Die Wortarten im Überblick

Nomen (Namenwort)

Nomen bezeichnen **Lebewesen**, **Gegenstände** und **gedachte oder vorgestellte Dinge**. Vor einem Nomen steht oft ein **bestimmter** oder ein **unbestimmter Artikel**. Fast alle Nomen können im **Singular (Einzahl)** und im **Plural (Mehrzahl)** stehen.

Nomen erscheinen in Sätzen immer in einem bestimmten **Kasus (Fall)**. Im Deutschen gibt es vier Fälle. Der **Artikel** und die **Endung** des Nomens **richten sich nach dem Fall**.

der/ein Entdecker – die Entdecker
das/ein Zelt – die Zelte
die/eine Reise – die Reisen

Kasus (Fall)	*Maskulinum (männlich)*	*Neutrum (sächlich)*	*Femininum (weiblich)*
Nominativ (wer oder was?)	*der Trainer*	*das Glück*	*die Luft*
Genitiv (wessen?)	*des Trainers*	*des Glücks*	*der Luft*
Dativ (wem?)	*dem Trainer*	*dem Glück*	*der Luft*
Akkusativ (wen oder was?)	*den Trainer*	*das Glück*	*die Luft*

Pronomen (Fürwort)

Personalpronomen können wir **für Lebewesen, Gegenstände oder gedachte Dinge einsetzen**. Personalpronomen helfen dabei, häufige Wiederholungen von Nomen zu vermeiden. Sie werden im Satz wie die Nomen dekliniert (gebeugt).

ich – du – er – sie – es – wir – ihr – sie

Wir entdeckten einen Gang. Er war lang.
Wir folgten ihm bis zu einer Steintür.

Possessivpronomen sagen, **wem** etwas gehört. Die **Endungen** der Possessivpronomen richten sich nach dem dazugehörigen **Nomen**.

mein Zelt, unsere Reise, deine Eltern
der/das → mein, dein, sein/sein/ihr, unser, euer, ihr
die/die → meine, deine, seine/seine/ihre, unsere, eure, ihre

Adjektiv (Eigenschaftswort)

Mit Adjektiven können wir Lebewesen und Gegenstände genauer **beschreiben**. Adjektive sagen, **wie** etwas ist. Steht das Adjektiv vor einem Nomen, verändert sich die Endung.

Adjektive können wir **steigern**. So können wir beschreiben, wie sich Lebewesen oder Gegenstände unterscheiden.

Ich sehe einen ruhigen See.
Auf dem ruhigen See liegt ein Boot.

Grundform	*Komparativ (1. Steigerungsform)*	*Superlativ (2. Steigerungsform)*
(so) neu (wie)	*neuer (als)*	*am neuesten*

Adverbien

Adverbien machen genauere Angaben. Sie drücken aus, **wo** (Adverbien des Ortes), **wann** (Adverbien der Zeit), **wie** (Adverbien der Art und Weise) oder **warum** (Adverbien des Grundes) etwas geschieht. Adverbien **verändern ihre Form nicht.**

Wo? hier, dort, geradeaus, hinten, …
Wann? jetzt, dann, danach, sofort, …
Wie? sehr, irgendwie, gern, genauso, …
Warum? darum, deshalb, daher, …

Verb (Tuwort)	
Verben sagen, was wir tun oder was geschieht. Sie bilden **verschiedene Zeitformen**. Damit können wir angeben, ob etwas in der Gegenwart, Vergangenheit oder Zukunft geschieht.	*lernen, dauern*
Wir verwenden das **Präsens**, um zu sagen, was wir **jetzt** tun oder was wir **regelmäßig** tun.	*Wir besuchen jetzt gerade ein Museum.* *Wir besuchen jeden Dienstag ein Museum.*
Wir verwenden das **Präteritum**, wenn wir über Vergangenes **schriftlich** berichten. Bei einigen Verben ändert sich im Präteritum der Verbstamm. Wir nennen diese Verben auch unregelmäßige (starke) Verben.	*Der Forscher zeichnete eine Skizze.* *Die Skizze war sehr genau.*
Wir verwenden das **Perfekt**, wenn wir über Vergangenes **mündlich** erzählen. Viele Verben bilden das Perfekt mit dem Hilfsverb **haben**. Einige Verben bilden das Perfekt mit dem Hilfsverb **sein**. Oft sind es Verben der Bewegung.	*Ich habe eine Grabkammer entdeckt.* *Ich bin nach Ägypten gereist.*
Wir verwenden das **Plusquamperfekt**, wenn wir in der **Vergangenheit** ausdrücken wollen, dass etwas **zeitlich noch weiter zurückliegt**. Das Plusquamperfekt bilden wir mit den Vergangenheitsformen von **haben** und **sein**.	*Howard Carter hatte schon lange von seiner Reise geträumt.* *Er war zu seinem Geldgeber gegangen.*
Wir verwenden das **Futur I**, wenn wir ausdrücken wollen, was wir in der fernen **Zukunft** planen. Wir bilden es mit dem Hilfsverb **werden** und dem **Infinitiv** des Verbs.	*Ich werde nach Ägypten reisen.*
Das **Passiv** beschreibt, was mit einem Gegenstand getan wird. Die **Tätigkeit ist wichtig**, aber nicht, wer sie ausführt. Deshalb wird das Passiv oft in Anleitungen verwendet.	*Drei Särge werden geöffnet.* *Drei Särge wurden geöffnet.*
Modalverben	
Wörter wie **dürfen, müssen, sollen, mögen, wollen** und **können** sind **Modalverben**. Sie drücken eine **Erlaubnis** (dürfen), einen **Befehl** (müssen, sollen), einen **Wunsch** (mögen, wollen) oder eine **Möglichkeit** (können) aus. Die Modalverben stehen meistens zusammen mit dem Infinitiv (Grundform) eines anderen Verbs.	*Wir wollen ein Museum besuchen.* *Wir dürfen ein Museum besuchen.*

Wortarten wiederholen

Pyramiden sind Grabstätten von Pharaonen. Pyramiden wurden von Architekten, Steinmetzen und Arbeitern aus ganz Ägypten gebaut.

1 Welche Gegenstände brauchten die Arbeiter für den Bau der Pyramiden? Bilde Wortgruppen aus Nomen und Adjektiv. Schreibe sie untereinander auf. Achte auf die Endung der Adjektive.

die Steinblöcke | die Taue | die Schlitten | das Floß | die Steinquadrate …
dick | breit | fest | riesig | schwer | reißend | gigantisch | stark | gefährlich …

die riesigen Steinblöcke

2 Was machten die Arbeiter? Ergänze zu jeder Wortgruppe ein passendes Verb.

wickeln | schlagen | laden | rollen | fahren | bearbeiten | ziehen

die riesigen Steinblöcke schlagen

3 Schreibe mithilfe der Wortgruppen einen Text über den Bau der Pyramide. Tipp: Du kannst deinen Text mit einer Partnerin / einem Partner überprüfen.

In den folgenden Sätzen wurden zu viele Nomen durch Pronomen ersetzt. Dadurch sind die Sätze schwer zu verstehen.

Sie wird gebaut, um ihm ein Grabmal für die Ewigkeit zu setzen. Mit riesigen Rampen aus Ziegelsteinen gelingt es ihnen, sie hochzuziehen. Sie leisten schwere Arbeit und der Schweiß rinnt ihnen am Körper hinab.

die Pyramide,
der Pharao,
die Arbeiter,
die Steinblöcke

4 Schreibe verständlich. Ersetze die Pronomen durch passende Nomen.

Eine Erinnerung an die Pharaonen

Pyramiden sind riesige Bauwerke. Sie werden uns noch lange an die Pharaonen erinnern. Die Ägypter bauten die Pyramiden vor über 4500 Jahren. Der Bau dauerte mehrere Jahrzehnte. In jeder Pyramide gibt es mehrere Geheimgänge. Nur ein einziger führt zu der Kammer mit der Mumie des Pharaos. Früher glaubten die Ägypter an die Wiedergeburt. Deshalb hatten sie um die Kammer herum Räume mit Möbeln und Schmuck eingerichtet.

An den Verben erkennst du, ob sich eine Aussage auf die Gegenwart, die Vergangenheit oder die Zukunft bezieht.

5 a. Sieh dir das Verb in jedem Satz an.
b. Ordne die Verben in einen Zeitstrahl ein.
Tipp: Lege den Zeitstrahl im Querformat an.

Plusquamperfekt (noch früher) *Präteritum (früher)* *Präsens (jetzt)* *Futur I (zukünftig)*

… *sie bauten* *…* *sie werden erinnern*

Was hatten die Ägypter getan, bevor Howard Carter das Grab entdeckte?

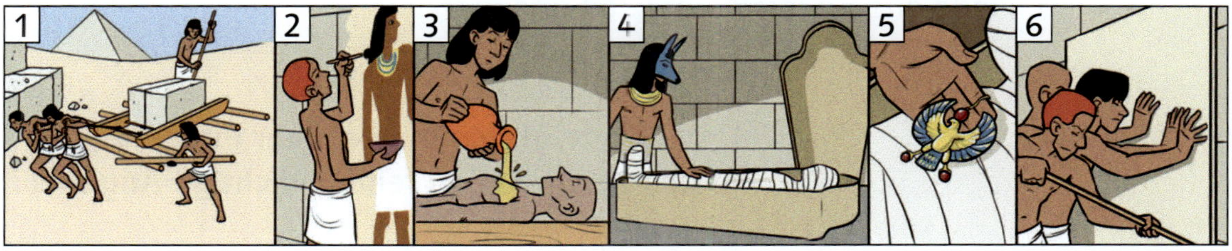

6 a. Sieh dir die Bilder an.
b. Schreibe die folgenden Sätze zu den Bildern 1–3 ab.
c. Markiere in jedem Satz die beiden Teile des Verbs.

Die Ägypter hatten eine Pyramide gebaut. Sie hatten die Wände darin bemalt. Die Einbalsamierer hatten den Körper des verstorbenen Pharaos mumifiziert. …

d. Schreibe zu den Bildern 4–6 eigene Sätze.
Verwende das Plusquamperfekt.

sie hatten … verschlossen | … gebettet | … beigelegt | den Eingang | die Mumie in den Sarg | wertvollen Schmuck

Der Bau einer Pyramide vor 4500 Jahren

Zuerst wurde | der Untergrund geebnet. | Dann wurde | die Nordrichtung bestimmt | und danach wurde | auf dem Boden | ein Viereck markiert. | Die Steinblöcke wurden | **inzwischen** abgebrochen. | Sie wurden nun geliefert und | an ihre Stelle | auf die Pyramide gehebelt. | Schließlich wurden | die einzelnen Stufen ausgefüllt. | Sie wurden **zuletzt** poliert.

7 a. Lies den Text.
b. Schreibe die Tätigkeiten auf.

Der Untergrund wurde geebnet.

8 Formuliere deine Sätze in man-Formulierungen um.

Man ebnete den Untergrund.

Man brach … ab.
Man füllte … aus.

Vorgänge werden oft im Passiv beschrieben: Die Stufen wurden poliert. Man kann die Sätze auch im Aktiv formulieren: Man polierte die Stufen.

9 Im Text sind einige Wörter hervorgehoben. Es sind Adverbien der Zeit.
a. Schreibe den Text ab.
b. Finde alle Adverbien der Zeit und markiere sie.
Tipp: Es sind sieben.

▶ Das Abschreiben, S. 232

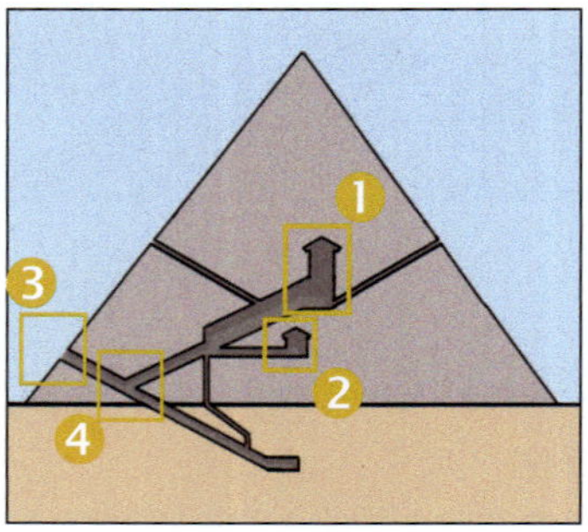

Das Bild zeigt das Innere einer Pyramide.
In der Beschreibung fehlen wichtige Angaben.

Die Grabkammer des Pharaos ❶ befindet sich ____ in der Pyramide. Die Königinnenkammer ❷ liegt ____. Der Eingang ❸ liegt ____, aber nicht in Bodenhöhe. Der aufsteigende Gang ❹ folgt ____ dem absteigenden Gang.

10 a. Schreibe den Lückentext auf und ergänze passende Adverbien des Ortes.
b. Bilde weitere Sätze mit Adverbien, um das Innere der Pyramide zu beschreiben.

links, rechts, oben, unten, innen, außen, da, dort, vorn, hinten, nirgends …

Mit Adverbien geben wir genauer an, wo oder wann etwas geschieht.

10 b. *Der absteigende Gang führt nach …*

Wortbildung und Wortbedeutung

In New Orleans, einer großen Stadt im Süden der USA, braut sich ein Sturm zusammen. Eine Reporterin vor Ort berichtet.

Seit zwei Tagen wird auf allen Fernsehkanälen, im Radio und im Internet von dem herannahenden Hurrikan berichtet. Aus einem leichten Sturm wurde über der Karibik ein Orkan. Bei uns in New Orleans ist noch nichts davon zu spüren, ein leichter Wind macht den Bewohnern noch keine Angst. Aber aus der anfänglichen leichten Brise wird sich in den nächsten Tagen ein Wirbelsturm entwickeln.

1 a. Wovon wird seit zwei Tagen berichtet?
b. Welche Wörter aus dem Text werden in den folgenden Wörterbuchauszügen erklärt? Ordnet zu.

die Brise, der Hurrikan, der Sturm

▢ ein **starker Wirbelsturm**, der auf dem Nordatlantik entsteht	▢ ein **spürbarer**, aber nicht starker **Wind** am Meer oder auf dem Wasser	▢ ein **starker Wind**

Damit wir nicht immer dasselbe Wort wiederholen, können wir Wörter verwenden, die Ähnliches ausdrücken.

2 a. Finde im Text sinnverwandte Wörter für Wind. Schreibe sie als Wortfeld auf. Think.
Wortfeld Wind: der Hurrikan, …

b. Ordnet die Wörter entsprechend der Windstärke. Pair.
Tipp: Nicht alle Wörter lassen sich eindeutig zuordnen.

schwach	*stark*
leichte Brise	…

c. Vergleicht eure Lösungen in der Gruppe. Share.

Wörter, die Ähnliches ausdrücken, sind sinnverwandt. Sie bilden ein Wortfeld.

3 a. Bildet Gruppen und erstellt Wortfelder.

das Wetter | die Hitze | wehen | die Medien

b. Gestaltet euer Wortfeld so, dass es für alle nutzbar ist (als Plakat, Merkblatt …).

Ein immer beliebteres Hobby in den USA ist es, mit dem Auto Tornados zu jagen.

Tornado-Jäger

(1) Die **Unwetterjäger** fliehen nicht vor den gefährlichen **Luftwirbeln**. Sie rasen ihnen mit Pkw oder **Panzerwagen** hinterher, um sie aus der Nähe zu erleben.

(2) Mit 150 Stundenkilometern brettern die Geländewagen über die Autobahn. Sie flitzen dorthin, wo es düster wird. Nicht Polizeiautos oder Krankenwagen sind es, die einer möglichen Naturkatastrophe entgegenrasen. Es sind sorglose Unwetterjäger auf der Jagd nach einem mächtigen Tornado.

(3) Dank Digitalkameras und billiger Radartechnik entwickelt sich aus den Sturmjägern allmählich eine Massenbewegung. Sie wird immer gefährlicher. Sehr oft liefern sich die Jäger des perfekten Sturms Wettrennen und verstellen den Weg für Rettungswagen.

4 **a.** Findet im Text sinnverwandte Wörter für fahren und Fahrzeug. Jeder von euch schreibt ein Wortfeld auf.
b. Tauscht eure Wortfelder aus und ergänzt weitere Wörter.

Wenn wir Wörter zusammensetzen, können wir etwas genauer benennen.

5 **a.** Wählt aus: Findet die zusammengesetzten Nomen in Abschnitt (1) und (2) oder im ganzen Text. Schreibt sie mit Artikel auf.
b. Vergleicht eure Ergebnisse in der Gruppe.

Wir können von einem Wortstamm auch verschiedene Wörter ableiten. Manchmal ändert sich die Wortart, manchmal ändert sich die Bedeutung.

6 **a.** Bildet mithilfe der Wortstämme und Nachsilben Wörter unterschiedlicher Wortarten. Achtet auf die Groß- und Kleinschreibung.

acht | haft | zahl | gleich *-en* *-los | -bar | -sam* *-ung | -nis*

b. Verändert mithilfe der Vorsilben die Bedeutung der Verben.

er- | be- | ver- | ent- *kommen | folgen | sorgen | stellen*

6 **a.** *achtsam, achten …*
b. *bekommen, verkommen …*

Wortbildung und Wortbedeutung

Wenn wir die Wettervorhersage gut verstehen, können wir uns auf das Wetter einstellen. Denn: Niederschlag ist nicht immer Regen!

der Hagel

der Nebel

der Raureif

der Tau

der Graupel

der Schnee

1 Welche Arten von Niederschlag zeigen die Bilder?
a. Schreibe die Niederschlagsarten als Wortfeld auf.

Wortfeld Niederschlag: …

b. Ergänze weitere Bezeichnungen für Niederschläge.

2 Schreibe auf und begründe:
- Welche Niederschlagsarten hast du schon erlebt? In welchen Situationen?
- Welche Niederschlagsarten magst du? Welche gefallen dir nicht so?

Die folgenden Sätze könnten so aus einer Wettervorhersage oder den Nachrichten stammen. Aber es fehlt die Niederschlagsart.

Am frühen Morgen ist im Tal mit dichtem ____ zu rechnen.
Die Ernte wurde zerstört, da der niedergegangene ____ so stark war.
Die Spinnennetze waren morgens voll ____.
Die Autofahrer müssen ihre Scheiben freikratzen, denn der ____ setzt sich darauf fest.
Über Nacht fiel der erste ____ und in kurzer Zeit war alles weiß.
Der ganze Stadtpark war mit kleinen Körnern von ____ übersät.

3 Schreibe die Sätze auf. Ergänze die passende Niederschlagsart aus Aufgabe 1.

1 **b.** *Eisregen, Griesel …*

Mit zusammengesetzten Wörtern können wir etwas genauer benennen.

das Eis + der Regen | der Schnee + der Regen | der Platz + der Regen
der Hagel + das Korn | der Schnee + die Flocke | das Pulver + der Schnee

4 **a.** Schreibe die zusammengesetzten Nomen auf.
Tipp: Das zweite Nomen bestimmt den Artikel.
b. Ergänze weitere zusammengesetzte Nomen, die zum Wortfeld Niederschlag passen.
c. Erkläre die Bedeutung deiner zusammengesetzten Nomen. Formuliere Sätze.

der Schnee + der Fall
der Tau + der Tropfen
der Regen + der Schauer …

Wenn es regnet, kann dies ganz unterschiedlich sein.
In der Wettervorhersage lernst du einige Ausdrücke dafür kennen.

Und hier die Wettervorhersage: Am frühen Nachmittag werden die ersten Regenwolken sichtbar. Es ist mit leichtem Nieselregen zu rechnen. Gegen Abend wird es anfangs nur tröpfeln, dann aber schütten und Starkregen wird niederprasseln.

5 **a.** Finde die Verben, die sinnverwandt sind mit regnen.
Schreibe sie als Wortfeld auf.

Wortfeld regnen: nieseln, …

b. Ergänze das Wortfeld mit weiteren Verben.
c. Erkläre die Bedeutung deiner ergänzten Verben. Formuliere Sätze.

Du kannst zwischen den Aufgaben 6 1 und 6 2 auswählen oder beide bearbeiten.

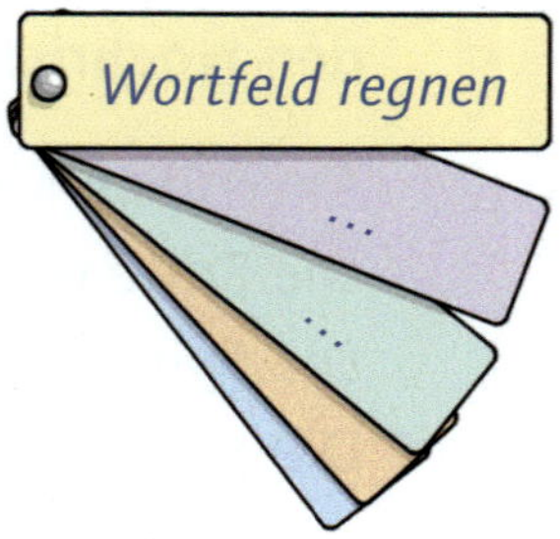

6 1 Bastle zu einem Wortfeld einen Wortfächer.

6 2 Zum Thema Wetter gibt es verschiedene Redewendungen – hier und anderswo.
a. Wähle drei der folgenden Redewendungen aus.
b. Beschreibe mit eigenen Worten, was sie bedeuten.

It´s nice weather for ducks.

Es schüttet wie aus Eimern.

jemanden im Regen stehen lassen

storm in a teacup

4 **c.** *Bei einem Eisregen friert der Regen am Boden in kürzester Zeit und es wird glatt. …*

Die Satzglieder im Überblick

**Naomi interessiert sich für Naturwunder.
Im Internet findet sie einen Beitrag über besondere Wasserfälle.**

Mosi-oa-Tunya – donnernder Rauch

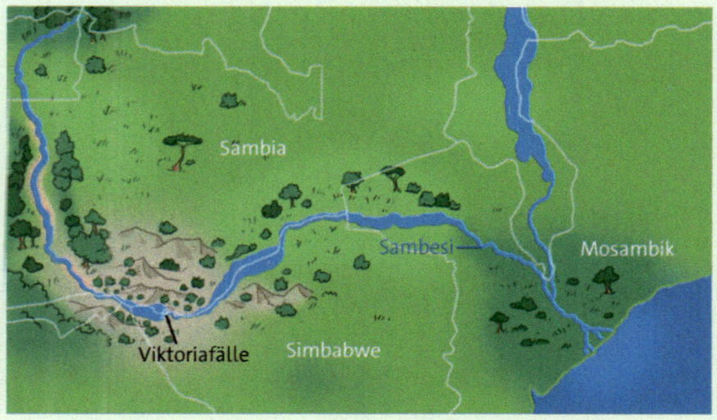

Die größten Wasserfälle Afrikas werden vom Sambesifluss gebildet. Sie liegen an der Grenze von Sambia und Simbabwe. Ihre Breite beträgt 2000 Meter. Die Wassermassen stürzen 110 Meter in die Tiefe hinab. Feiner Sprühnebel steigt in die Höhe hinauf. Die Einheimischen nennen das Naturwunder donnernder Rauch. Der Afrikaforscher David Livingstone nannte sie Viktoriafälle nach der britischen Königin Viktoria.

1 Stellt euch abwechselnd Fragen zu den Wasserfällen und beantwortet diese mithilfe des Textes.

Was bildet …? Wie heißen …? Warum heißen …? Wo liegen …? Wie tief …? Wie breit …?

Es gibt Regeln, wo im Satz etwas steht. Dabei ist das Verb im Satz besonders wichtig. Das siehst du, wenn du den Satz in Felder einteilst.

Vorfeld	Klammer, Verb (linkes Verbfeld)	Mittelfeld	Klammer, Verb (rechtes Verbfeld)
Die größten Wasserfälle Afrikas	werden	vom Sambesifluss	gebildet.

2 **a.** Übertragt die Tabelle in euer Heft (Querformat).
b. Ergänzt die Sätze aus dem Text. Schreibt sie nach Feldern getrennt auf.
Tipp: Tragt zuerst das Verb ein.

Das Subjekt, das Prädikat und die Objekte sind Satzglieder. Ein Satzglied kann aus einem oder mehreren Wörtern bestehen. Die Satzglieder können wir erfragen.

... Das faszinierende Naturschauspiel zieht zahlreiche Touristen an. An den Wasserfällen kann man vielseitige Abenteuer erleben. Manchen Urlaubern gefällt ein Flug mit dem Hubschrauber gut. Ein Rundflug über die Wasserfälle bietet einen großartigen Blick. Den Abenteuerlustigen verleiht ein Bungeesprung Glücksgefühle. Reiseveranstalter raten den Reisenden zu einer Wanderung.

3 a. Bildet zu viert eine Stammgruppe und bestimmt Experten für die Satzglieder.

▶ Das Gruppenpuzzle, S. 250

das Prädikat | das Subjekt | das Dativ-Objekt | das Akkusativ-Objekt

b. Jeder schreibt Zeile 8–13 ab und bestimmt als Experte sein Satzglied.
c. Bildet Expertengruppen für jedes Satzglied. Vergleicht und besprecht eure Arbeitsergebnisse von Aufgabe 3 b.
d. Kehrt in eure Stammgruppe zurück und informiert über euer Satzglied.

Naomi entwirft einen informierenden Text über den Fluss Sambesi. Im Text wiederholen sich aber einige Wörter und Wortgruppen.

Der Fluss Sambesi fließt durch Afrika. Der Fluss Sambesi mündet in Mosambik in den Indischen Ozean. Auf dem Weg zum Indischen Ozean fließt er durch Gebirge, Regenwälder und Savannen. Auf seinem Weg durchquert er sechs Länder. Im Fluss Sambesi leben viele Fische. Die Fische bieten Nahrung für 60 Völker. Auch am Ufer des Flusses wohnen viele Tierarten. Am Ufer finden die Tierarten gute Lebensbedingungen.

4 a. Vermeidet Wiederholungen, indem ihr doppelte Satzglieder ersetzt.
b. Bestimmt jeweils die Anzahl der Satzglieder in euren Sätzen.

5 a. Welche Informationen wollt ihr betonen? Stellt in einigen Sätzen die Satzglieder um, sodass ein anderes Satzglied betont wird. Schreibt die Sätze neu auf.
b. Stellt euer Ergebnis in der Klasse vor.

Wir können Satzglieder durch andere Wörter oder Wortgruppen ersetzen. Wir können Sätze umstellen und so zum Beispiel die Betonung verändern.

4 a. *er, sie, dabei, dort …*

Naomi und Tarik finden eine Geschichte, von der man sagt, sie sei wahr. Nach dem Lesen stellen sie sich gegenseitig Fragen zum Text.

Das alte Volk der Tonga glaubte an den Wassergott Nyaminyami. **Im Jahr 1956** bauten fremde Arbeiter einen riesigen Staudamm **am Sambesi**. Die Tonga wurden rücksichtslos vertrieben und zogen aus Angst **in höhere Gebiete**. **Während des Baus** gab es eine schlimme Überschwemmung. Viele Arbeiter ertranken hilflos **im Fluss**. Ihre Leichen tauchten nicht mehr auf. Die Baufirmen baten um Hilfe. Die Tonga opferten dem Wassergott eine Kuh. Diese verschwand **in den Tiefen des Flusses**. Wegen der Krokodile wunderten sich die Bauherren nicht. Sie hielten alles für Hokuspokus. Warum **drei Tage später** die verschollenen Leichen doch auftauchten, ist bis heute nicht geklärt.

6
a. Fragt nach den markierten Satzgliedern.
b. Schreibt die Fragen und die Antworten auf.

Wann bauten Arbeiter einen Staudamm am Sambesi?
Im Jahr 1956 bauten …

Wann? *Wie lange?* *Wo?* *Wohin?*

Tarik möchte genauer wissen, wie und warum etwas geschehen ist.

Wie wurden die Tonga vertrieben?
Warum zogen die Tonga in höhere Gebiete?
Wie ertranken viele Arbeiter im Fluss?
Warum wunderten sich die Bauherren nicht?

7
a. Beantwortet Tariks Fragen und schreibt die Antworten auf.
b. Markiert in euren Sätzen die Antworten auf die Fragen Wie? und Warum?.

Die Tonga wurden rücksichtslos vertrieben.

Manche Satzglieder liefern zusätzliche Informationen, zum Beispiel wann, wo, warum oder wie etwas geschieht. Wir nennen sie adverbiale Bestimmungen.

7 *rücksichtslos, aus Angst, hilflos, wegen der Krokodile*

Die Satzglieder im Überblick

Das Prädikat, das Subjekt, die Objekte	
Das **Prädikat** sagt, was jemand tut oder was geschieht. Mit **Was tut?** oder **Was hat getan?** fragen wir nach dem Prädikat. Manchmal bildet es eine **Klammer**.	*Was tut der Fluss? Er fließt.* *Was tun die Wassermassen?* *Die Wassermassen stürzen in die Tiefe hinab.*
Das **Subjekt** kann eine Person oder eine Sache sein. Mit **Wer oder was?** fragen wir nach dem Subjekt.	*Wer liest den Text? Naomi liest ihn.* *Was steigt auf? Sprühnebel steigt auf.*
Mit **Wen oder was?** fragen wir nach einem **Akkusativ-Objekt**.	*Wen sieht Naomi? Sie sieht die Klasse.* *Was schreibt Naomi? Sie schreibt einen Text.*
Mit **Wem?** fragen wir nach einem **Dativ-Objekt**.	*Wem gefällt ein Rundflug?* *Manchen Urlaubern gefällt ein Rundflug.*
Die adverbialen Bestimmungen	
Eine **adverbiale Bestimmung des Ortes** gibt an, wo etwas geschieht. Wir fragen mit **Wo?**, **Woher?** oder **Wohin?**.	*Wo bauten Arbeiter einen Staudamm?* *Sie bauten ihn am Sambesi.*
Eine **adverbiale Bestimmung der Zeit** gibt an, wann etwas geschieht. Wir fragen mit **Wann?** oder **Wie lange?**.	*Wann bauten die Arbeiter den Staudamm?* *Sie bauten ihn im Jahr 1956.*
Eine **adverbiale Bestimmung des Grundes** gibt an, warum etwas geschieht. Wir fragen mit **Warum?**.	*Der Fluss führt wegen der Trockenzeit wenig Wasser.*
Eine **adverbiale Bestimmung der Art und Weise** gibt an, wie etwas ist oder geschieht. Wir fragen mit **Wie?**.	*Man kann dann gefahrlos im Fluss schwimmen.*
Die Umstellprobe, die Ersatzprobe	
Die Wörter eines Satzgliedes können wir nur gemeinsam umstellen. Mit der **Umstellprobe** können wir **Satzglieder ermitteln**.	*Im Fluss Sambesi leben viele Fische.* *Viele Fische leben im Fluss Sambesi.*
Mit der **Ersatzprobe** können wir **Satzglieder oder Satzgliedteile** durch andere Wörter oder Wortgruppen **ersetzen**. So können wir **Wiederholungen vermeiden**.	*Am Ufer des Flusses leben viele Tierarten.* *Dort finden sie gute Lebensbedingungen.*

Satzglieder wiederholen

Paul möchte sich noch mehr über Wasserfälle informieren. Im Internet findet er einen Beitrag über einen besonderen Wasserfall in Europa.

Einer der größten Wasserfälle in Europa

1 Der Rheinfall zählt zu den größten Wasserfällen in Europa.
2 Er liegt in der Schweiz. Bei Schaffhausen
3 stürzt der Rhein 23 Meter in die Tiefe.

4 Der Rheinfall löst eine große Faszination aus.
5 Er lockt viele Reisende an.
6 Die Besucher können an einer Führung teilnehmen.
7 Außerdem bieten Plattformen den Besuchern
8 einen tollen Ausblick.

1 a. Übertrage die Tabelle in dein Heft. Nimm die Seite quer.
b. Trage die Sätze in die Felder ein.

Vorfeld	*linkes Verbfeld*	*Mittelfeld*	*rechtes Verbfeld*
Der Rheinfall	*zählt*	*zu den größten Wasserfällen in Europa.*	
…	*…*	*…*	
Der Rheinfall	*löst*	*…*	*aus.*

2 a. Schreibe den letzten Satz des Textes noch einmal auf.
b. Stelle die Satzglieder um und schreibe die Sätze neu auf.

Plattformen bieten …
Den Besuchern …
Einen tollen Ausblick …

3 a. Lies deine Sätze von Aufgabe 2 leise und betont vor.
b. Welcher Satz gefällt dir anhand der Betonung am besten? Markiere.

Satzglieder können aus einem oder aus mehreren Wörtern bestehen.
Wir können Sätze umstellen und verändern.
Das Satzglied im Vorfeld wird besonders betont.

Paul ist begeistert und erzählt Sami von dem besonderen Wasserfall.

„Der Rheinfall liegt westlich des Bodensees. An dieser Stelle stürzt der Fluss steil in die Tiefe. Das Wasser schäumt. Viele Urlauber besuchen den Wasserfall. Die meisten kommen in den Sommermonaten. Eine Rundfahrt mit dem Schiff begeistert zahlreiche Touristen. Sie dauert 15 Minuten. Die Besucher bestaunen den Wasserfall. Er gefällt ihnen."

Für Sami sind die Informationen neu. Er fragt nach:

Was liegt westlich des Bodensees?
Wer besucht den Wasserfall?
Was tut das Wasser?
Wem gefällt der Wasserfall?
Wen begeistert eine Fahrt mit dem Schiff?

4 a. Beantworte die Fragen. Schreibe Sätze auf.
b. Markiere in jedem Satz die Antwort auf Samis Frage.
Der Rheinfall liegt westlich …

das Subjekt
das Prädikat
die Objekte

Die einzelnen Satzglieder können wir erfragen.

5 a. Was könnte Sami außerdem fragen? Bilde Fragen.
b. Schreibe die Antworten auf und markiere die Satzglieder.

Wer oder was?
Was tut?
Wen oder was?
Wem?

Du hast viel über den Rheinfall erfahren. Mithilfe der Informationen kannst du die folgenden Sätze ergänzen.

Der Rheinfall liegt ______. Dort stürzt er 23 Meter ______.
Die meisten Besucher kommen ______.
Eine kleine Rundfahrt mit dem Schiff dauert ______.

6 a. Frage nach den fehlenden Satzgliedern.
b. Schreibe die Fragen und die Antworten auf.
c. Markiere die Antworten auf deine Frage.

Wo? Wohin?
Wann? Wie lange?

Mit Wo?, Wohin? erfragen wir adverbiale Bestimmungen des Ortes.
Mit Wann?, Wie lange? erfragen wir adverbiale Bestimmungen der Zeit.

Satzreihe

Paul findet Lawinen faszinierend.

Man hört lautes Donnern. | Eine Lawine rast ins Tal. | Die Lawinengefahr ist groß. | Es ist sehr viel Schnee gefallen. | Die Bewohner werden rechtzeitig in Sicherheit gebracht. | In den Bergen sind Straßen gesperrt. | Die Menschen bekommen Angst. | Den Einwohnern passiert nichts. | Die Lawine erreicht das Tal. | Sie richtet großen Schaden an.

1 a. Was seht ihr auf dem Bild?
b. Welche zusätzlichen Informationen geben die Sätze?
c. Was wisst ihr noch über Lawinen?

2 a. Schreibe einen Hauptsatz auf eine Karte.
b. Finde jemanden mit einem anderen Satz, der zu deinem passt.
c. Verbindet eure Sätze mit einer Konjunktion. Schreibt auf.
Tipp: Es gibt mehrere Möglichkeiten.

denn | doch | und | aber

3 Vergleicht eure Ergebnisse. Begründet eure Entscheidung.

Jeder Hauptsatz kann allein stehen.
Zwei Hauptsätze können wir zu einer Satzreihe verbinden.
Wir verbinden mit den Konjunktionen und, oder, aber, denn, doch.

2 c. *Man hört lautes Donnern, denn eine Lawine rast ins Tal.*
Eine Lawine rast ins Tal und man hört lautes Donnern.

Satzgefüge

Lawinen sind sehr gefährlich.

Am Pistenrand steht ein Warnschild. Alle kennen die Gefahren.
Lawinen können entstehen. Skiläufer fahren abseits der Piste.
Die Lawine wird immer größer. Die Schneemassen rutschen den Berg hinab.
Man hört lautes Donnern. Eine Lawine rast ins Tal.
Skifahrer sollten auf der Piste bleiben. Die Gefahr eines Lawinenunfalls ist gering.
Die Lawinengefahr ist groß. Es ist sehr viel Schnee gefallen.

1 Verbindet immer zwei Sätze mit einer Konjunktion. Schreibt auf.
Tipp: Der zweite Satz wird zum Nebensatz. Achtet auf die Stellung des Verbs.

während | *weil* | *damit* | *wenn*

Am Pistenrand steht ein Warnschild, damit alle die Gefahren kennen.

2 **a.** Vergleicht eure Ergebnisse in der Gruppe. Begründet eure Entscheidungen.
b. Wie ändert sich die Bedeutung im Satz, wenn ihr eine andere Konjunktion wählt? Besprecht.

3 **a.** Markiert die gebeugten Verben in euren Satzgefügen.
b. Wo steht das gebeugte Verb im Hauptsatz? Wo steht es im Nebensatz? Formuliert gemeinsam eine Regel.

**Wir können zwei Hauptsätze auch zu einem Satzgefüge verbinden.
Der Nebensatz kann nicht ohne den Hauptsatz stehen. Er wird mit einer Konjunktion eingeleitet und durch Komma vom Hauptsatz abgetrennt.**

Relativsätze

Paul lernt verschiedene Arten von Lawinen kennen.

die Schneebrettlawine

die Staublawine

Eine große Gefahr ist eine Schneebrettlawine, die schnell eine hohe Geschwindigkeit erreicht. Sie entsteht an einem Hang, der eine bestimmte Steilheit hat. Eine Rolle spielt auch der Schnee, der aus verschiedenen Schichten besteht. Die oberste Schicht bildet ein Schneebrett, das sich von der Schicht darunter löst und abgleitet. Verschüttete Menschen brauchen Hilfe, die schnell kommen muss.

1 a. Schreibt den Text ab und lasst immer eine Zeile frei.
b. Kreist das Wort hinter dem Komma ein.
c. Zeichnet einen Pfeil zu dem Nomen, das genauer erklärt wird.

▶ Das Abschreiben, S. 232

Eine große Gefahr ist eine Schneebrettlawine, die schnell …

Relativsätze sind Nebensätze, die ein Nomen im Hauptsatz näher erklären. Sie werden mit einem Relativpronomen (der, das, die) eingeleitet. Ein Relativsatz wird durch ein Komma vom Hauptsatz getrennt.

2 a. Verbindet immer zwei Sätze zu einem Satzgefüge mit Relativsatz.
b. Kreist die Relativpronomen ein.
c. Zeichnet einen Pfeil zu dem Nomen, das genauer erklärt wird.

An der Spitze einer Staublawine wirbelt Schnee auf. Der Schnee zerstäubt fein. | Staublawinen erzeugen einen Sog. Der Sog zieht noch mehr Schnee und Luft hinein. | Schnee und Luft bilden eine Staubwolke. Die Staubwolke schiebt eine Druckwelle vor sich her. | Die Lawine erreicht ein hohes Tempo. Das Tempo kann bis zu 300 Kilometer pro Stunde betragen. |

d. Stellt euer Ergebnis in der Klasse vor.

2 *An der Spitze einer Staublawine wirbelt Schnee auf, der …*

Hauptsätze und Nebensätze im Überblick

Der Hauptsatz	
Der **Hauptsatz** kann allein stehen. Er enthält mindestens zwei Satzglieder (Subjekt, Prädikat). Das **gebeugte Verb** steht an **zweiter Stelle**.	*Die Lawine <u>rast</u> ins Tal.* *Sie <u>verursacht</u> einen großen Schaden.*
Der Nebensatz	
Der **Nebensatz** kann nicht allein stehen. Er gibt zusätzliche Informationen zum Hauptsatz. Zwischen Hauptsatz und Nebensatz steht ein **Komma**. Im Nebensatz steht das **gebeugte Verb** an **letzter Stelle**. Nebensätze leiten wir mit Konjunktionen oder **Relativpronomen** ein.	*Die Menschen <u>bekommen</u> Angst,* *(Hauptsatz)* *<u>weil</u> die Lawinengefahr groß <u>ist</u>.* *(Nebensatz)*
Die Satzreihe	
Satzreihen bestehen aus **Hauptsätzen**. Diese werden durch ein **Komma getrennt** und meist mit einer **Konjunktion (und, oder, denn, doch, aber …)** verbunden. Vor **und/oder** kann das Komma entfallen.	*Eine Lawine rast ins Tal <u>und</u> man hört lautes Donnern.* *Man hört lautes Donnern, <u>denn</u> eine Lawine rast ins Tal.*
Das Satzgefüge	
Satzgefüge bestehen aus **Hauptsatz** und **Nebensatz**. Der Nebensatz erklärt, aus welchem **Grund** (weil), unter welcher **Bedingung** (wenn), zu welchem **Zweck** (damit), zu welcher **Zeit** (während, bevor) etwas geschieht.	*Am Pistenrand steht ein Warnschild, <u>damit</u> alle die Gefahren kennen. (Zweck)*
Relativsätze	
Relativsätze sind Nebensätze, die ein Nomen (Bezugswort) im Hauptsatz näher erklären. Wir leiten sie mit einem **Relativpronomen** (**der, das, die** und **die**) ein.	*Die Lawine entsteht an einem Hang, <u>der eine bestimmte Steilheit hat</u>.*

Satzreihe

Im Skigebiet ist immer etwas los.

1 Was siehst du auf dem Bild?

a. Verbinde die Hauptsätze mit einem passenden Satz.

<table>
<tr><td>Zwei Frauen sonnen sich im Liegestuhl</td><td rowspan="2">und</td><td rowspan="6">sie lesen Zeitung.
sie lösen eine Lawine aus.
sie winken.
sein Ski fällt ab.
es hat kalte Hände.
sie fährt eine Fahne um.</td></tr>
<tr><td>Zwei Kinder sitzen im Lift</td></tr>
<tr><td>Die Mutter zieht dem Kind Handschuhe an</td><td>, denn</td></tr>
<tr><td>Ein Mann fährt im Lift den Berg hinauf</td><td rowspan="2">, aber</td></tr>
<tr><td>Eine Frau rast den Berg herunter</td></tr>
<tr><td>Einige Gämsen rennen durch den Schnee</td><td>, doch</td></tr>
</table>

b. Schreibe deine Sätze auf. Denke an das Komma.
Tipp: Vor und steht kein Komma.

c. Markiere die Konjunktion und das Komma.

Wir können zwei Hauptsätze zu einer Satzreihe verbinden.

und, denn, aber, doch, die Sonne, der Schnee, der Skikurs, eine Pause machen, den Ausblick genießen, scheinen, schmelzen, hinfallen, üben …

2 a. Was könnte im Skigebiet noch passieren?
Bilde eigene Satzreihen. Schreibe auf.
Tipp: Denke an das Komma vor denn, aber, doch.

b. Stelle deine Sätze einer Partnerin / einem Partner vor.

Satzgefüge

**Wir können Sätze auch anders verbinden.
In diesem Fall wird der zweite Satz zu einem Nebensatz.**

Die Skifahrer lachen. Sie fahren schnell den Hang hinab.
Zwei Frauen liegen im Liegestuhl. Die Sonne scheint.
Die Mutter zieht dem Kind Handschuhe an. Es hat kalte Hände.
Eine Frau hält ihren Hund auf dem Schoß. Er fällt nicht aus dem Lift.
Der Mann macht seine Bindung fest. Sie lockert sich nicht.
Die Kinder im Lift winken. Sie erreichen den Gipfel.

1 Wann winken die Kinder? Warum hält die Frau den Hund fest?

a. Verbinde die Sätze mit einer passenden Konjunktion.

bevor | während | damit | wenn | weil

b. Schreibe die Sätze auf.
Tipp: Der zweite Satz wird zum Nebensatz. Denke an das Komma.
Das gebeugte Verb steht am Ende des Nebensatzes.

c. Markiere die Verben im Nebensatz.

Die Skifahrer lachen, während sie schnell den Hang hinabfahren.

**Wir können zwei Hauptsätze zu einem Satzgefüge verbinden.
Der Nebensatz ergänzt den Hauptsatz. Das Verb steht an letzter Stelle.**

2 a. Bilde weitere Satzgefüge mit Hauptsatz und Nebensatz.

*Mehrere Skifahrer warten an der Liftstation. Der Lift bringt sie zum Gipfel. |
Ein Skifahrer packt sein Frühstück aus. Er beißt in die belegten Brote. |
Einige Kinder spielen im Schnee. Der Schnee ist frisch gefallen. |
Die Terrasse der Skihütte hat geöffnet. Das Wetter ist schön. |
Der Lift fährt bis zur Skihütte. Die Leute können die Landschaft genießen. |
Der Tag endet. Die Sonne geht unter. |
Die Piste ist leer. Alle gehen nach Hause.*

b. Markiere in den Sätzen das Komma, die Konjunktion und das Verb.

3 a. Vergleicht eure Sätze und begründet eure Wahl der Konjunktion.

b. Wie ändert sich die Bedeutung, wenn ihr eine andere Konjunktion wählt?
Besprecht die Veränderungen..

Relativsätze

Lawinenhunde unterstützen bei der Suche nach Verschütteten im Schnee.

Training bei der Bergwacht

Der Suchhund Jerry | läuft über den Hang, | der voller Schnee ist. | Plötzlich gräbt er | mit den Vorderpfoten | eine Grube, | die immer größer wird. | Aus der Grube klettert | sein Trainer, | der sich zu Übungszwecken | eingegraben hat. | Der Trainer lobt den Hund, | der eine Belohnung verdient hat. | Die Suche war ein Training, | das Lawinenhunde regelmäßig | machen müssen. | Das Training beginnt schon | für kleine Welpen, | die erst sieben Wochen alt sind.

1 a. Schreibe den Text ab. Lass jede zweite Zeile frei.
b. Unterstreiche die Nebensätze und markiere das Komma.
c. Kreise die Relativpronomen ein und zeichne einen Pfeil zu dem Nomen, das sie genauer erklären.

► Das Abschreiben, S. 316

Der Suchhund Jerry läuft über den Hang, der voller Schneemassen ist.

Bei seinem Training übt der Lawinenhund Jerry noch mehr.

Zuerst muss der Hund einen versteckten Gegenstand finden. Der **Gegenstand** hat eine Nacht beim Trainer im Bett gelegen. Dann werden andere Gegenstände unter einer Schneedecke vergraben. Die **Schneedecke** wird immer dicker. Der Hund bekommt auch ein Flugtraining. Das **Flugtraining** soll ihn an einen Hubschraubereinsatz gewöhnen.

2 a. Verbinde immer zwei Sätze zu einem Satzgefüge mit einem Relativsatz.
Tipps: – Das Relativpronomen ersetzt das Nomen im zweiten Satz.
– Das gebeugte Verb steht am Ende des Relativsatzes.
b. Schreibe deine Sätze auf.

Zuerst muss der Hund einen versteckten Gegenstand finden, der eine Nacht ...

Relativsätze erklären ein Nomen im Hauptsatz genauer.
Sie werden mit einem Relativpronomen eingeleitet (der, das, die).

Sprachvarianten erkennen und untersuchen

Ben ist mit seinen Eltern im Urlaub.
Er schreibt seinem Freund eine Kurznachricht und seinem Opa eine Postkarte.

Hey Bro, wie läuft's? :D
Spanien ist Hammer, geiles Wetter +
Strand + coole Mädels am Beach!
Morgen ödes Museum, kein Bock :)
Freitag Barcelonaaaaaaa! :D
Lass krachen, wir sehn uns

Lieber Opa!

Wie geht's dir? Hier in Spanien ist es sehr schön. Das Wetter ist toll! Es ist sehr warm und wir waren schon oft schwimmen. Morgen wollen wir ein Museum besuchen. Ende der Woche fahren wir nach Barcelona, da freue ich mich schon drauf!

Viele liebe Grüße, dein Benni

1 a. Lest die beiden Texte.
b. An wen schreibt Ben welchen Text?

2 a. Wie unterschreibt Ben jeweils? Vergleicht.
b. Was würde passieren, wenn er anders unterschreiben würde? Vermutet.

3 Ben schreibt in den beiden Texten nicht dieselben Informationen.
a. Welche Informationen schreibt er an wen? Vergleicht.
b. Warum lässt er manche Informationen vielleicht weg? Vermutet.

4 Vergleicht eure Ergebnisse der Aufgaben 1–3 in der Gruppe.

Je nach Empfänger einer Nachricht verwenden wir unterschiedliche Sprachvarianten.

2 **b.** *bestimmt, eventuell, vermutlich, wahrscheinlich …*

Ben schreibt über dasselbe Thema, aber jedes Mal anders.
Ihr untersucht die Sprache in den beiden Texten auf Seite 218.

5 Vergleicht die Sprache in den beiden Texten auf Seite 218.
Geht in drei Schritten vor: Think – Pair – Share.

a. Notiere zunächst für dich Stichworte zu folgenden Fragen. Think.
- Welche Wörter oder Wortgruppen fallen dir besonders auf?
- Welche Abkürzungen und Symbole verwendet Ben?
- Welche Unterschiede im Satzbau und bei den Satzzeichen fallen dir auf?

b. Tauscht euch über eure Ergebnisse aus und begründet sie. Pair.
- Warum sind die notierten Wörter und Wortgruppen besonders?
- Was bedeuten die Abkürzungen und Symbole?

c. Stellt eure Ergebnisse in der Gruppe vor und besprecht sie. Share.

Ben verwendet in der Kurznachricht besondere Wörter und Abkürzungen.
Er verwendet auch bildhafte Sprache.

6 Was ist gemeint? Übersetzt die Bedeutung in allgemein verständliche Worte.

Das ist der Hammer!

Ich habe keinen Bock.

7 An wen würde Ben vermutlich die folgenden Sätze schreiben?
Ordnet zu und begründet mithilfe eurer Ergebnisse von Aufgabe 5.

Das Meer ist stürmisch mit riesigen Wellen. | *Barcelona ist megacool.* | *Wir besuchten das größte Fußballstadion Europas.* | *Ultrakrasse Wellen hier!* | *Größtes Stadion Europas besucht :D* | *Barcelona gefällt mir sehr gut.*

5 **a.** *Bro, Hammer …*

Unterschiede im Satzbau können zum Beispiel sein: kurze Sätze, einfache Sätze, unvollständige Sätze, Satzreihen und Satzgefüge …

Satzzeichen sind: Komma, Punkt, Ausrufezeichen, Fragezeichen.

Sprachvarianten richtig verwenden

Nach den Ferien schreibt Ben eine Kurznachricht.

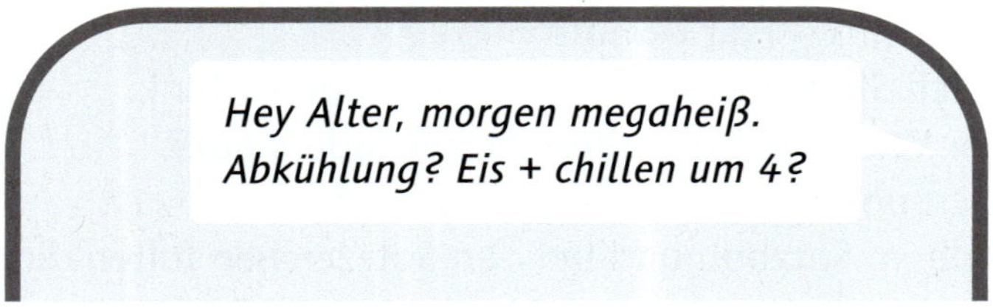
Hey Alter, morgen megaheiß.
Abkühlung? Eis + chillen um 4?

1 a. An wen könnte Ben die Nachricht schreiben?
Begründe anhand der Sprache.

chillen: aus dem Englischen übernommen
...

b. Wie würde Ben den Text vermutlich formulieren, wenn er die Nachricht an seinen Großvater sendet?
Schreibe die Nachricht neu auf.
Tipp: Du kannst dein Ergebnis einer Partnerin / einem Partner vorstellen.

Ben verwendet für Nachrichten an seinen Freund eine besondere Sprache: die Jugendsprache. Sie verändert sich oft innerhalb weniger Jahre oder Monate.

2 a. Welches sind die Jugendwörter der vergangenen Jahre?
Recherchiert im Internet.
b. Welche dieser Jugendwörter sind heute noch aktuell?
Benennt.

▶ Im Internet recherchieren, S. 81

3 a. Welche besonderen Wörter oder Wortgruppen verwendet ihr?
Sammelt und schreibt eine Liste.
b. Wählt euer eigenes Jugendwort der Klasse.

Info

Die **Standardsprache** ist die allgemein verbindliche Form einer Sprache. Wir verwenden sie in der Öffentlichkeit, im Unterricht und in den Medien. Die **Jugendsprache** unterscheidet sich von der sonst üblichen Standardsprache durch bestimmte Wörter, Wortgruppen oder den Satzbau.

1 a. *besondere Wörter:* Alter, megaheiß ...
Abkürzungen und Symbole: + ...
unvollständige Sätze, grammatikalisch fehlerhaft: Abkühlung? ...

Je nach Situation verwenden wir eine andere Sprachvariante.

4 **a.** In welchen Situationen verwendet ihr Jugendsprache? Benennt.
b. In welchen Situationen ist Standardsprache angemessener? Begründet.

Mit einem Placemat könnt ihr eure Ergebnisse sammeln.
Bildet Vierergruppen.

5 Was habt ihr über Sprache in verschiedenen Situationen herausgefunden? Erstellt ein Placemat.

▶ Das Placemat, S. 251

- Wann verwenden wir Standardsprache? Warum?
- Was ist das Besondere an Jugendsprache?
- Wie ist der Satzbau und welche Satzzeichen kommen häufig vor?

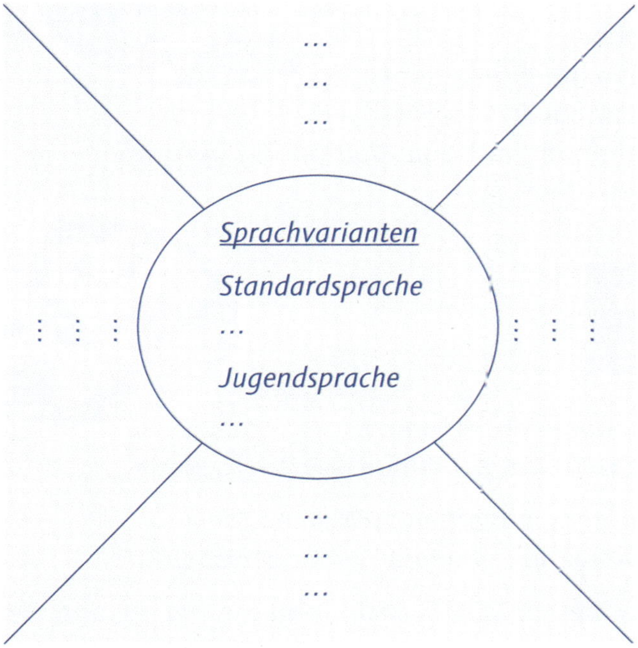

6 Stellt euer Placemat in der Klasse vor.
Tipp: Ihr könnt es anschließend in der Klasse aufhängen.

11 Rechtschreiben

Viele Wege führen zu einer sicheren Rechtschreibung!

Unsere Strategien S. 223–231

- Sprechen – hören – gliedern
- Wörter verlängern
- Wörter ableiten
- Wortfamilien richtig schreiben
- Regelwissen anwenden: Nomen großschreiben
- Regelwissen anwenden: Wortgruppen getrennt schreiben
- Fehler finden – der Rechtschreib-Check

Unsere Arbeitstechniken S. 232–237

- Das Abschreiben
- Mit der Rechtschreibkartei üben
- Im Wörterbuch nachschlagen
- Die Rechtschreibung mit dem Computer überprüfen
- Mit Verbreihen üben

Meine Trainingseinheiten S. 322–341

1. Wörter mit lang gesprochenem i, Wortgruppen getrennt schreiben, wörtliche Rede
2. Adjektive und Verben werden zu Nomen, Wörter mit end-/End-, Komma bei Relativsätzen
3. Nomen großschreiben, Zahlwörter, Komma bei als und weil
4. Wörter mit silbenöffnendem h, Großschreibung bei Eigennamen, Komma bei dass
5. Zeitangaben, Wortgruppen getrennt schreiben, Komma bei denn, aber, doch

Sprechen – hören – gliedern

Deutliches Sprechen und genaues Hinhören helfen dir beim richtigen Schreiben.

Wie schreibe ich das Wort Bücherregal?

Lass uns das Wort deutlich sprechen und es beim Sprechen in Silben zerlegen: Bücherregal.

1 Schreibt die folgenden Übungswörter als Mitlesediktat.

a. Einer diktiert, der andere liest mit. Dann schreibt er das Wort auf und ergänzt die Silbenbögen. Nach vier Wörtern wechselt ihr die Rollen.

der Blumengarten | das Bilderbuch | das Freizeitvergnügen | die Fernsehsendung | das Eislaufstadion | die Ruhepause | die Geburtstagsfeier | die Straßenlaterne

b. Habt ihr die Wörter richtig geschrieben und die Silbenbögen richtig gesetzt? Kontrolliert.

c. Aus welchen Nomen setzt sich das Wort zusammen? Notiert sie mit ihrem Artikel.

der Blumengarten → die Blume + der Garten

2 Führt in der Klasse ein Silbenspiel durch.

- Bildet Gruppen.
- Jeder überträgt die folgende Tabelle auf ein Blatt Papier.
- Einer von euch gibt das Startsignal. Jede Gruppe füllt nun die Tabelle aus. Setzt auch die Silbenbögen.
  Tipp: Teilt die einzelnen Spalten der Tabelle untereinander auf.
- Ist die Tabelle vollständig ausgefüllt, sagt die Gruppe „Stopp".
- Anschließend tauscht ihr eure Tabellen aus und kontrolliert sie gegenseitig.

1 Silbe	*2 Silben*	*3 Silben*	*4 Silben*	*5 Silben*
laut	*die Raupe*	*gleichgültig*	*der Fußballspieler*	*der Tomatensalat*
...	...	...	...	...
...	...	...	...	...
...	...	...	...	...

Wörter verlängern

t oder d? k oder g? p oder b? Wenn das deutliche Sprechen und genaue Hinhören nicht ausreicht, könnt ihr das Wort verlängern.

Wie schreibe ich noch einmal Ran?? Mit t oder d?
Schreibe ich ferti? mit k oder mit g am Ende?
Und woher weiß ich, ob gi?t mit p oder b geschrieben wird?

1 Wie könnt ihr die richtige Schreibung der Wörter in den Sprechblasen herausfinden? Wiederholt gemeinsam, wie ihr beim Verlängern vorgeht.

Wir verlängern Nomen, indem wir …
Wir verlängern Adjektive …
Wir verlängern Verben …

2 Wie geht ihr vor, wenn es bei Nomen keine Pluralform gibt? Seht euch das Beispiel an und erklärt es euch gegenseitig.

der Stau?: staubig → der Staub

3 Wie geht ihr bei zusammengesetzten Wörtern vor? Erklärt es euch gegenseitig an folgendem Beispiel.

der Ber?führer: die Berge → der Bergführer

Nun kannst du das Verlängern selbst noch einmal üben.

4 Verlängere die Wörter und schreibe sie richtig auf.

das Pfer? | der Köni? | die Schul? | der San? | das Gol?
lan? | schlan? | wüten? | spä? | stren? | gro?
du blei?st | er hu?t | sie len?t | es wie?t | er glau?t
die Lan?karte | die Fahrra?tour | das Aben?essen

die Pferde → das Pferd, die Könige →

5 **a.** Welche weiteren Wörter kennst du, bei denen du die richtige Schreibung durch Verlängern ermitteln kannst? Schreibe sie auf.
b. Sammelt die Wörter in der Klasse.

3 *Wir zerlegen das zusammengesetzte Wort in …*

Wörter ableiten

In vielen Wörtern klingen ä und e ähnlich, äu und eu klingen gleich. Wenn du dir unsicher bist, ob ein Wort mit ä oder äu geschrieben wird, hilft dir das Ableiten von verwandten Wörtern: ä kommt von a und äu kommt von au.

Weshalb schreibe ich Gärtner eigentlich mit ä?
Und wieso schreibe ich Träumer mit äu?

1 Was könntet ihr Paul antworten? Erklärt.

2 **a.** Finde zu den Wörtern mit ä und äu verwandte Wörter mit a oder au.

das Gepäck | schälen | sie trägt | du hältst | aufräumen | die Kräuter | es schäumt

b. Bilde mit mindestens drei Wörtern eigene Sätze.

3 **a.** Wähle aus: Bearbeite nur Abschnitt (1) oder den ganzen Text.
b. Finde zu jedem Lückenwort ein verwandtes Wort mit a oder au.
c. Schreibe den von dir bearbeiteten Abschnitt richtig auf.

Ungebetene G?ste

(1) Vor den H?sern am Ende unserer Straße standen einige Nachbarn an den Z?nen. Neugierig lief ich zu ihnen. Und was sah ich da? Ich dachte erst, ich tr?me: Zwei Waschbären spazierten seelenruhig durch die Vorg?rten.

(2) Die Waschbären knabberten ein paar B?me an. Das wiederum ?rgerte unsere Nachbarn und sie machten viel L?rm, damit die Tiere ?ngstlich wurden und verschwanden. Die Waschbären ließen sich dadurch aber nicht weiter stören.

Bei manchen Wörtern mit ä hilft das Ableiten nicht. Es sind Merkwörter.

4 Bilde mit jedem Merkwort einen Satz und markiere das Merkwort.

der Bär | die Träne | die Strähne | gähnen | ähnlich | während | erklären | ärgern

2 **a.** *das Gepäck → packen ..*

Wortfamilien richtig schreiben

**Jede Wortfamilie hat einen gemeinsamen Wortstamm.
Dieser wird in der Regel gleich geschrieben.**

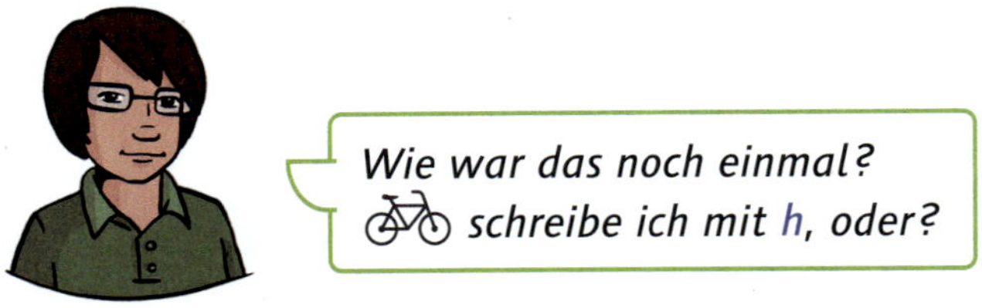

Wie war das noch einmal?
schreibe ich mit h, oder?

1 Warum schreibt man Fahrrad mit **h**? Erklärt es euch gegenseitig.

2 Die folgenden Wörter gehören zu vier unterschiedlichen Wortfamilien.

die Vorfahrt | ankommen | die Voraussetzung | wegfahren | das Einkommen | bleibend | vorkommen | zurückbleiben | hinsetzen | aufbleiben | die Fahrbahn | die Nachkommen | ersetzen | zubleiben | fahrbar | auskommen | der Verbleib | die Gefahr | bekommen | unersetzlich | die Bleibe | die Fortsetzung | die Autofahrt | fortfahren | wegbleiben | einsetzen | vorbeikommen | besetzen

a. Lege eine Tabelle an und ordne die Wörter ihrem Wortstamm zu.
b. Markiere jeweils den Wortstamm.
c. Ergänze weitere Wörter zu jeder Wortfamilie.

-fahr-	…	…	…
die Vorfahrt	…	…	…

3 **a.** Schreibe mit mindestens drei Wörtern aus Aufgabe 2 jeweils einen Satz auf.
Tipp: Beachte, dass zusammengesetzte Verben im Präsens im Satz meist auseinanderstehen.
b. Tauscht eure Sätze aus und überprüft gegenseitig eure Schreibung.

Auch Vor- und Nachsilben schreibst du immer gleich.

4 Bilde möglichst viele neue Wörter mit den Vorsilben ab-, vor-, ver-, er- und ent-.
Tipp: Achte darauf, dass du die Vorsilbe und den Wortstamm richtig schreibst.

sagen | nehmen | führen | decken | laufen | stehen | setzen | stellen | raten | blühen

2 **a.** *Die weiteren Wortstämme lauten -komm-, -bleib- und -setz-.*

(R) Regelwissen anwenden: Nomen großschreiben

Nomen schreibst du groß. Du erkennst sie mithilfe der folgenden Checkpunkte.

1 Lest euch gegenseitig die sechs Checkpunkte zum Erkennen von Nomen vor.

Nomen erkennen

1. Prüfe, ob Lebewesen, Personen oder Gegenstände bezeichnet werden (z. B. das Pferd, der Postbote, die Schere).
2. Prüfe, ob das Wort von einem bestimmten oder unbestimmten Artikel begleitet wird (z. B. der Mann, ein Mann).
3. Prüfe, ob das Wort von einem Adjektiv begleitet wird (z. B. bärtige Männer).
4. Prüfe, ob das Wort die Nachsilbe -ung, -heit, -keit, -tum, -nis oder -schaft hat (z. B. die Kleidung, die Menschheit, die Gerechtigkeit, der Reichtum, die Finsternis, die Mannschaft).
5. Prüfe, ob vor dem Wort eine Präposition steht (z. B. am Fenster, im Garten).
6. Prüfe, ob vor dem Wort ein Pronomen steht (z. B. seine Kleidung, dieses Haus).

2 Findet gemeinsam weitere Beispiele für die einzelnen Checkpunkte.

An dem folgenden Text kannst du die Großschreibung von Nomen noch einmal üben.

3 Der Text ist ausschließlich in Großbuchstaben geschrieben.

a. Wähle aus: Bearbeite nur Abschnitt (1) oder den ganzen Text.
b. Finde mithilfe der Checkpunkte alle Nomen. Schreibe sie untereinander auf.
c. Woran hast du das Nomen jeweils erkannt? Notiere hinter jedem Nomen mindestens einen passenden Checkpunkt.

(1) WERBUNG WIRD OFT SO GESTALTET, DASS AUCH KINDER SIE MÖGEN. WERBUNG ENTHÄLT DANN DIE VERSTECKTE BOTSCHAFT AN KINDER: „DAS MÜSST IHR KAUFEN!" DIES GILT AUCH BEI WERBUNG FÜR PRODUKTE, DIE FÜR ERWACHSENE BESTIMMT SIND.

(2) WARUM IST DAS SO? IN FAMILIEN BESTIMMEN IM SUPERMARKT HÄUFIG DIE KINDER MIT, WAS GEKAUFT WIRD. WENN KINDER DIE PRODUKTE AUS DER WERBUNG WIEDERERKENNEN, SCHLAGEN SIE IHREN ELTERN VOR, DIE PRODUKTE ZU KAUFEN. DIE ELTERN FOLGEN DANN OFT DIESEM WUNSCH.

4 Schreibe die von dir bearbeiteten Abschnitte in der richtigen Groß- und Kleinschreibung auf. Achte auch auf die Satzzeichen.

R Regelwissen anwenden: Wortgruppen getrennt schreiben

Wortgruppen aus Nomen + Verb schreibst du in der Regel getrennt.
Beispiel: Rad fahren

1 Im Text sind Wortgruppen aus Nomen + Verb hervorgehoben.
Schreibe die Wortgruppen untereinander auf.

Die Lieblingsbeschäftigungen der Klasse 7b

Die Schülerinnen und Schüler der Klasse 7b tauschen sich in der Klasse über ihre Lieblingsbeschäftigungen während der Ferien aus. Einige Schülerinnen und Schüler möchten gern **Fußball spielen** und einige möchten lieber **Basketball spielen**. Andere treiben in ihrer Freizeit nicht so gerne Sport. Sie möchten lieber **Computer spielen**, **Filme sehen** oder **Bücher lesen**. Im Sommer wollen aber alle gerne schwimmen gehen und im Winter wollen alle gerne **Schlittschuh laufen** oder **Eishockey spielen**.

2 Was möchtest du gern in den Ferien machen?
Was möchtest du nicht gern machen?
Schreibe jeweils einen Satz auf. Verwende Wortgruppen aus Nomen + Verb.

Ich möchte gern … *Ich möchte nicht gern …*

3 Was sind die Lieblingsbeschäftigungen in eurer Klasse?
a. Lest euch eure Sätze gegenseitig vor und führt eine Strichliste.
b. Was möchten viele gern in den Ferien machen? Was nicht?
Fasst die Ergebnisse in ganzen Sätzen zusammen.

Viele möchten gern … *Viele möchten nicht gern …*

Auch Wortgruppen aus Verb + Verb schreibst du in der Regel getrennt.
Beispiel: essen gehen

4 Im Text findest du auch eine Wortgruppe aus Verb + Verb. Schreibe sie auf.

5 Bilde mit den folgenden Wortgruppen aus Verb + Verb jeweils einen Satz.

stehen bleiben | lesen üben | schreiben lernen | spazieren gehen | liegen lassen

Wortgruppen aus Adjektiv + Verb schreibst du in den meisten Fällen ebenfalls getrennt. Beispiel: neu beginnen

6 Im Text sind Wortgruppen aus Adjektiv + Verb hervorgehoben.
Schreibe die Wortgruppen untereinander auf.

Das Basketballturnier

Florian hat sich schon lange auf das Basketballturnier gefreut. Er möchte den anderen zeigen, wie gut er mittlerweile spielt. Trotz seiner Aufregung kann er zunächst **ruhig bleiben** und lässt das gegnerische Team das Spiel **langsam beginnen**. Als er eine Möglichkeit zum Angriff sieht, holt er sich den Ball und dribbelt zum Korb. Nun kann er beweisen, dass er **schnell rennen** und **genau werfen** kann. Der Ball landet im Korb und alle jubeln. Nach dem Spiel wird Florian bestimmt müde sein.

7 **a.** Bilde eigene Wortgruppen aus Adjektiv + Verb.
b. Schreibe mit drei Wortgruppen einen Satz auf.

Auch Wortgruppen mit sein schreibst du getrennt. Beispiel: glücklich sein

8 Im Text oben findest du auch eine Wortgruppe mit sein. Schreibe sie auf.

9 Schreibe den folgenden Lückentext auf und setze die Wortgruppen mit sein ein.

dabei sein | *schwierig sein* | *fertig sein*

Als Florian am Nachmittag sieht, wie seine Freunde draußen Basketball spielen, möchte er gern ______. Warum müssen die Hausaufgaben ausgerechnet heute so ______? Er beschließt, sich noch einmal zu konzentrieren. Dann wird er schnell ______.

10 Schreibt abschließend das Merkwissen auf und ergänzt es.

Merke

Wortgruppen schreibe ich in der Regel ______.
- **Nomen + Verb**: Rad fahren, ______
- **Verb + Verb**: essen gehen, ______
- **Adjektiv + Verb**: neu beginnen, ______
- **Wortgruppen mit sein**: glücklich sein, ______

7 **a.** *z. B. wach bleiben, still sitzen …*

Fehler finden – der Rechtschreib-Check

Du kennst bereits den Rechtschreib-Check. Er fasst die wichtigsten Rechtschreibstrategien zusammen und hilft dir, eigene Texte zu überprüfen.

Checkpunkt 1: Sprechen – hören – gliedern

Deutliches Sprechen und genaues Hinhören hilft beim richtigen Schreiben.

- Sprich das Wort langsam und deutlich Silbe für Silbe.
  Zeichne dabei Silbenbögen in die Luft.

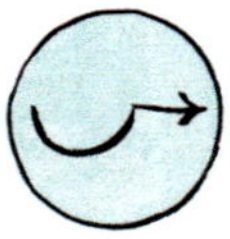

Checkpunkt 2: Wörter verlängern

p oder **b**? **t** oder **d**? **k** oder **g**? Manchmal reicht das deutliche Sprechen und genaue Hinhören nicht aus. Dann kannst du das Wort verlängern.

- Bilde bei Nomen die Mehrzahl (den Plural).
  Gibt es keine Pluralform, suche ein verwandtes Wort.
- Verwende Adjektive in Wortgruppen.
- Finde bei Verben die Grundform (den Infinitiv).
- Trenne Zusammensetzungen und verlängere die einzelnen Wörter.

Checkpunkt 3: Wörter ableiten

In vielen Wörtern klingen **ä** und **e** ähnlich, **äu** und **eu** klingen gleich.

- Leite Wörter mir **ä** und **äu** von verwandten Wörtern mit **a** oder **au** ab.

Checkpunkt 4: Wortfamilien richtig schreiben

Wörter aus einer Wortfamilie haben in der Regel denselben Wortstamm.

- Finde andere Wörter aus der Wortfamilie, die du sicher schreiben kannst.
- Prüfe, ob das Wort eine Vor- oder Nachsilbe hat.
  Auch Vor- und Nachsilben schreibst du immer gleich.

Checkpunkt 5: Regelwissen anwenden

Nomen schreibst du groß. Mit diesen Tipps erkennst du sie:

- Prüfe, ob Personen, Lebewesen oder Gegenstände bezeichnet werden.
- Prüfe, ob das Wort von einem Artikel begleitet wird.
- Prüfe, ob das Wort von einem Adjektiv begleitet wird.
- Prüfe, ob das Wort die Nachsilbe **-ung**, **-heit**, **-keit**, **-tun**, **-nis**, **-schaft** hat.
- Prüfe, ob vor dem Wort eine Präposition steht.
- Prüfe, ob vor dem Wort ein Pronomen steht.

Wortgruppen schreibst du in der Regel getrennt.

- Wortgruppen aus **Nomen + Verb**, **Verb + Verb**, **Adjektiv + Verb** schreibst du in der Regel getrennt.
- Auch Wortgruppen mit **sein** schreibst du in der Regel getrennt.

An dem folgenden Text kannst du den Rechtschreib-Check noch einmal üben.

1 Der Text enthält zehn Rechtschreibfehler.

a. Wähle aus: Bearbeite nur Abschnitt (1), Abschnitt (2) oder den ganzen Text.

b. Lies die gewählten Abschnitte genau und finde die Fehlerwörter mithilfe des Rechtschreib-Checks.
Tipp: In Abschnitt (1) helfen dir die Ausrufezeichen **!** am Rand.

c. Schreibe die Fehlerwörter richtig auf. Notiere dahinter in Klammern die Nummer des verwendeten Checkpunktes.

d. Schreibe die von dir bearbeiteten Abschnitte fehlerfrei auf.

Ein gelungener Tag

Achtung: Fehler!

(1) Emre fehrt mit seinem neuen Fahrrad zur Schule. Als er dort ankomt, ist auf dem Schulhof schon viel los. Er stellt sein Rad in den Fahrradständer und schließt es sorgfältig ap. Da klingelt es auch schon zur ersten Stunde. Emre eilt in die Klasse. Er ist der neue Klassensprecher und er möchte ein vorbild für die anderen sein.

(2) Nach dem Unterricht gehen alle zusammen in die Mensa. Emre beilt sich heute besonders. Er möchte schnell fertigsein, um das Fußballspiel nicht zu ferpassen. Seine Klasse spielt heute gegen die 7 a. Als Emre auf dem Sportplatz ankommt, sieht er, dass sein Torwart humpelt. „Ich habe mir beim Aufwärmen den Knöchl verstaucht und werde nicht spielen können“, klagt dieser. Ratlos schaut sich Emre um. Plötzlich hat er eine Idee. „Wie wäre es mit Inga?“, schlegt er vor, „die kann bestimmt gut halten.“ Als er keinen Widerspruch hört, ist alles klar. Inga geht ins Tor und häld tatsächlich jeden Ball. Emres Klasse gewinnt das Spiel mit 2:0.

(166 Wörter)

2 Wähle einen eigenen Text aus und überprüfe ihn mithilfe des Rechtschreib-Checks.

Tipp: Wende den Rechtschreib-Check in Zukunft regelmäßig zur Überarbeitung deiner eigenen Texte an.

Das Abschreiben

Beim Abschreiben prägt sich die richtige Schreibweise von Wörtern ein.

1 Wähle aus: Bearbeite nur Abschnitt (1), Abschnitt (2) oder den ganzen Text. Schreibe die gewählten Abschnitte ab, indem du den Schritten 1 bis 6 folgst. Tipp: In Abschnitt (2) fehlen die Trennstriche. Setze sie in Gedanken selbst.

Schritt 1: **Lesen**	Ich lese den Text genau und kläre unbekannte Wörter.
Schritt 2: **Einprägen**	Ich präge mir eine Wortgruppe genau ein. Ich lese Wort für Wort, Silbe für Silbe und spreche die Wörter leise aus.
Schritt 3: **Schreiben**	Ich decke den Text ab und schreibe die Wortgruppe auswendig auf. Ich spreche beim Schreiben leise mit. Ich schreibe in jede zweite Zeile.
Schritt 4: **Prüfen**	Ich überprüfe, was ich geschrieben habe: Ich vergleiche Wort für Wort mit der Vorlage.
Schritt 5: **Verbessern**	Ich streiche fehlerhafte Wörter durch. Ich schreibe die Wörter richtig darüber.
Schritt 6: **Merken**	Ich nehme die Fehlerwörter in meine Rechtschreibkartei auf.

Der Bernhardiner

(1) Dem Bernhardiner | sagt man nach, | dass er ein echter Freund | des Menschen sei. | Mit seiner Hilfe wurden | im Laufe von 200 Jahren | ungefähr 2000 Menschen | in der Nähe | des Sankt-Bernhard-Passes | aus Bergnot gerettet. | Keine andere Hunderasse, | mit der Mönche | seit Mitte des 17. Jahrhunderts | auf 2500 Metern Höhe | nach Verirrten suchten, | war so zuverlässig. | Allein der berühmte Bernhardiner Barry | soll 40 Reisende | vor dem Kältetod | bewahrt haben. |

(2) Aus Dankbarkeit wird der Bernhardiner Barry heute in der Schweiz als Nationalhund verehrt. Er steht ausgestopft in einem Berner Museum. Um seinen Hals trägt Barry ein Fässchen mit dem Schweizer Kreuz. Das ist wohl eher ein Werbegag. Heute ist der Bernhardiner als Rettungshund nicht mehr geeignet. Durch Züchtungen ist er zu schwer geworden. Aber als Haushund ist er nach wie vor beliebt.

(130 Wörter)

Mit der Rechtschreibkartei üben

In der Rechtschreibkartei sammelst du deine Fehlerwörter und schwierige Wörter. Du solltest regelmäßig mit ihr üben.

1 Übe mit deiner Rechtschreibkartei.
- Wähle sechs Lernkärtchen aus.
- Sieh dir das Wort und die Tipps genau an.
  Sprich das Wort laut und präge dir die Schreibung ein.
- Drehe das Kärtchen um und schreibe das Wort.
- Kontrolliere zum Schluss deine Schreibung.

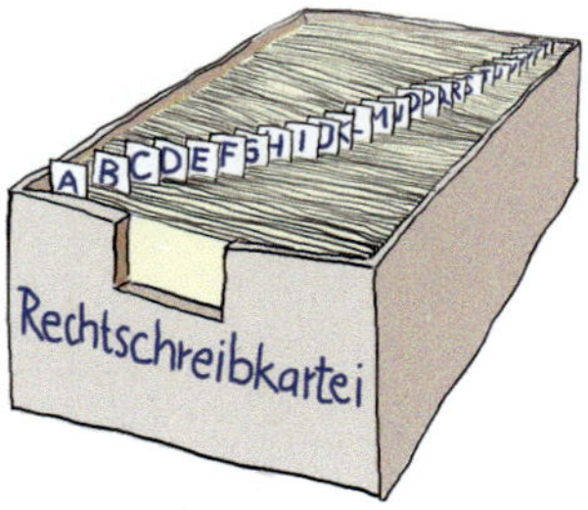

Du kannst deine Rechtschreibkartei auch nach Fehlerschwerpunkten ordnen. So kannst du herausfinden, womit du besonders große Schwierigkeiten hast, und gezielt an deinen persönlichen Fehlerschwerpunkten arbeiten.

2 Paul hat seine Fehlerwörter auf Karteikarten geschrieben und möchte sie nach Fehlerschwerpunkten geordnet in seine Rechtschreibkartei einordnen.
- **a.** Besprecht gemeinsam, welchen Rechtschreibstrategien seine Fehlerwörter zuzuordnen sind.
- **b.** Notiere Pauls Fehlerwörter. Markiere jeweils die schwierige Stelle und schreibe deinen Tipp oder die passende Strategie dazu auf.
- **c.** Bilde mit jedem Fehlerwort einen Satz.

Sprechen – hören – gliedern | Wörter verlängern | Wörter ableiten | Wortfamilien richtig schreiben | Regelwissen anwenden: Nomen großschreiben | Regelwissen anwenden: Wortgruppen getrennt schreiben

rund …	*essen gehen* …	*eingebildet* …
zuverlässig …	*die Schwierigkeit* …	*sich verfahren* …

3 Ordne deine eigene Rechtschreibkartei nach Fehlerschwerpunkten.

4 Wo hast du besonders viele Lernkärtchen eingeordnet? Übe diese Lernkärtchen besonders häufig.

Im Wörterbuch nachschlagen

Wenn du unsicher bist, wie ein Wort geschrieben wird, kannst du in einem Wörterbuch nachschlagen.

1 a. Seht euch den Wörterbuchauszug an.
b. Erklärt euch gegenseitig, wie ihr ein Wort im Wörterbuch nachschlagt.

das Leitwort — der Registerbuchstabe

81 **beruhen**

die **Be|rị̈ch|ti|gung** (Nomen) **der Berichtigung, die Berichtigungen**
❶ ≈ das Verbessern das Ersetzen von etwas Fehlerhaftem durch das Richtige: *Heute bekommt ihr die Klassenarbeit zur Berichtigung der Fehler zurück.*
❷ ≈ die verbesserte Fassung die berichtigte Fassung: *Die Berichtigung des Diktats muss erst nächste Woche abgegeben werden.*

be|ru|fen[2] (Adjektiv) ≈ geeignet
sich zu etwas berufen fühlen glauben, für etwas besonders geeignet zu sein: *Er fühlt sich dazu berufen, Klassensprecher zu sein.*
be|ruf|lich (Adjektiv) den Beruf betreffend: *Was machen Sie beruflich?*
die **Be|rufs|aus|bil|dung** (Nomen) **der Berufsausbildung, die Berufsausbildungen** die Ausbildung für einen bestimmten Beruf

A B C D

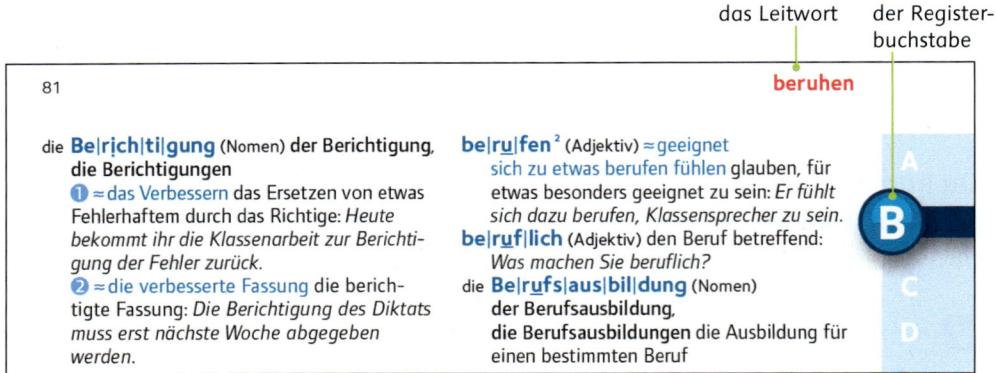

2 a. Finde die richtige Schreibung der Nomen mithilfe eines Wörterbuchs.
b. Schreibe die Nomen mit ihrem Artikel auf. Notiere dahinter die Seitenzahl.
Tipp: Wenn du dir beim Anfangsbuchstaben nicht sicher bist, schlage bei ähnlich klingenden Buchstaben nach.

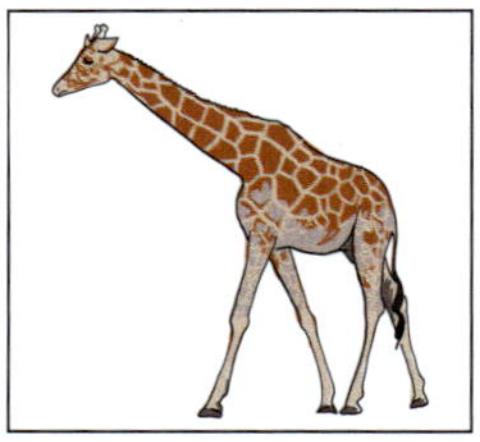

3 Mit folgendem Spiel könnt ihr das schnelle Nachschlagen im Wörterbuch üben.
- Bildet Gruppen. Jeder legt sich ein Wörterbuch bereit.
- Einer aus der Klasse leitet das Spiel und gibt sieben Wörter vor.
- Auf ein Startsignal hin sucht ihr die Wörter im Wörterbuch und notiert die Seitenzahl.
- Die Gruppe, die zuerst alle sieben Wörter gefunden hat, hat gewonnen.

Info

In einem Wörterbuch sind die Wörter **nach** dem **Alphabet geordnet**. Orientierung bieten die **Registerbuchstaben** sowie die **Leitwörter** in der Kopfleiste.

1 **b.** *Wir suchen zunächst den Anfangsbuchstaben des Wortes im Register. Dann suchen wir das passende Leitwort …*

Die Rechtschreibung mit dem Computer überprüfen

Wenn du einen Text mit dem Computer schreibst, hilft dir das Rechtschreibprogramm beim richtigen Schreiben.

1 Wiederholt, wie ihr die Rechtschreibung mit dem Computer überprüft.
- Woran erkennt ihr fehlerhafte Wörter?
- Wie könnt ihr euch Vorschläge des Rechtschreibprogramms anzeigen lassen?
- Wie geht ihr vor, wenn das Rechtschreibprogramm ein Wort, zum Beispiel einen Eigennamen, nicht kennt und deshalb als fehlerhaft anzeigt?

Mit folgendem Text könnt ihr den Umgang mit dem Rechtschreibprogramm üben.

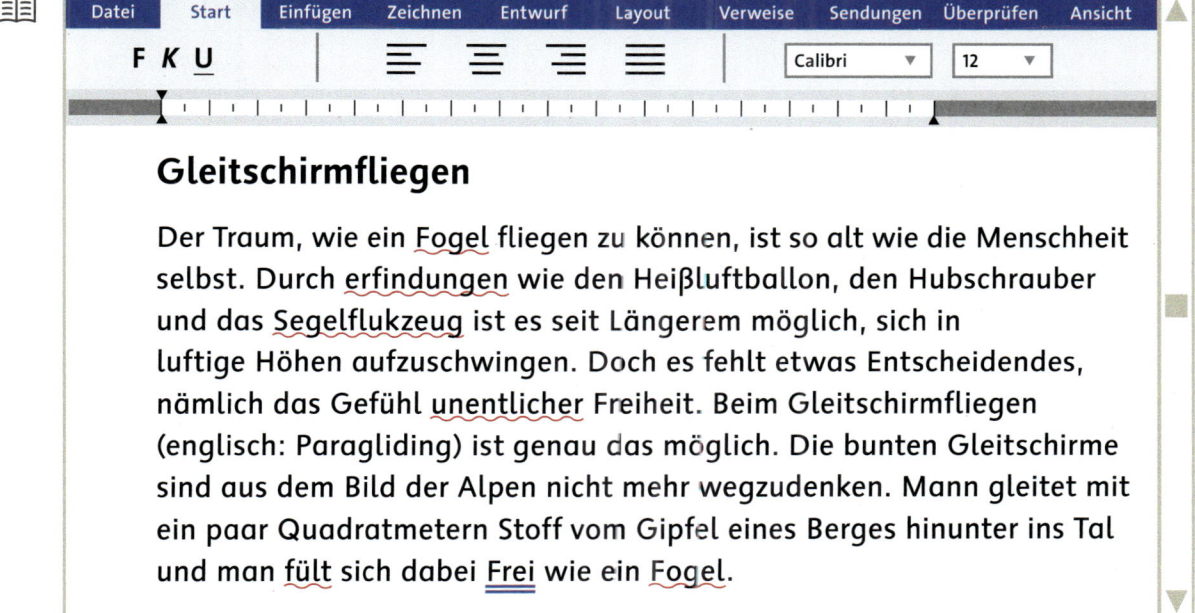

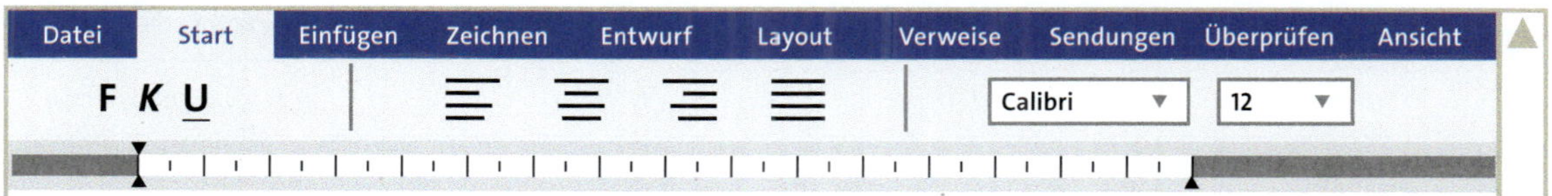

Gleitschirmfliegen

Der Traum, wie ein Fogel fliegen zu können, ist so alt wie die Menschheit selbst. Durch erfindungen wie den Heißluftballon, den Hubschrauber und das Segelflukzeug ist es seit Längerem möglich, sich in luftige Höhen aufzuschwingen. Doch es fehlt etwas Entscheidendes, nämlich das Gefühl unentlicher Freiheit. Beim Gleitschirmfliegen (englisch: Paragliding) ist genau das möglich. Die bunten Gleitschirme sind aus dem Bild der Alpen nicht mehr wegzudenken. Mann gleitet mit ein paar Quadratmetern Stoff vom Gipfel eines Berges hinunter ins Tal und man fült sich dabei Frei wie ein Fogel.

2 Tippt den Fehlertext am Computer ab und korrigiert die sieben markierten Fehler mithilfe des Rechtschreibprogramms.
Tipp: Rechtschreibfehler sind in der Regel rot unterkringelt und Grammatikfehler sind doppelt blau unterstrichen.

Das Rechtschreibprogramm ist eine große Hilfe, aber es erkennt nicht alle Fehler.

3 Welchen Fehler hat das Rechtschreibprogramm nicht erkannt?
Korrigiert diesen Fehler ebenfalls.

Tipp: Übt die Rechtschreibprüfung mit dem Computer an euren eigenen Texten.

Mit Verbreihen üben

Bei unregelmäßigen Verben ändert sich der Wortstamm, wenn du sie in die Vergangenheit setzt. Zum Einprägen dieser Verben ist es hilfreich, wenn du Verbreihen bildest und sie in eine Tabelle schreibst.

1 a. Übertrage die Verbreihen in dein Heft.
Lass unter jeder Tabelle etwas Platz für Ergänzungen.
b. Ergänze jeweils die Verbformen im Präsens, Präteritum und Perfekt.
c. Markiere den Wechsel des Stammvokals.

Stammvokalwechsel a → u → a

Infinitiv	*Präsens*	*Präteritum*	*Perfekt*
fahren	*ich fahre*	*ich fuhr*	*ich bin gefahren*
tragen	…	…	…
waschen	…	…	…

Stammvokalwechsel i → a → u

Infinitiv	*Präsens*	*Präteritum*	*Perfekt*
finden	*ich finde*	*ich fand*	*ich habe gefunden*
singen	…	…	…
trinken	…	…	…

Stammvokalwechsel e → a → o

Infinitiv	*Präsens*	*Präteritum*	*Perfekt*
sprechen	*ich spreche*	*ich sprach*	*ich habe gesprochen*
nehmen	…	…	…
werfen	…	…	…

2 Welchem Stammvokalwechsel lassen sich die folgenden Verben zuordnen? Ergänzt die Verbreihen jeweils in der entsprechenden Tabelle.

stehlen | helfen | schlagen | binden | graben | sinken | laden | treffen | springen

Wird aus einem langen Stammvokal oder einem Zwielaut (ie, ei) ein kurzer Vokal, wird ß zu ss.

3 a. Übertrage die Verbreihen in dein Heft.
b. Ergänze weitere Verbreihen, bei denen **ß** zu **ss** wird.

Wechsel ß → ss

Infinitiv	*Präsens*	*Präteritum*	*Perfekt*
schließen	*ich schließe*	*ich schloss*	*ich habe geschlossen*
gießen	*ich gieße*	*ich goss*	*ich habe gegossen*
reißen	*ich reiße*	*ich riss*	*ich habe gerissen*
fließen	*es fließt*	*es floss*	*es ist geflossen*
…	…	…	…

Mit den folgenden Übungen kannst du die Verbreihen üben.
Probiere mindestens zwei der Übungen 4 1 – 4 3 aus.

4 1 a. Lies eine Verbreihe genau und präge sie dir ein.
b. Decke die Verbreihe ab und schreibe sie auswendig auf.
c. Kontrolliere die Schreibung.
Tipp: Du kannst auch versuchen, mehrere Verbreihen auswendig aufzuschreiben.

4 2 a. Diktiert euch gegenseitig abwechselnd eine der Verbreihen.
b. Prüft anschließend gemeinsam die richtige Schreibung.

4 3 a. Diktiert euch gegenseitig abwechselnd einen Satz in den verschiedenen Zeitformen.
b. Unterstreicht das unregelmäßige Verb.
c. Kontrolliert gemeinsam die Schreibung.

Die Klasse möchte im Chor singen.
Die Klasse singt im Chor.
Die Klasse sang im Chor.
Die Klasse hat im Chor gesungen.

5 a. Findet weitere Verbreihen, bei denen sich der Wortstamm ändert.
b. Markiert jeweils den Wechsel des Stammvokals.

5 *z. B. bringen (Infinitiv) → ich bringe (Präsens) → ich brachte (Präteritum) → ich habe gebracht (Perfekt)*

Wörter mit lang gesprochenem i, Wortgruppen getrennt schreiben, wörtliche Rede

Eine Klassenfahrt in den Bergen |

Die Klasse 7 d | verbringt ihre Klassenfahrt | in den Alpen. | Ayse schlägt | beim Abendessen vor: | „Ich möchte | morgen noch einmal | in den Bergen wandern. | Vielleicht sehen wir | dann endlich Alpenmurmeltiere.“ | Jan entgegnet: | „Bisher haben wir aber | nur **Igel** und **Kaninchen** gesehen, | ich möchte lieber schwimmen gehen.“ | „Vor allem“, | unterbricht die Klassenlehrerin | das Gespräch, | „müssen wir jetzt | erst einmal klären, | wer heute die **Spülmaschine** einräumt.“ | „Ich mache das, | aber vielleicht kann **mir** | jemand helfen“, | meint Ole. | Außerdem hat er | einen Vorschlag | für den nächsten Tag: | „Wir können doch einfach | am Vormittag wandern gehen | und dann am Nachmittag | ins Schwimmbad.“ |

(102 Wörter)

1 Welche Tiere hat die Klasse bislang gesehen? Schreibe einen Satz auf.

Im Text sind vier Merkwörter mit lang gesprochenem i hervorgehoben.

2 a. Schreibe die Wörter mit lang gesprochenem **i** auf.
b. Markiere das **i** in den Wörtern.

3 a. Übe die Wörter aus dem Merkwissen mithilfe von Wörterlisten.
- Lege drei Wörterlisten mit jeweils fünf Merkwörtern an.
- Präge dir jeweils eine Wörterliste ein und decke sie anschließend ab.
- Schreibe die Merkwörter auswendig auf. Markiere das **i**.
- Kontrolliere, ob du alle Wörter richtig geschrieben hast.

b. Bilde mit drei Merkwörtern einen Satz.

Merke

Nur in wenigen Wörtern folgt nach dem lang gesprochenen **i** kein **e**.
Diese Wörter musst du dir merken.

die Apfelsine, das Kilo, das Klima, das Kino, das Krokodil, die Margarine, die Medizin, prima, der Ski, der Tiger, die Musik, dir, die Maschine, der Liter, das Benzin

Im Text gibt es zwei Wortgruppen aus Verb + Verb.
Wortgruppen werden in der Regel getrennt geschrieben.

4 a. Schreibe die gelb markierten Wortgruppen aus dem Text ab.
b. Bilde mit jeder Wortgruppe einen eigenen Satz.

5 Schreibe den Text auf und setze passende Wortgruppen ein.

liegen bleiben | einkaufen gehen | fallen lassen | wandern gehen

Am Morgen vor der Wanderung sitzen alle Schülerinnen und Schüler am Frühstückstisch. Nur Jan ist noch auf seinem Zimmer. „Ich würde gerne noch etwas im Bett ___, ich habe Kopfschmerzen", meint er. Auch Lina möchte nicht gern ___: „Ich würde lieber in der Stadt ___ oder mich in den gemütlichen Sessel im Aufenthaltsraum ___ und mein Buch weiterlesen."

Der Begleitsatz bei wörtlicher Rede kann vor, nach oder zwischen der wörtlichen Rede stehen.

___: „___."
„___", ___.
„___", ___, „___."

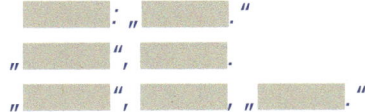

6 a. Finde zu jedem Satzschema einen Satz aus dem Trainingstext und schreibe ihn ab.
b. Unterstreiche die Begleitsätze und markiere die Satzzeichen.

7 Schreibe die Sätze auf und setze die fehlenden Satzzeichen.

Das war eine großartige Klassenfahrt meint Ole am letzten Abend
Ayse antwortet Mir hat es auch gefallen

8 a. Schreibe drei eigene Sätze mit wörtlicher Rede auf.
b. Unterstreiche in deinen Sätzen die Begleitsätze und markiere die Satzzeichen.
c. Kontrolliere, ob du alle Satzzeichen richtig gesetzt hast.

9 Schreibe den Text Eine Klassenfahrt in den Bergen ab.
Tipp: Du kannst den Text auch gemeinsam mit einer Partnerin / einem Partner als Partnerdiktat schreiben.

▶ Das Abschreiben, S. 232

Adjektive werden zu Nomen, Wörter mit end-/End-, Komma bei Relativsätzen

Der Abschied |

Alles geht einmal zu Ende: | Nächste Woche zieht Karim | in eine andere Stadt. | Heute ist er | zum letzten Mal | in seiner alten Schule. | Zum Abschied hat er | sich **etwas Nettes** überlegt: | Nach dem Unterricht | möchte er seine Klasse | zu einem Eis einladen. | Alle sind begeistert | und erinnern sich daran, | dass sie gemeinsam | **viel Schönes** erlebt haben. | Zunächst muss Karim aber noch | **etwas Wichtiges** erledigen: | Er übergibt seiner Lehrerin das Deutschbuch, | das noch | in seinem Fach lag. | Dann verabschiedet er sich von dem Mathematiklehrer, | der in der letzten Stunde | unterrichtet hat. | Endlich ist es so weit! | Es klingelt | und alle stürmen | zur Eisdiele, | die gleich neben der Schule liegt. | (110 Wörter)

1 Was hat sich Karim zum Abschied überlegt? Antworte in einem Satz.

Aus Adjektiven können Nomen werden.
Die Signalwörter etwas, viel, wenig, nichts machen Adjektive zu Nomen.

2 Im Text sind drei Adjektive markiert, die zu Nomen wurden.
- **a.** Schreibe die drei Sätze auf.
- **b.** Unterstreiche jeweils das neue Nomen und markiere das Signalwort.

3 **a.** Bilde mithilfe der Signalwörter **etwas**, **viel**, **wenig**, **nichts** neue Nomen.

schlecht | klug | gut | neu

nichts Schlechtes, …

b. Schreibe die Lückensätze auf. Setze dabei die neuen Nomen passend ein.

Karim wünscht seiner Klasse nichts ___ .
Von der neuen Schule hat er viel ___ gehört.
In der Schülerzeitung stand wenig ___ .
Es ist manchmal gar nicht so einfach, etwas ___ zu sagen.

Wörter aus einer Wortfamilie haben meist denselben Wortstamm.

4 Im Text findest du zwei Wörter aus der Wortfamilie **enden**.
Schreibe die Sätze auf.

5 Auch die folgenden Wörter gehören zur Wortfamilie **enden**.

beenden | endgültig | endlos | die Endstation | das Wochenende | vollendet

a. Schreibe die Wörter ab.
b. Markiere in jedem Wort den Wortstamm **-end-**.
c. Bilde mit jedem Wort einen Satz.

Relativsätze erklären ein Nomen im Hauptsatz genauer.
Sie werden mit einem Relativpronomen eingeleitet (z. B. der, das, die).
Ein Relativsatz wird durch ein Komma vom Hauptsatz getrennt.

Das ____, das ____.
Hauptsatz, Relativsatz

Die ____, die ____.
Hauptsatz, Relativsatz

Der ____, der ____.
Hauptsatz, Relativsatz

6 Im Text findest du drei Relativsätze.
a. Schreibe diese drei Sätze ab.
b. Unterstreiche jeweils den Nebensatz und markiere das Komma.
c. Kreise die Relativpronomen ein und zeichne Pfeile zu den Nomen, die sie genauer erklären.

7 a. Schreibe die folgenden Sätze auf.
b. Kreise jeweils das Relativpronomen ein.
c. Setze das fehlende Komma.

In der Eisdiele bedient ein Verkäufer der Tarik ein Eis spendiert.
Die Klasse machte ein Foto das Karim zum Abschied bekam.
An Karims letzten Tag fehlten Schüler die ihm später einen Brief schrieben.

8 Schreibe den Text Der Abschied ab.
Tipp: Du kannst den Text auch gemeinsam mit einer Partnerin / einem Partner als Partnerdiktat schreiben.

▶ Das Abschreiben, S. 232

Nomen großschreiben, Zahlwörter, Komma bei **als** und **weil**

Die erste Fernsehwerbung |

Die Geschichte der Fernsehwerbung | begann vor über **sechzig Jahren**. | Der erste Werbefilm dauerte | genau fünfundfünfzig Sekunden: | Eine Frau und **ein Mann** | sitzen **im Restaurant** und essen. | Weil der Mann auf die Tischdecke kleckert, | kommt der Kellner an den Tisch. | „Das ist doch **kein Problem**, | wir haben ein sehr **gutes Waschmittel**", | meint der Kellner. | Als weitere Werbefilme | im Fernsehen gezeigt wurden, | protestierten | einige Zeitungen dagegen. | Sie hatten Angst | um **ihre Einnahmen**. | Die Fernsehwerbung | ließ sich aber nicht aufhalten. | Heute nehmen die großen Fernsehsender | viel Geld durch Werbung ein: | ungefähr vier Milliarden Euro | pro Jahr in Deutschland. | Dafür werden dann | fast zwei Millionen Minuten | Werbung im Fernsehen gezeigt. |

(109 Wörter)

1 Was dauerte genau fünfundfünfzig Sekunden?
Antworte in einem ganzen Satz.

Nomen schreibst du groß. Du erkennst sie in der Regel an ihren Begleitern.

2 Im Text sind Wortgruppen mit Nomen markiert.
a. Übertrage die Tabelle in dein Heft. Lege die Seite quer.
b. Welche Begleiter stehen jeweils vor den Nomen?
Ordne die Wortgruppen aus dem Text in deine Tabelle ein.
c. Finde weitere Nomen im Text und ordne sie mit Begleiter in die Tabelle ein.

Nomen und ihre Begleiter

Artikel (der, das, die, ein, eine …)	*Adjektiv (klein, hübsch, nett …)*	*Präposition (im, am, nach …)*	*Pronomen (mein, dein, dieser …)*	*Zahlwort (kein, viel, zweite …)*
…	…	…	…	*sechzig Jahre, …*

**Wir schreiben Zahlen zusammen, wenn sie kleiner als eine Million sind.
Wir schreiben sie getrennt, wenn sie größer als eine Million sind.**

3 Finde im Text alle Zahlwörter. Schreibe sie auf.
Tipp: Am Rand findest du die Zahlen als Ziffern.

sechzig, …

4 000 000 000
2 000 000
60
55

4 Schreibe die folgenden Sätze auf und ersetze die Zahlen durch Zahlwörter.

Ben ist 14 Jahre alt.
Der Supermarkt schließt heute um 20 Uhr.
Ein Werbefilm dauert etwa 45 Sekunden.
Berlin hat etwa 4 000 000 Einwohner.

**Die Konjunktionen als und weil leiten Nebensätze ein.
Die Nebensätze können vor oder nach dem Hauptsatz stehen.
Zwischen Hauptsatz und Nebensatz steht ein Komma.**

____, als ____. *Hauptsatz, Nebensatz*	*Als ____, ____.* *Nebensatz, Hauptsatz*
____, weil ____. *Hauptsatz, Nebensatz*	*Weil ____, ____.* *Nebensatz, Hauptsatz*

5 Im Text findest du einen Satz mit **als** und einen Satz mit **weil**.
a. Schreibe die Sätze auf.
b. Zeichne das passende Satzschema dazu.
c. Unterstreiche die Konjunktionen **als** und **weil** und markiere das Komma.

6 **a.** Stelle die Sätze aus Aufgabe 5 um, sodass der Nebensatz am Ende steht.
b. Unterstreiche die Konjunktionen **als** und **weil** und markiere das Komma.

7 Schreibe jeweils drei eigene Sätze mit **als** und **weil** auf.

8 Schreibe den Text Die erste Fernsehwerbung ab.

▶ Das Abschreiben, S. 232

Wörter mit silbenöffnendem h, Großschreibung bei Eigennamen, Komma bei dass

Glück gehabt! |

In der Stadt Heide | kam es kürzlich | zu einem Banküberfall. | Der Täter war allerdings | kein Bankräuber, | sondern ein Wildschwein. | Das Tier | stürmte in die Bank | und rannte wie wild | im Kassenraum umher. | Vor dem Schalter | standen gerade einige Kunden, | die erschraken. | Sie wollten das Wildschwein laufen lassen. | Das Tier ließ sich | jedoch nicht **beruhigen** | und wurde vor Angst | immer aggressiver. | Polizei und Feuerwehr | brachten die Kunden | schließlich in Sicherheit. | Alle waren erleichtert, | dass niemand verletzt wurde. | Wildschweine leben eigentlich | in der Lüneburger Heide, | in der Holsteinischen Schweiz, | im Bayerischen Wald | und in anderen ländlichen Gebieten. | Doch seit einiger Zeit | **begehen** die Tiere Landflucht | und tauchen plötzlich | in Städten auf. | (112 Wörter)

1 Was machen Wildschweine seit einiger Zeit vermehrt? Schreibe auf.

Im Text sind zwei Wörter mit silbenöffnendem h blau hervorgehoben.

2 a. Schreibe die blau markierten Wörter aus dem Text untereinander auf.
b. Setze jeweils die Silbenbögen und markiere das silbenöffnende **h**.

beruhigen, …

Merke

Das silbenöffnende **h** steht stets am Anfang einer Silbe.
Es trennt zwei Vokale, die zu verschiedenen Silben gehören.

3 Auch die folgenden Wörter enthalten ein silbenöffnendes **h**.
a. Schreibe die Wörter mit Silbenbögen ab und markiere das silbenöffnende **h**.
b. Finde eigene Wörter mit silbenöffnendem **h**.

die Höhe | die Nähe | die Ruhe | die Rehe | die Schuhe | früher

Die Lüneburger Heide ist ein Eigenname. Bestehen Eigennamen aus mehreren Wörtern, schreibst du alle Adjektive und Nomen groß.

4 Im Text sind drei Eigennamen gelb markiert.
a. Schreibe die Eigennamen mit ihrem Artikel auf.
b. Unterstreiche die großgeschriebenen Bestandteile der Eigennamen.

5 Übertrage die Tabelle in dein Heft.
a. Ordne die folgenden Eigennamen in die Tabelle ein.
b. Markiere jeweils die großgeschriebenen Anfangsbuchstaben.
c. Bilde mit drei Eigennamen einen Satz.

die Sächsische Schweiz | das Schwarze Meer | das Technische Hilfswerk | das Rote Meer | das Rote Kreuz | die Olympischen Spiele | der Bayerische Wald | die Vereinten Nationen

geografische Eigennamen	*andere Eigennamen*
die Sächsische Schweiz, …	*…*

**Die Konjunktion dass leitet einen Nebensatz ein.
Vor oder nach dem Nebensatz mit dass setzt du ein Komma.**

____, dass ____.
Hauptsatz, Nebensatz

Dass ____, ____.
Nebensatz, Hauptsatz

6 Im Text findest du einen Satz mit der Konjunktion **dass**.
a. Schreibe den Satz auf.
b. Unterstreiche die Konjunktion **dass** und markiere das Komma.

7 Bilde eigene **dass**-Sätze mit den folgenden Satzanfängen.

Es ist bekannt, dass … | Wir wünschen uns, dass … | Sie glaubt, dass … | Dass …, wissen wir.

8 Schreibe den Text Glück gehabt! ab.
Tipp: Du kannst den Text auch gemeinsam mit einer Partnerin / einem Partner als Partnerdiktat schreiben.

▶ Das Abschreiben, S. 232

Zeitangaben, Wortgruppen getrennt schreiben, Komma bei denn, aber, doch

Eine gelungene Idee |

Die Klasse 7b plant | eine Klassenfahrt ans Meer. | Einige Schülerinnen und Schüler | fürchten jedoch, | nicht mitfahren zu können, | denn die Anreise ist sehr teuer. | Die Klasse überlegt gemeinsam, | wie sie an Geld | für ihre Klassenfahrt kommen kann. | Viele Schülerinnen und Schüler | äußern gute Ideen, | aber alle reden | wild durcheinander. | Anna versteht plötzlich | **gar nichts** mehr | und bittet die anderen, | **ein bisschen** ruhiger zu sein. | Alle wiederholen daraufhin | **noch einmal** ihre Ideen | und die Klasse diskutiert | die einzelnen Vorschläge. | Schließlich einigen sie sich darauf, | eine Schülerfirma zu gründen. | Sie vereinbaren ein Treffen | am Dienstagnachmittag um 15:30 Uhr. | (99 Wörter)

1 Worum bittet Anna ihre Mitschülerinnen und Mitschüler? Schreibe auf.

Zeitangaben aus Wochentagen und Tageszeiten schreibst du zusammen und groß.

2 Im Text findest du eine gelb markierte Zeitangabe.
a. Schreibe den Satz mit der Zeitangabe auf.
b. Unterstreiche die Zeitangabe.

3 **a.** Bilde aus den Wochentagen und Tageszeiten Zusammensetzungen.
b. Schreibe mit drei Zusammensetzungen je einen Satz auf.

der Mittwoch	*der Vormittag*
der Donnerstag	*der Mittag*
der Sonntag	*der Abend*

der Mittwoch + der Vormittag = der …

Zeitangaben aus Stunden und Minuten trennst du mit einem Doppelpunkt.

4 Wann bist du heute aufgestanden? Wann hast du gefrühstückt? Antworte in ganzen Sätzen.

Bestimmte Wortgruppen werden immer getrennt geschrieben.

5 Im Text sind drei Wortgruppen blau hervorgehoben.
- **a.** Schreibe die Wortgruppen auf.
- **b.** Bilde mit jeder Wortgruppe einen eigenen Satz.
- **c.** Markiere die Wortgruppe in deinen Sätzen.

6 Schreibe die folgenden Sätze auf und ergänze passende Wortgruppen vom Rand.
Tipp: Achte darauf, am Satzanfang großzuschreiben.

Schade, die Pause geht schnell ___.
Bei der Besprechung möchten alle ___ mitdiskutieren.
Einige Schülerinnen und Schüler haben ___ Vorschlag.
Es gab keine Wortmeldungen ___.

gar keinen,
zu Ende,
darüber hinaus,
ein wenig

Die Konjunktionen denn, aber, doch verbinden zwei Hauptsätze miteinander. Vor denn, aber, doch setzt du ein Komma.

___, denn ___.	*___, aber ___.*	*___, doch ___.*
Hauptsatz, Hauptsatz	*Hauptsatz, Hauptsatz*	*Hauptsatz, Hauptsatz*

7 Im Text findest du einen Satz mit der Konjunktion **denn** und einen Satz mit der Konjunktion **aber**.
- **a.** Schreibe die Sätze untereinander auf.
- **b.** Unterstreiche in deinen Sätzen die Hauptsätze mit **denn** oder **aber** und markiere die Kommas.

8
- **a.** Verbinde die Hauptsätze mit den Konjunktionen **denn**, **aber**, **doch**.
- **b.** Unterstreiche den Hauptsatz mit **denn**, **aber**, **doch** und markiere das Komma.
- **c.** Bilde drei eigene Sätze mit **denn**, **aber**, **doch**.

Kevin schlägt erst Montagnachmittag vor.
Die anderen können nur am Dienstagnachmittag. (aber)

Die Schülerinnen und Schüler reden sich die Köpfe heiß.
Am Ende haben sie einen Plan. (doch)

Murat möchte sofort loslegen. Die Zeit bis zur Klassenfahrt ist knapp. (denn)

9 Schreibe den Text Eine gelungene Idee ab.

▶ Das Abschreiben, S. 232

Zum Nachschlagen

Texte erschließen: Der Lese-Profi – meine Lesestrategie

▶ Sachtexte, S. 86–109
▶ Balladen, S. 114–133

Mit dem Lese-Profi kann ich einem Text Schritt für Schritt wichtige und interessante Informationen entnehmen. Ich entscheide selbst, welche Schritte mir beim Lesen helfen.

Schritt 1: **Vor dem Lesen** **Ich sehe mir die Bilder an, ich lese die Überschrift.**	– Welche Informationen geben mir die Bilder und die Überschrift? – Was könnte der Inhalt des Textes sein? – Was weiß ich schon darüber?
Schritt 2: **Beim ersten Lesen** **Ich sehe mir den ganzen Text an oder lese ihn einmal durch.**	– Was fällt mir auf (z. B.: einige Wörter sind blau gedruckt, es gibt Abschnitte, es gibt weitere Überschriften)? – Was weiß ich nun über den Inhalt des Textes?
Schritt 3: **Beim genauen Lesen** **Ich lese den Text genau: Satz für Satz und Abschnitt für Abschnitt.**	– Welche Informationen erhalte ich in den Abschnitten? – Was sind wichtige Wörter – Schlüsselwörter? – Welche Wörter verstehe ich nicht? Wo finde ich Erklärungen? – Kann ich die W-Fragen beantworten?
Schritt 4: **Nach dem Lesen** **Ich arbeite mit dem Inhalt des Textes.**	– Welche Informationen sind für mich wichtig? – Was ist meine Aufgabe: Was soll ich mit den Informationen des Textes tun?

Nach dem Lesen
Ich arbeite mit dem Inhalt. Das können zum Beispiel folgende Aufgaben sein:
- *Ich fasse die Informationen des Textes mit meinen Worten zusammen.*
- *Ich schreibe Stichworte zu den wichtigen Informationen auf.*
- *Ich erstelle eine Mind-Map.*
- *Ich schreibe mit den Informationen des Textes einen eigenen Text.*

Texte planen, schreiben, überarbeiten: Der Schreib-Profi – meine Schreib-Strategie

▶ S. 24–47, S. 48–63, S. 64–85

Der Schreib-Profi hilft mir beim Planen, Schreiben und Überarbeiten.

Schritt 1: **Vor dem Schreiben** **Ich plane meinen Text.** **Ich mache Notizen (zum Beispiel Stichworte oder eine Gliederung).**	– Für wen schreibe ich? – Was will ich mit meinem Text erreichen? – Was will ich schreiben? – Welche Wörter und Wortgruppen brauche ich?
Schritt 2: **Beim Schreiben** **Ich schreibe den Text.** **Ich kann Hilfen benutzen:** **– meine Notizen** **– die Checkliste** **– ein Wörterbuch**	– Was muss mein Text enthalten? – Was darf mein Text nicht enthalten? – Wie kann ich meinen Text aufbauen? – Wie formuliere ich meinen Text?
Schritt 3: **Nach dem Schreiben** **Ich überprüfe meinen Text mit der Checkliste.** **Ich lasse mir von anderen ein Feedback oder Tipps geben.** **Ich überarbeite meinen Text.**	– Erfüllt mein Text seinen Zweck? – Kann ich meinen Text lesen und verstehen? – Können andere meinen Text lesen und verstehen? – Sind alle Wörter richtig geschrieben?

Methoden zum gemeinsamen Lernen und Arbeiten

▶ Think – Pair – Share, S. 13, 70, 85, 92, 119, 133, 161, 201, 219

Think – Pair – Share

In diesem Dreischritt Think (Denken) – Pair (Austauschen) – Share (Besprechen / Präsentieren) könnt ihr Aufgaben gemeinsam bearbeiten.

Schritt 1 – Think:
Du erarbeitest für dich Ergebnisse zu einer Frage, zu einer Aufgabe oder einem Thema.

Schritt 2 – Pair:
Die Ergebnisse zu Schritt 1 besprecht ihr zu zweit oder in einer Gruppe.

Schritt 3 – Share:
Die Ergebnisse der Partnerarbeit oder Gruppenarbeit zu Schritt 2 präsentiert ihr in der Klasse.

▶ Das Gruppenpuzzle, S. 206

Das Gruppenpuzzle

In einem Gruppenpuzzle erarbeitet ihr ein Thema, indem ihr es in kleine Teilthemen gliedert.

Vorbereitung:
Ihr teilt die Klasse in Stammgruppen auf und verteilt die Teilthemen. Mindestens eine Schülerin / ein Schüler pro Stammgruppe übernimmt ein Teilthema.
Wichtig: In jeder Stammgruppe verteilt ihr dieselben Teilthemen.

Schritt 1 – Think:
Du bearbeitest in deiner Stammgruppe dein Teilthema und wirst dabei zur Expertin / zum Experten.

Schritt 2 – Pair:
Du triffst dich mit den anderen Expertinnen / Experten zu deinem Teilthema. In Expertengruppen vergleicht, besprecht und überarbeitet ihr gemeinsam eure Arbeitsergebnisse zu Schritt 1.

Schritt 3 – Share:
Ihr wechselt zurück in eure Stammgruppe. Dort stellt ihr die überarbeiteten Ergebnisse zu Schritt 2 vor.

▶ Der Galeriegang, S. 42, 152

Der Galeriegang

In einem Galeriegang informiert ihr euch und andere über ein Thema, indem ihr es in kleine Teilthemen gliedert. Ihr präsentiert die Informationen anschaulich.

Vorbereitung:
Ihr teilt die Klasse in Stammgruppen auf. Als Stammgruppe wählt ihr ein Teilthema oder bekommt eines zugeteilt.

Schritt 1 – Think:
Du bearbeitest in deiner Stammgruppe euer Teilthema und wirst dabei zur Expertin / zum Experten.

Schritt 2 – Pair:
Du stellst deine Arbeitsergebnisse zu Schritt 1 in der Stammgruppe vor. Ihr besprecht in der Stammgruppe alle Arbeitsergebnisse und gestaltet gemeinsam eine Präsentation, z. B. auf einem Plakat.

Schritt 3 – Share:
Ihr bildet neue Gruppen aus mindestens einer Expertin / einem Experten aus jeder Stammgruppe. Gemeinsam wandert ihr von Plakat zu Plakat. Ihr stellt das Plakat vor, das ihr mitgestaltet habt, und beantwortet Fragen.

► Das Placemat, S. 21, 43, 85, 178, 221

Das Placemat (Platzdeckchen)

Mit einem Placemat sammelt und diskutiert ihr Ergebnisse oder Meinungen zu einem Thema oder zu einer Frage.

<u>Vorbereitung:</u>
Ihr teilt die Klasse in Gruppen auf. Jede Gruppe zeichnet ihr Placemat und schreibt das Thema oder die Frage in das mittlere Feld:

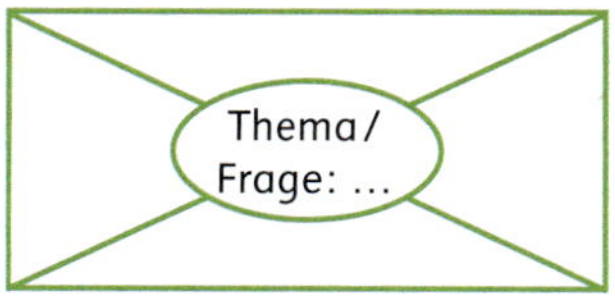

Placemat für vier Schüler/Schülerinnen

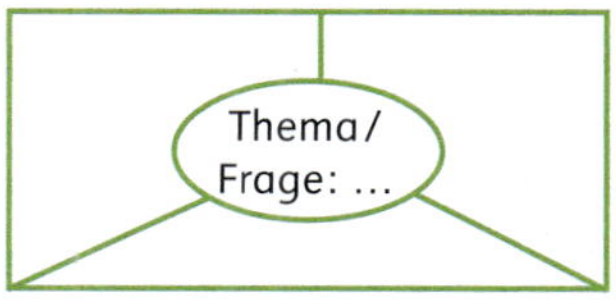

Placemat für drei Schüler/Schülerinnen

<u>Schritt 1 – Think:</u>
Du schreibst Stichworte zum Thema oder zur Frage in ein Außenfeld. Ihr dreht das Placemat nach einiger Zeit und ergänzt Stichworte in den Außenfeldern.

<u>Schritt 2 – Pair:</u>
Ihr vergleicht und besprecht die Stichworte in den Außenfeldern. Zuletzt einigt ihr euch auf gemeinsame Ergebnisse und schreibt sie in das mittlere Feld.

<u>Schritt 3 – Share:</u>
Ihr präsentiert die Arbeitsergebnisse aus eurem Placemat in der Klasse.

► Die Graffiti-Methode, S. 191

Die Graffiti-Methode (Rotation)

Mit der Graffiti-Methode sammelt ihr Ideen oder tragt euer Wissen zu einem Thema zusammen.

<u>Vorbereitung:</u>
Ihr verteilt große Papierbögen auf mehreren Tischen im Raum. Auf jedem Bogen steht eine Frage oder ein Teilthema zu einem übergeordneten Thema. Ihr teilt die Klasse in Kleingruppen auf. Jede Kleingruppe geht zu einem Tisch.

<u>Schritt 1 – Think:</u>
Du schreibst während einer festgelegten Zeit Stichworte zu eurer Frage oder zu eurem Teilthema auf den Papierbogen.

<u>Schritt 2 – Pair:</u>
Auf ein Zeichen wechselt ihr als Gruppe zum nächsten Papierbogen. Ihr lest, was auf dem Papierbogen steht, und ergänzt.

<u>Schritt 3 – Share:</u>
Sobald ihr wieder am Ausgangsbogen angekommen seid, lest ihr die Stichworte der anderen Gruppen. Wichtige Ergebnisse präsentiert ihr anschließend in der Klasse.

Das Gruppenlesen

▶ Das Gruppenlesen, S. 22, 137

Ihr könnt einen Text besser verstehen, wenn ihr gemeinsam daran arbeitet.
- **Ihr bildet** eine **Vierergruppe**.
- Ihr **teilt** die **Rollen** untereinander **auf** und verteilt die Rollenkarten:

Vorleser/-in	Fragensteller/-in	Zusammenfasser/-in	Voraussager/-in

- Ihr **lest** gemeinsam den **ersten Abschnitt** des Textes.
  Jeder von euch bearbeitet seine Aufgabe.
  Der/Die Vorleser/-in **liest vor**.
  Der/Die Fragensteller/-in **stellt Fragen**.
  Der/Die Zusammenfasser/-in **fasst** den Inhalt **zusammen**.
  Der/Die Voraussager/-in **sagt voraus**, wie es weitergehen könnte.
- Ihr bearbeitet den **ganzen Text**, **Abschnitt für Abschnitt**.

Ihr könnt auch nach jedem Abschnitt die Aufgaben tauschen:
Jeder liest einmal vor, stellt Fragen, fasst den Inhalt zusammen und sagt voraus.

Das Partnerlesen

▶ Das Partnerlesen, S. 26, 27, 88

Wir lesen den Text gemeinsam und Abschnitt für Abschnitt.
- **Eine/Einer** von uns **liest** den **ersten Abschnitt** vor.
  Die/Der andere hört aufmerksam **zu** und **stellt Fragen** zum Text.
- Wir **sprechen** über den **Inhalt** und **klären schwierige Wörter** oder **Textstellen**.
- Wir bearbeiten den **ganzen Text**, **Abschnitt für Abschnitt**.

Wir können die Rollen nach jedem Abschnitt tauschen.

Eine Schreibkonferenz durchführen

▶ Die Schreibkonferenz, S. 30, 52, 62

In einer Schreibkonferenz könnt ihr eure Texte gemeinsam in der Gruppe überarbeiten. Für die Durchführung vereinbart ihr Regeln.

Regel 1: **Die Autorin oder der Autor** eines Textes prüft:
- Steht mein Name über dem Text?
- Ist meine Handschrift lesbar?

Alle anderen wählen eine Farbe, mit der sie ihren Namen und Anmerkungen unter den Text schreiben.

Regel 2: Ihr schreibt **zuerst** auf, was euch gefällt.

Regel 3: Ihr schreibt Fragen auf, wenn ihr etwas nicht versteht.

Regel 4: Ihr schreibt eure **Anmerkung mit einem Verbesserungsvorschlag** auf, wenn euch eine Textstelle nicht gefällt oder ihr Fehler findet.

Regel 5: Jeder schreibt den eigenen Text noch einmal sauber und gut lesbar auf. Ihr beachtet dabei die Anmerkungen und Verbesserungsvorschläge.

Bildquellen

S. 3 o.l., S. 26 u.r.: Panther Media GmbH/Viktor Cap; S. 4 m.l., S. 86 m.l., S. 88 m.l.: Shutterstock/canadastock; S. 19 o.l.: Shutterstock/Maya Kruchankova; S. 24 o.l., S. 32 1: Shutterstock.com/pyrozhenka; S. 24 o.r.: stock.adobe.com/AliVa; S 24 u.l., S. 36 1: Shutterstock/Denis Isakov 1; S. 26 m.r.: Panther Media GmbH/Christian Musat; S. 27 u.r.: mauritius images/age fotostock; S. 30 o.r.: Shutterstock.com/Bartosz Dziugiel; S. 30 m.r., S. 45 m.r., S. 47 o.r.: Shutterstock.com/A Jellema; S. 32 2: Shutterstock/Artem Kozhyn; S. 36 2: stock.adobe.com/bidaya; S. 37 o.r.: mauritius images/Zoltan Molnar, m.r.: mauritius images/Chromorange; S. 48 A: Shutterstock/supercavie, B: Shutterstock/denvitruk, E: Shutterstock/Yauheni Meshcharakou; S. 86 o.l.: Shutterstock/berni0004; S. 87 o.l.: mauritius images/Ludwig Mallaun; S. 87o.r., S. 89 u.l., S. 96 m.l.: Stiftung Bergwacht/Bergwacht Bayern/C. Vogg; S. 87 m.l., S. 88 u.l.: akg-images/Johann Brandstetter; S. 89 o.l.: stock.adobe.com/Jacky Jeannet, m.l. (Hütte): stock.adobe.com/christakramer, ö001110m.l. (Alpen): Shutterstock/Lamax; S. 97 o.l.: Stiftung Bergwacht/Bergwacht Bayern/ C. Vogg, m.l.: Stiftung Bergwacht/Bergwacht Bayern/ Olga v. Plate; S. 98 o.l.: Stiftung Bergwacht/Bergwacht Bayern/ D. Berchthold, m.l.: Stiftung Bergwacht/Bergwacht Bayern/ Olga v. Plate; S. 102 m.r.: mauritius images/Gerhard Zwerger-Schoner, u.r.: dpa Picture-Alliance; S. 103 m.r.: mauritius Images/Martin Shields/Südtiroler Archäologiemuseum – www.iceman.it, u.r.: picture alliance/imageBROKER; S. 110 u.l.: Shutterstock.com/Pascal Halder, u.m.: Shutterstock.com/Ondrej Deml, u.r.: Shutterstock/Porojnicu Stelian; S. 112 m.: mauritius images/Picfair; S. 113 m.l.: stock.adobe.com/Andy Ilmberger; S. 174 m.l.: © WWF; S. 174 u.r., S. 175 o.: Shutterstock.com/CHIARI VFX; S. 175 m.: Shutterstock.com, m.l.: Shutterstock.com/Mikael Damkier, o.r.: Shutterstock.com/Veja; S. 176 m.: © Fotograf Markus Müller / HORNBACH Baumarkt AG; S. 179 o.l.: Brohler Mineral- und Heilbrunnen GmbH; S. 180 m.: Kölner Zoo; S. 182 1: Shutterstock.com/Celiafoto, 2: Shutterstock.com/hedgehog94, 3: Shutterstock.com/Dwight Smith; S. 184 o.: © WWF Deutschland; S. 188 1: Shutterstock/Lucky Business, 2: Shutterstock.com/monticello, 3: Shutterstock/Maxim Blinkov; S. 189 1: Förstina-Sprudel, Eichenzell-Lütter, 2: RHODIUS Mineralquellen und Getränke GmbH & Co. KG; S. 193 o.r.: mauritius images/Pixtal, m.r.: akg-images; S. 195 u.r.: akg-images; S. 201 o.r.: Shutterstock/Tarikdiz; S. 202 m.r.: shutterstock.com/Todd Shoemake; S. 203 o.l.: Shutterstock.com/Joker888, o.m.: Shutterstock/Roxana Bashyrova, o.r.: Shutterstock.com/YRABOTA, m.l.: mauritius images/Peter Roland Schreyer, m.: Shutterstock/LifeCollectionPhotography, m.r.: mauritius images/Garden World Images; S. 205 o.l.: stock.adobe.com/hecke71; S. 209 o.l.: Shutterstock.com/Elliott Bignell; S. 212 o.l.: Stiftung Bergwacht/Bergwacht Bayern/ Olga v. Plate, o.r.: Stiftung Bergwacht/Bergwacht Bayern/ C. Vogg; S. 213 o.l.: mauritius images/Herbert Berger, o.r.: mauritius images/Klaus Scholz; S. 217 o.l.: Stiftung Bergwacht/Bergwacht Bayern/ D. Berchthold; S. 222 o.l.: stock.adobe.com/Woodapple, m.r.: stock.adobe.de/SAWImedia, u.r.: stock.adobe.com/Jamrooferpix; S. 225 u.r.: mauritius images/Raimund Linke; S. 226 m.: Shutterstock/M-vector; S. 229 m.r.: mauritius images/Ben Borgards; S. 232 u.r.: Shutterstock/atref; S. 238 m.l.: Shutterstock/Julia Kuznetsova; S. 242 m.l.: Shutterstock.com/jakkapan; S. 244 m.l.: Shutterstock.com/Martin Prochazkacz

Illustrationen

Raimo Bergt, Berlin: S. 6, 10, 20, 22, 76, 228.
Carlos Borell-Eikötter, Berlin: S. 86, 104.
Sylvia Graupner, Annaberg: S. 5, 134–138, 142–145, 148–150.
Alexandra Langenbeck, Toronto: S. 4, 46, 50, 51, 58, 60, 63, 64, 66–67, 72–73, 76, 78–79, 82, 84, 92–93, 109, 207, 210, 223–226.
Carsten Märtin, Oldenburg: S. 8, 223–230.
Gregor Mecklenburg, Pinneberg: S. 3, 7, 10–12, 14–16, 20, 22, 198–200, 204, 205, 211, 215, 218–219, 221.
Matthias Pflügner, Berlin: S. 3, 48, 50, 52, 54, 58, 59, 61, 62.
Ulrike Selders, Köln: S. 231, 234, 237, 240, 246.
Dorina Tessmann, Berlin: S. 5, 6, 114–117, 122–125, 126–127, 154–162, 164–165, 168–170, 173.
Christa Unzner, Berlin/Brignoles: S. 233.

Textquellen

Droste-Hülshoff, Annette von (geb. 1797 in Havixbeck; gest. 1848 in Meersburg): Der Knabe im Moor (S. 133) (Textauszug). In: Annette von Droste-Hülshoff: Gesammelte Schriften von Annette Freiin von Droste-Hülshoff. Band 1: Lyrische Gedichte, J. G. Cotta'sche Buchhandlung, Stuttgart 1879, S. 115.
Encke, Dag: Zoos sind Wissensspeicher (S. 26–27) (verkürzt und verändert). Zitiert nach: https://www.geo.de/geolino/natur-und-umwelt/2242-rtkl-diskussion-meinungen-zum-zoo (01.04.2014) (abgerufen am 01.08.2019).
Ernst, Otto: (geb. 1862 in Hamburg; gest. 1926 in Hamburg): Nis Randers (S. 115 [1], 116–117, 120) (Textauszug). Aus: Deutscher Balladenschatz. Hrsg. von Adalbert Baur. Blindlach (Gondrom Verlag) 1978, S. 199.
Fontane, Theodor (geb. 1819 in Neuruppin; gest. 1898 in Berlin): John Maynard (S. 115 [2], 122 –125). Aus: Sämtliche Romane. Erzählungen. Gedichte. Nachgelassenes. Band 22. Hrsg. von W. Keitel und H. Nürnberger. Frankfurt a. M. (Ullstein) 1979. S. 287–289.
Goethe, Johann Wolfgang von (geb. 1749 in Frankfurt (Main); gest. 1832 in Weimar): Erlkönig (S. 115 [3], 126–127). Aus: Sämtliche Werke. Band 2: Die Gedichte 1800–1832. Hrsg. von Karl Eibl. Frankfurt a. M.: Deutscher Klassikerverlag. S. 107 f.
Grün, Max von der (geb. 1926 in Bayreuth; gest. 2005 in Dortmund): Vorstadtkrokodile (S. 142, 143, 144 –145) (Textauszüge; verkürzt und verändert). In: ebd. cbj Kinder- und Jugendbuchverlag in der Verlagsgruppe Random House, München 2002 © Originalausgabe 1967, S. 13, 13–14, 38–41.
Hebel, Johann (geb. 1760 in Basel; gest. 1826 in Schwetzingen): Drei Wünsche (S. 133) (Textauszug; verkürzt und verändert). Aus: Schatzkästlein des rheinischen Hausfreundes. Nachdruck der Ausgabe von 1811 sowie sämtliche Kalendergeschichten aus dem „Rheinischen Hausfreund" der Jahre 1808–1818. Frankfurt a. M., Insel Taschenbuch, 2006.
Hub-Kuhn, Andreas H. (geb. 1945 in Flensburg): Wer anderen eine Grube gräbt (S. 155, 158 –159, 164, 168 –169) (verkürzt und verändert). Braunschweig: Theaterbörse, zit. nach: https://www.theaterboerse.de/verlag/theaterstuecke/genre-jugendstuecke-jugendthemen/3161-wer-anderen-eine-grube-graebt.html (abgerufen am 01.08.2019).
Messner, Reinhold Andreas (geb. 1944 in Brixen, Südtirol): „Es sind nicht die höchsten ..." (S. 93) (Zitat). In: Gebrauchsanweisung für Südtirol. Piper Taschenbuch, München 2010.
Montgomery, Lucy Maud (geb. 1874 auf Prince Edward Island (Kanada); gest. 1942 in Toronto (ebd.)): Anne auf Green Gables (S. 148, 149, 150) (Textauszüge; verkürzt und verändert). In: ebd. Aus dem Englischen von Irmela Erckenbrecht und Maria Rosken. Loewe Verlag, Bindlach 2010 © Originalausgabe 1886, S. 22–24, 25–26, 27–28.
Nöstlinger, Christine (geb. 1936 in Wien/Österreich; gest. 2018 in Wien/Österreich): Gretchen Sackmeier (S. 136, 137, 138) (Textauszüge; verkürzt und verändert). In: ebd. Oetinger Taschenbuch, Hamburg 2011, S. 15–16, 23–24, 26–27.
Schiller, Friedrich (geb. 1759 in Marbach; gest. 1805 in Weimar): Die Räuber (S. 133) (Textauszug). Aus: Sämtliche Werke, Band 1, München 1962.
Schmidt, Torsten: Giraffen gehören nicht hinter Gitter. (S. 27) (verkürzt und verändert). Zitiert nach: https://www.geo.de/geolino/natur-und-umwelt/2242-rtkl-diskussion-meinungen-zum-zoo (01.04.2014) (abgerufen am 01.08.2019).
Thomas, Volker, Presse & PR, Agentur für Text und Gestaltung: Die Alpen früher und heute (S. 87, 88 –89). Sensationeller Fund in den Alpen (S. 102 –103).

Unbekannte und ungenannte Verfasser

Grafik: Anzahl der vom Aussterben bedrohten Wirbeltierarten weltweit (S. 28). Daten nach: IUCN 2023-1. Abrufbar unter: www.iucnredlist.org/statistics(abgerufen am 10.01.2024).
Grafik: Durchschnittliche Anzahl der Wirbeltierarten in Zoos (im Verband der Zoologischen Gärten (VdZ) e. V.) (S. 28). Quelle: Verband der Zoologischen Gärten (VdZ) e. V.: Faktenblatt Stand: November 2020. Abrufbar unter: www.vdz-zoos.org/fileadmin/Materialien/VdZ-Faktenblatt_2020.pdf (abgerufen am 10.01.2024).
Grafik: Durchschnittliche Preise für Eier in Deutschland 2014–2017 (S. 38). Daten nach: AMI; veröffentlicht im Dezember 2018 durch BMEL. Abrufbar unter: https://de.statista.com/statistik/daten/studie/159288/umfrage/verbraucherpreise-fuer-eier/ (abgerufen am 22.10.2019)
Grafik: Entwicklung der Übernachtungen in Tirol (S. 92, 94). Daten nach: Tirol Werbung GmbH, Innsbruck. Abrufbar unter: www.tirolwerbung.at (abgerufen am 01.08.2019).
Grafik: Einsätze der Bergwacht Garmisch-Partenkirchen (S. 99). Daten nach: Jahresberichte der Bergwacht Garmisch-Partenkirchen. Abrufbar unter: www.brk-gap.de/aktuell/newsletter/presse-service/jahresberichte.html (abgerufen am 10.01.2024).
Grafik: Die beliebtesten Museen in Südtirol nach Besucherzahlen (S. 105). Daten nach: Neue Südtiroler Tageszeitung vom 26.01.2022 (für 2021); stol.it – Nachrichten für Südtirol vom 17.01.2023 (für 2022). Abrufbar unter: www.tageszeitung.it/2022/01/26/steigende-besucherzahlen/ (für 2021); www.stol.it/artikel/chronik/wieder-mehr-besucher-an-suedtirols-landesmuseen (für 2022) (abgerufen am 10.01.2024).
R. G.: Goethes Erlkönig (verkürzt und verändert) (S. 130). Aus: Die Gartenlaube, Heft 51, S. 708. Hrsg. von Ferdinand Stolle. Verlag von Ernst Keil. Frankfurt a. M. 1857. Zitiert nach: https://de.wikisource.org/wiki/Goethe's_„Erlkönig" (abgerufen am 01.08.2019).
Wörterbuchauszug (S. 234). Entnommen aus: Wort-Profi Allgemeine Ausgabe. Oldenbourg Schulbuchverlag, München 2014, S. 81.

Originalbeiträge

Die Verabredung (S. 10)
Die Hausaufgaben (S. 12)
Das zerbrochene Lineal (S. 11 Auszug, S. 16–18)
Emil und Karim (S. 19)
Der Klassenchat (S. 20)
Überall, jederzeit und schnell erreichbar (S. 22)
Wildtiere im Zirkus (S. 25)
Wölfe zurück in Deutschland (S. 25)
Forumsbeitrag von Tarik (S. 29)
Der Gepard (S. 30)
Wann dürfen Hähne krähen? (S. 31)
Wird das Wildtierverbot im Zirkus aufgehoben? (S. 32)
Forumsbeitrag für Wildtiere im Zirkus (S. 33)
Forumsbeitrag gegen Wildtiere im Zirkus (S. 34)
Lexikoneinträge zur Hühnerhaltung (S. 36)
Bodenhaltung oder ökologische Haltung – so leben Hühner beim Bauern (S. 37)
Frühstückseier und glückliche Hühner? (S. 38)
Ein Mal-Experiment (S. 49)
Wie man einen Wortfächer bastelt (S. 53)
Anleitungen für die Zubereitung von Kuchen (S. 57)
Unfallbericht von Tarik (S. 71)
Bericht von Naomi (S. 77)
Der gestohlene Rucksack (S. 78)
Steckbrief: Die Alpen (S. 86)
Rettung in den Bergen: Die Bergwacht (S. 96–98)

Überfahrt von Detroit nach Buffalo (S. 122)
Informationstext zu Gretchen (S. 134)
Informationstext zu Hannes (S. 134)
Informationstext zu Anne (S. 135)
Informationstext zu Luise (S. 135)
Informationstext zu Kati (S. 135)
Rollenbiografie Torsten (S. 160)
Lexikoneintrag: Nachtaktive Tiere (S. 181)
Informationstext: Fairtrade-Rosen (S. 185)
Die Entdeckung der Grabkammer (S. 193)
Howard Carter schreibt in sein Tagebuch (S. 194)
Das wird an der Grabstätte gemacht (S. 195)
Eine Erinnerung an die Pharaonen (S. 199)
Der Bau einer Pyramide vor 4500 Jahren (S. 200)
Tornado-Jäger (S. 202)
Mosi-oa-Tunya – donnernder Rauch (S. 205, 206). Informationen nach: https://afrika-junior.de/inhalt/kontinent/regionen/das-suedliche-afrika-die-suempfe-und-die-namib-wueste/der-sambesi-die-lebensader-im-suedlichen-afrika.html (abgerufen am 04.07.2019)
Das alte Volk der Tonga (S. 207). Informationen nach: https://afrika-junior.de/inhalt/kontinent/regionen/das-suedliche-afrika-die-suempfe-und-die-namib-wueste/der-sambesi-die-lebensader-im-suedlichen-afrika.html (abgerufen am 04.07.2019)
Einer der größten Wasserfälle in Europa (S. 209)
Training bei der Bergwacht (S. 217)
Ungebetene Gäste (S. 225)
Die Lieblingsbeschäftigungen der Klasse 7 b (S. 228)
Das Basketballturnier (S. 229)
Ein gelungener Tag (S. 231)
Der Bernhardiner (S. 232)
Gleitschirmfliegen (S. 235)
Eine Klassenfahrt in den Bergen (S. 238)
Der Abschied (S. 240)
Die erste Fernsehwerbung (S. 242)
Glück gehabt! (S. 244)
Eine gelungene Idee (S. 246)